发现东亚

Discovering East Asia

修订版

宋念申 著

新星出版社　NEW STAR PRESS

新经典文化股份有限公司
www.readinglife.com
出 品

目 录

修订版代序　言说"东亚"的可能　/i

前　言　/xv

第一章　解题：何为东亚

亚洲反题 /3

中国不是 China，日本不是 Japan /8

浪漫化亚洲·最后的武士 /13

文献、考古与传说 /18

平原、草原和海洋 /25

第二章　朝鲜之战：开启东亚现代的"世界大战"

下克上：丰臣的抱负 /35

礼制天下：明朝与朝鲜的内忧外患 /39

东亚"国际关系"的记忆节点 /43

战和之间：历史记忆与宗藩政治文化 /48

第三章 满洲崛起：多元国家的塑成

边缘异动：满洲作为多边边疆 /55

建构大清：皇太极的多元帝国 /59

"满"与"旗"：族、籍之间 /64

"夷"在东亚：异族与正统 /68

第四章 新天下秩序：新的"中华"、新的天下

礼部"外交"："朝贡"作为权力和文化 /75

内亚帝国：满蒙藏政治／信仰共同体 /80

清俄碰撞：欧亚相遇中重塑"中国" /86

"中华"失焦的"天下" /91

第五章 耶稣会士：欧亚的现代相遇

画师·臣子·教士：郎世宁的使命 /99

逃犯与圣徒：东亚遇上天主教 /104

耶稣会的成功学 /110

利玛窦规矩 /115

逆转之夜：日本天主教的毁灭 /120

隐匿的基督徒 /125

门外人议屋内事：中西交流之殇 /129

北堂的不速之客：天主教在晚期朝鲜 /134

"锁国"神话的背后 /139

第六章　早期全球化：东亚的重要角色

白的银，黑的人 /165

茶在西方，烟在东方 /170

海禁时代的东亚之海 /176

美利坚的广州：喧嚣的口岸 /181

作为象征的马戛尔尼使团 /188

第七章　其命维新：东亚现代思想的兴起

思想契机：姜沆与朱舜水 /197

江南风格与江户浮世 /202

重建道统：清学的逻辑 /208

再造日本：江户思想之激荡 /212

经世：实学在东亚 /218

第八章　文明与野蛮：殖民"现代性"入侵

林则徐在纽约：毒品·战争·"现代" /227

黑船上的陌生人：日美相遇 /233

从"天下"到"区域"：东亚秩序的重组 /239

"体""用"之间："文明开化"下的东方 /244

第九章　民族国家、亚洲主义与国际

种族进化：殖民与抵抗的逻辑 /253

合法与非法的亚洲 /260

黑龙会的朋友们：1912年的"亚洲"想象 /266

脱亚自救：转折1919 /273

建设与失序：步入"现代时间"的东亚 /278

第十章　从二战到冷战

用什么"超克近代"？ /289

从长崎到密苏里号：日本的战败 /294

内战，冷战，热战 /301

作为第三世界的"亚洲" /307

从"东亚奇迹"到"亚洲价值" /313

结语：如何记忆东亚现代 /319

部分参考文献 /325

修订版后记 /339

修订版代序

言说"东亚"的可能

先略解释一下题目。"言说'东亚'的可能"语带双关,它一方面设问:作为一个思考对象,"东亚"存在什么样的可能性?另一方面也探讨:言说这个思考对象,存在哪些可能的方式?

为什么要考虑"言说"的问题?因为在教学和研究过程中,我感到迫切需要一种新的叙述,来重新梳理东亚近几百年的历史。而这又是因为,以往我们熟知的霸权性讨论和论述方式,已越来越无法概括今天这个面临着多重危机与挑战的世界,历史学者必须在历史叙述方面有所回应。

题目中的另一个关键词是"可能"。"可能"(potential)或"可能性"(possibility)指向一种敞开的状态,表示它不是唯一的、确定的,也不是一种必然。但同时,"可能"也并非纯粹虚无。它指向新的认知方式,且总处在不断充实、转变和交流的过程中,故不断变动,蕴含未知的潜力。

最后是加引号的东亚。"东亚"到底是什么?它不是一个自在的实体。从地理上说,把亚洲作为一个独立的大陆板块就莫名其妙。亚洲和欧洲属于一个大陆板块，为什么要分开？亚洲的边界到底在哪里，这是很可以讨论的。从国别、族裔与人口来说，亚洲也不是一个明晰的实体。谁算亚洲、谁不算？各有各的说法。但是这种模糊状态，恰构成思考的切入点。正因为亚洲不是一个自在的、边界明晰的实体，所以它也不是全然排他的。亚洲也好，东亚也罢，必须从开放和流动的角度才可以被言说。也就是说，"东亚"不能被当作单一确定性的概念来认知，而是靠不断地否定我们熟知的某种普遍性、确定性，才成为"可能"。

如果这么说有些抽象，我举一个例子。疫情期间的2021年5月4日（美国时间5月3号晚上），哈佛大学王德威教授主持了一个开放的网络论坛，主题是"海上风雷：五四论保钓（1971—2021）"，纪念1971年兴起的"保钓"运动五十周年。这场运动主要由中国台湾的留美学生发起，由于它大张旗鼓反对美国操纵的东亚安保体系，先是遭到国民党当局的长期镇压，后被民进党当局长期漠视。发言嘉宾包括当年参加运动、今天已入耄耋之年的几位老保钓人士（如刘大任、张系国等）和一些中青年学者。聆听这些亲历者和后辈研究者的对谈，我们不难发现"保钓"运动厚重丰富的历史内涵。发言者都没有就"保钓"谈"保钓"，而是把它置于更宏大的时空脉络中认识。具体来说，就是把它放到从五四运动到今天、中国与东亚的整体变化中去理解。让我印象深刻的是刘大任先生说的一句话："没有五四运动，就没有保钓运动。"他的意思是：对于那一代台湾青年来说，"保钓"运动就是五四运动的自然延伸。五四所激发的那种家国悲情、对民主与科学的追求，以及对强权的反抗，是"保钓"运动直接的精神资源。

这是一个非常有启发性的定位。因为它揭示了钓鱼岛这样一个无人居住的小岛，在宏大时空中非凡的节点意义。和英文媒体总是强调资源、海权、东亚霸权争夺这类平面单调的分析不同，"保钓"运动波及广阔的空间：包括中国台湾、大陆，琉球（或说冲绳），日本，以及最为关键的：美国。它也串联起相互交错的复线时间：早期近代东亚海上世界的朝贡或商贸往来；东亚传统政治体系的瓦解和殖民主义的掠夺占领；冷战时代的霸权与台湾、琉球、日本民众对此霸权及内部政治压迫的反抗；未竟的去殖民化；后冷战时代的大国政治等等。总之，钓鱼岛或"保钓"运动，绝不是一个轻松的、能用简单的国际关系学框架说清楚的问题。正因为如此，五十年后重思"保钓"，打开了我们理解多重交错问题的可能性。

其实钓鱼岛不就是一个微缩版的"东亚"，体现着东亚世界所面临的现代困境吗？

《发现东亚》这本小书的问题意识，与战后日本、韩国，以及中国知识分子中兴起的亚洲问题讨论是一致的。其核心之一，是寻找并建立"亚洲"这个概念合法的主体性。它的理论框架，如很多读者明确指出，受后现代、后殖民理论影响。但我在写作中也不断反思这套理论的问题。和给我极大启发的思想史类作品不同，我试图用偏事件性的叙述，梳理多线条的东亚近代史脉络，介入关于东亚现代的思考，并力图跳脱欧洲现代性叙事所规定的单线逻辑，即亚洲从"封闭""保守""闭关锁国"，走向"文明""开化""融入世界"。

当然，破除这类欧洲中心论逻辑，并不是要代之以中国中心论，而应该是去中心化的。不能说线性逻辑一无是处，它的不足在于它只是可能性的一种，而不应是垄断的唯一。所以本书以梳理另外的历史脉络，从东亚现代的内生性、多元性和互动性的视角,来尝试另一种可能的叙述。

本书内容主要来自于教学。在教学中,我有意引导对普遍性知识的多重批判,包含以下几层:一是带有目的论的线性史观;二是寻求一种普遍性与特殊性的认知伦理(即把"亚洲"或"东亚"本质化,借建立其内部的某种共性以同其他文明相区隔);三是国际关系思维中,把民族国家概念投射到历史中的趋向,导致对过去静态、单向度的理解。

本书开篇提到福泽谕吉的《脱亚论》,之后《脱亚论》也屡次出现,可视为全书的一个动机(motif)。这篇文章代表着身处东亚社会的知识分子第一次主动建构"亚"的概念。但建构的方式,是否定性而非肯定的。急切的自我否定,恰构成一个隐喻:东亚知识分子在面对突如其来的殖民现代冲击的时候,不约而同地以否定自我的方式,寻求新的身份认同。即以言说"我不再是我"来言说"我将成为我"。自19世纪晚期以来,否定性论述是一种解读东亚历史、特别是近代历史的普遍方法。

《脱亚论》开篇说"世界交通日益便捷,西洋文明之风东渐,所到之处,无不风靡于一草一木"。紧接着用了一个比喻,说文明就像麻疹的流行,麻疹无法防御,那怎么办?福泽说,有害的流行病我们尚无可奈何,何况利害相当且往往更有利的文明?明智的做法就是帮助其蔓延,使人民早"浴其风气"——用疫情期间的话讲,就是"群体免疫"。

但阅读《脱亚论》的时候,也不能忽视,福泽本人对西洋文明持相对主义的观点。他强调与西欧为伍,落脚点仍然是保存与发扬日本的"国体",这点在他的《文明论概略》里说得很清楚。西洋文明是"利弊参半、往往有利",对其要采取实用主义态度,就像对待作为流行病的麻疹。俗语中常听到"脱亚入欧",其实福泽谕吉本人从没说过"入欧"。他说要与欧为伍,却坚决反对成为欧的一部分。这里面包含了两重否定。第一重是对"亚"的否定,我们在近代史上屡见不鲜,比如中国的五四新文化运动,以及韩国民族主义史学的兴起。第二重否定则批判、反思西欧文明的殖民性,强调东亚的主体角色。在19世纪末20世纪初,代表性知识分子纷纷提出东西对举的二元分析方式,比如"中体西用""和魂洋才"或"东道西器",渐次引出20世纪日本的"亚细亚主义",以及"近代的超克"口号。此态度虽是批判西洋文明,但本身又矛盾重重——它批判的工具恰来自于批判的对象,以成为殖民帝国来反对殖民帝国。

二战之后的去殖民运动,出现一种正面构建"亚洲"的论述方式。这是从第三世界革命的视角出发,把"亚"放在"亚非拉"框架里,看作全球反帝反殖运动的一个组成部分。到了20世纪90年代,在新自由主义发展观的刺激下,又出现一种新的正向论述,就是所谓"东亚奇迹"或"亚洲价值",也可看作建立亚洲主体性的某种努力。

单独抽离出来看,这几套思路都不成功,但是它们互相叠加,折射出复杂而丰富的思维之网,提示东亚社会多重的历史实践。在这个过程中,"亚"的意义深刻转变:从愚昧、落后、封闭、野蛮的符号,到"亚细亚主义"中黄种人反抗白种人的动员性力量,再到后来第三世界的反殖论述,最后成为发展主义的另类模式等等。所有这些言说方式,无论是否定性的还是肯定性的,都指向对"现代"的批判性思考。

某种程度上,我们今天面对的问题,与福泽谕吉或是亚细亚主义者当年面对的问题有相当的一致性。"脱亚论"或"亚细亚主义"式的回应，在方法上当然是错的，因为它们力图以日本殖民帝国抵抗欧洲殖民帝国，最后陷入了法西斯主义争霸，代价惨重。但它们意识到的问题，则未必是一个假问题。第三世界论述本身具有很强的进步性，它试图摆脱殖民框架，但在实践中又执着于殖民者带来的民族主义观念，在结构上难以挣脱束缚。

那么有没有出路呢？回到发明的"传统"或是依附当今的霸权，恐怕都行不通。寻找另外资源的努力，不是简单复制殖民现代性的话语、建立一套新等级性和排斥性的逻辑，而是重新认识那些被庸俗现代化理论所遮蔽的经验，包括：东亚作为历史空间既有的全球性和开放性；东亚近代被殖民的经验；它作为第三世界一部分的角色；以及它所经历的革命、反帝反殖实践……每一种资源都应该重视，才能完成多元多重的言说。

这里存在另一个重要的概念问题：怎么定义"现代"？不用说，汉语中通常使用的"现代"（以及与此相关的"现代化""现代性"等），是一个被欧洲殖民逻辑所主导并垄断的概念，指向提示"人类进步"的各种指标，比如工业化、城市化、民族国家化、理性化、科学化、自由民主价值的普及等等。但这是一种去历史化的意识形态表达。

我把"现代"看作一个有具体时空背景的历史情境，是大航海沟通全球以来，大部分人类社会都主动或被动、直接或间接参与其中的情境。"现代"的基本态势是资本主义、殖民主义和帝国主义的三位一体。谈其中任何一个都不能脱离另外两者，否则就脱离了其基本历史脉络。资本无尽积累是目的，殖民扩张是形式，帝国主义是两者相互实现的基本权力结构。

"现代"一定是全球性的，而不只是欧洲资本主义意义上的。

也就是说，从16世纪开始，所有人就已经被现代裹挟其中了。对于西部非洲的人来说，奴隶贸易是他们参与"现代"的方式，就是他们对"现代性"的献祭。对于印度次大陆和东南亚地方社会来说，被殖民是它们介入"现代"的途径。对于美洲原住民，失去土地和被屠杀则是他们的"现代"命运。"现代"并不一定是美好的，18、19世纪后欧洲思想者们所勾画的、以理想政治经济模式为图景的"现代"，其中每一项成就的取得，都以其他人的不幸为代价。我们不能脱离英国对南亚的占领和对印度地方工业的抑制，来谈工业革命，因为如果没有靠压榨印度获得的廉价原料和庞大市场，蒸汽机和纺纱机是不会运用到大规模棉纺生产中的，英国的国际主导地位、城市化与工人阶级，也就不会以我们所知的方式形成。同理，我们不能脱离北美的奴隶制，来谈美国在19世纪的崛起。当我们熟读洛克、托克维尔等论自由与民主的篇章，也要了解，他们花了同样多的（或是更多的）精力，来论证帝国殖民事业的必要和正当。也就是说，"现代"是一个全球性的综合系统，不能只挑局部表象，不审内在肌理和网络。

那么东亚的现代经验又是什么呢？这正是本书想探讨的。关于这个话题的著述已汗牛充栋。我不想用"从中国发现历史"来替代西方中心论，或者以"大分流"等理论来反对历史必然论。这两种思路虽然极具思辨性，但其基本提问方式，还是为什么中国没有发展出欧洲那样的现代。不论其答案是"中国其实有"，或者"中国因为如此偶然的原因所以没有"，都还是在强化欧洲现代这个参照系。

我们应当回到历史实在的层面，来分析造成今天中国或东亚角色的历史经验是哪些，今天我们的身份定位和思考方式，又是如何在历史中展开的。其中包括：东亚区域中微妙的身份意识和史观；16世纪到19世纪，东亚从居于全球贸易体系中心到逐渐边缘化的过程；东亚与西欧文化互动的兴衰教训；20世纪以来东亚的双重否定逻辑……要解答这些问题，我们似乎不能从1840年开始，而必须要回到16世纪甚至更早。我选择的叙事起点，是壬辰战争和满洲崛起。这两个历史事件不是孤立的，更大的时空背景是：随着欧洲的地理大发现，全球交流加速，海上航路和商路被开拓，构筑起一个忙碌繁荣的早期跨区域性市场体系。全球资本主义网络的形成，和壬辰战争及满洲崛起同步，它们之间存在密切关联。这是东亚现代身份最重要的背景和刺激因素。

东亚社会全都受到了这一系列变化的冲击，也都各自做出回应，在主动探索中，形成具有共性的历史经验。所以谈此变化，不能采取"国别史相加"的方法——即分别讲述中国、日本、朝鲜半岛的历史——而必须采用区域史甚至全球史的方法，把东亚看作一个互动整体，以及全球化的有机组成部分。

当我们逐个检视东亚世界介入现代的层面：政治、经济、文化、内外交流等，就会不断回到16世纪全球网络形成的时刻。那时候，日本由混乱走向了统一；朝鲜经历了大战的破坏及重建；满洲崛起、明亡清兴，导致区域权力关系大大改变。清朝继承并扩大了明朝的区域中心地位，不但沿袭明朝与周边国家的宗藩礼制，而且通过新设立的理藩院制度，强化了同内亚草原的政教联系，奠定今天中国的基本版图。

但满洲政权在文化上的边缘性，又带来了传统儒家士人自我身份的迷失。儒学亟待重塑道统，产生了深刻的内省和批判意识。新思想在儒学内部生发，并在两百年后成为东亚人面对殖民冲击时的重要资源。与此同时，西学借助天主教耶稣会士的传教活动来到东亚，天主教与本地文化的交融和碰撞，初步奠定了欧洲和东亚的交往模式。商品的全球流动，影响着各个区域，助力了思想的革新。美洲白银输入中国，加速全球贸易体系的形成。而中国的茶叶通过欧洲传到了美洲，又间接刺激了北美十三个殖民地的独立运动。影响不是单向而是互动的，东亚与西欧有借鉴和碰撞，也相互成为形塑自身的参照物。回溯那个时代，在全球资本主义体系成型的时候，东亚是一个积极的参与者，从未疏离在外。

不可否认，19世纪中后期，东亚已处于这个体系的边缘——因此现代化论述往往以19世纪，特别是1840年为起点。这个起点主导了我们对于所有的历史，包括1840年以前以及1840年以后历史的判断，导致19到20世纪的东亚认知与殖民现代逻辑深度纠缠。我们从鸦片战争、甲午战争、太平洋战争、冷战背景下的解放战争以及朝鲜和越南战争、后冷战时代一路走过来，都无法彻底摆脱殖民现代化的话语，殖民话语成了内在于东亚论述的一个部分。

如果要找出东亚现代经验和非洲、美洲的不同，也许是这样：东亚经验很大程度上是内生的，但又绝非孤立。东亚现代经验颇为分化，有殖民、被殖民和半殖民等不同遭遇，有革命和反动，压迫和反抗，依附和去依附，也有各自定义的成功与失败。它是人类整体现代情境的一个重要组成部分。东亚的现代，是内生因素和外来因素相结合的产物，而且始终处在不断塑造、否定、重塑……这一未完成的过程中。

那么，如何言说作为过程的东亚呢？在18、19世纪的欧洲，亚洲经常是作为"反题"和镜像出现的。但寻找东亚的可能性，必不能以西方为反题，因为欧洲或是西方已经完全内化在东亚现代经验之中，所以既不必盲目排斥，也不必以其为唯一的对标。

接下来的一个问题就是，既然东亚的"现代"早就深嵌在人类整体经验之中，那还有必要采取东亚这个单位吗？又为什么一定要采用"现代"这个视角呢？这是因为，两者之间存在天然的张力。欧洲主导的（殖民）现代叙事，在各个层面都突出了明确的边界感，"欧洲"作为实体是相对清晰的。但谈东亚历史，必然要拒绝过于清晰化的时空划分，拒绝单一层面、单向度的理解，拒绝对政治与人群的本质化叙述。

殖民现代叙述造成多重认知束缚。比如对于人的界定：人是有绝对本质的，种族决定了人群的"文明"程度——这种话语在今天的欧美知识界属"政治不正确"，但在政治实践中，根深蒂固的种族主义仍然或明或暗地起着巨大作用。只要看看自特朗普上台以来，欧美对华的舆论战——媒体和政客一方面否定"亚裔"歧视，一方面肆无忌惮地反华——就能体会这种巨大的矛盾和反讽。

在时空理解方面，种种线性"进步史观"规定了历史的起点与共同的终点，把空间看作固定和可征服的。人类的时空被预想为同质性的，因为只有如此，时空才可以测量、比较、研究和讨论，也才成为建立等级秩序的基础。东亚正是被放在这样一种同质性框架中去理解。

东亚当然不是一个同质性的实体，无论是在时间还是在空间上都不是。进一步可以质问的是：如果东亚并不是这样的同质性实体，那么殖民现代性所塑造的一整套时空感，是有效的吗？因此，以东亚为切入点，我们可以深入反思欧洲现代性逻辑的一些基本前提假设和方法论，即今天绝大多数社会科学成立的基础。

以今天的"科学"叙事，我们不能想象一个没有边界的，或者是边界模糊的对象。我们太习惯于用"是"或"不是"这种二元对立的判断，来定义一个实体。可是这样一来，人类多元的经验就被限缩了。我们不再能够用其他的方式，一种跨越边界、超越二元对立的方式来描述和理解生活中的经验。所以，中国要么是帝国，要么是民族国家；生活在这个国家的人要么是汉族，要么是少数民族；他要么信仰宗教，要么不信仰宗教；如果他信仰宗教的话，他一定只从属于一种宗教或教派。我们不再能够想象一个杂糅混合和跨体系的世界。

可历史实践上，朝鲜、日本以及越南的儒士，可以既很鄙夷满人建立的清朝，同时又强化着中华或天下的认同；一个族群可以既有很强烈的中华认同，又有很强烈的朝鲜认同。很多人或许不太了解，"满（族）"从根源上说本不是一个族裔概念。他们不能想象一个信奉伊斯兰教的儒家士人，一位非穆斯林的维吾尔人，或者是借用佛教符号来暗示基督信仰的行为，也无法用主权或国际法以外的话语，去描述一块历史空间的领土属性。所有这些在历史情境中自然生发的现象，都成了在现代学术话语和框架中需要特别解释的"异常"。

欧洲现代性到来后，这种多元、多层、模糊的状态，被强行改造成一元、单向度、标准化的。举例说，朝鲜和中原的关系，作为最典型的东亚宗藩关系，其实是无法用主权概念描述的：朝鲜既不"独立"，也非附庸；其内政全然自主，但在礼制制度中又属于藩国的地位。欧洲国际法无法解释，只能借改造这种关系，把它变得可描述、清晰化。再比如，神道和佛教在江户时代及之前的日本，是可以互通互融的。所谓"神佛习合""本地垂迹"，就是指佛教和神道神祇在对方的系统中也有对应地位。但明治维新时,为了按欧洲观念塑造一个"本土"的国教,就得废佛毁释,随之而来的是神道的宗教化和国家化,即以天皇为中心,建立一套"神道教"的系统,将宗教与国家政体紧密结合。

不过,这种强行的改造并没有斩断历史的延续性,而是碰撞出另外的途径。日本没有完全朝着欧洲国家的思想脉络,去复制启蒙主义或者自由主义,明治维新时代以及之后的日本,貌似朝着西化的方向行进,但其内在理路,又从江户时代的思想和学术——比如水户学、古学、国学的传统,以及大坂怀德堂的町人伦理——中汲取了大量的资源,使得这些曾经相对边缘性的思想突然大放异彩。这就如同19世纪后的中国改革者,从黄宗羲、顾炎武、王夫之、陈宏谋等人身上汲取了大量思想资源一样。

现代东亚社会的多元传统叠加,随着一些学术新动向也获得新体认。典型的比如"新清史":不管是否同意其对清是"内亚王朝"性质的判断,新清史学者至少提醒我们,中国皇帝身上存在着相互融合的多重角色。进一步说,这种多重角色又绝非清朝所独有。从元代(甚至更早)开始,藏传佛教就赋予中原统治者转轮王的角色。再往前溯,唐朝,甚至南北朝时期,佛教大流行,各个族群融合碰撞,就已经出现今天称为"内亚性"的种种表征。另一方面,这种赋予统治者在不同信仰体系中特定神格地位的做法,也不为中国所独有。开创日本江户幕府的德川家康,就被赋予神道称号"东照大权现",也是佛教中药师如来的本地权现。这并不妨碍他还是江户儒学的重要资助者,建立了以藤原惺窝、林罗山为开创者的官学系统。所以所谓清朝"菩萨皇帝""全能共主"的特质,不论在时间还是在空间上,都不那么独特。

因此东亚的文化多元,和欧美现代国家中的"文化多元主义"

有很大不同。文化多元主义在北美或大洋洲的实践，更像是一种马赛克式的拼贴，大家最好各自为政、界限清晰。而东亚的多元则大致趋向于模糊边界。

在这个意义上，东亚的经验也揭示了后殖民主义论述的某种局限。后殖民理论虽然力图打破殖民话语，但它并没有真正跳出殖民主义的单一性框架，只不过将权力关系置换。它强调底层视角（原住民、边缘族群、各类少数群体、贱民等），但对立的权力结构也固化了，去除了特定的历史情境。如果不加批判引入东亚论述，会带来另一层问题，比如清代满汉蒙藏之间的关系是殖民关系吗？历史上的人口流动和近代殖民主义之间有没有区别？本书写作过程中反思的重要对象，当然是霸权性的现代化论述。但是东亚既然不能完全外在于这套论述，这套论述也不外在于东亚，需要我们更细致地去考察和批判。至于构建出一个边缘清晰的东亚主体，这既不是目的，也不是追求的方向。

好的历史写作应该回应现实问题。东亚国家的现实状态是：区域内的现代国家——中、日、韩、朝——没有一个实现了国际政治学所预设的领土完整和主权独立。有美国学者曾说中国是个"伪装成国家的文明"，按此逻辑，所有东亚国家基本都是"伪装"的：朝鲜半岛和中国都未完成宣称的统一，而日本也不具备完全独立的主权（如果采用冲绳视角来看日本，则这种主权的不纯粹性就更复杂）。东亚区域目前仍然处于多重历史矛盾的叠加状态，帝国主义、殖民主义、冷战和后冷战的问题层层累积，前面的问题未解决，后面又出现新问题。因此，还不要说化解具体矛盾，哪怕只是认知其历史根源，我们都不能采用单一的维度，而必须要认识到其中的多重交错。

这种交错不仅是时间性的，也是空间性的，体现在东亚各个"边界"的模糊、多义和多重言说。除了前面提到的钓鱼岛，还有朝韩之间四公里宽的非军事区（它到底是什么边界？是国内的边界、民族的边界，还是国际体系的边界？）、独岛（竹岛）以及南千岛群岛等。东亚每个国家都和周边存在程度不同的领土争议，每个争议背后都是错综的历史表述。这个区域处在冲绳历史学家仲里效所说的"临界"状态。这种"临界"既是地理意义上的，也是理论和思想意义上的。

历史理解的错位，可不可以靠沟通来解决？恐怕不能。沟通总是有极限的，并不是信息越多，了解越多，就能增加彼此的理解。今天，霸权性意识形态日益侵入学术研究领域，哪怕是对历史有平衡、深入了解的朋友，一旦谈到现实政治，就会产生各种各样的沟通壁垒。这是因为，现实问题的历史纵深和复杂性，无法通过简单调用理论观念去处理。信息的庞大，不会自动转化为理解的厚度。这里不但有知识积累的问题，而且有生活经验的差异。特别是，中国经历了从被殖民到获得解放、从彻底革命到"告别革命"的翻天覆地变化，实际体验与书本知识，有着太大差异。实际经验始终基于多重否定，纸上知识总趋向于二元的非此即彼。

回到东亚的现代经验：否定性的、临界的，又挑战各种理论模式的东亚，为我们重新想象一个不由殖民现代性所垄断的世界，提供了可能。作为今天大变局的亲历者，我们应该拥抱、探索这种可能。

2021 年 5 月 初稿
2024 年 1 月 校改

前　言

本书尝试从历史角度探讨"东亚"与"现代"的关系。我们日常所说的"现代",往往指19世纪随着欧洲殖民势力扩张而到来的经济、社会、政治和文化转型。特别是冷战以来,主流的"现代化"理论更成为一种指向发达资本主义国家的发展主义论述。我把这种狭义的现代观称为"殖民现代",它只是多元现代化道路中的一种。在殖民现代语境中,"东亚"不是一个纯粹的地域概念,而带有强烈的时间性和种族性。我试图梳理出一个不以欧洲殖民现代观为参照的"东亚现代",并把这个现代的起点,定为16世纪。不以欧洲为参照的意思,是既不全盘接受,也不全盘否弃;反思欧洲中心主义,但也不塑造一个东亚(或中国)中心主义。也就是说,欧洲、亚洲、美洲乃至非洲的多元的现代历史,都可被看作整体历史的地方性部分,不同地域和文化环境中的人既不共享一套时间观念,也不遵循同一种发展逻辑。同时,这些观念和逻辑又不是各自孤立的,人类的现代状况是它们相互影响、吸纳、对抗、对话的结果。

从2015年秋天起,受单雪菱的邀请,我开始在澎湃新闻发表《发现东亚》专栏。前后断续写了两年多。现在这本书,是这个系列的修订结集。它的大框架，来自于我在美国所教的东亚史概论课。

我自知学力不逮，想要概括出如此广阔的区域、在如此漫长的时间段中的发展演变，实在有些不知天高地厚。但最终鼓起勇气一试，一是因为我自己的研究就一直强调跨区域的视角；而更主要的是：在我的教学实践中，"东亚现代"一直是一个核心命题。既然教学的目的是提供知识和历史认知，那么把课堂中的讨论适度增删，变成适合汉语读者的简明读物，大概还不算太不务正业。

所以，我必须要向对本书抱专业期待的读者致歉：它不是一本研究性著作，并无对史料的深度挖掘或独创的发现。使用的材料，除了少数来自我的研究和个人经验外，大都提炼自现有的著述。书中涉及了很多不同领域，对这些领域的专家们而言，我的介绍可能是常识性的。我的工作是尽量摘取较为前沿的研究，加以整理，用几个连贯的主题串联，加入我自己的视角和理解，然后转化成面对普通读者的文字。

我曾以为学者的任务仅在于研究，教学只是辅助。直到毕业开始工作，才体会到教学对职业学者而言同样重要。我2013年在美国瓦萨学院（Vassar College）教授东亚史，三年后就任于现在所在的马里兰大学巴尔的摩郡分校（UMBC）。美国的大学里，对学者（特别是人文社科学者）的升迁评价，都是科研与教学并重（此外还有对学校的服务）。即使是研究型大学（比如UMBC），对教学的评估比重也不低于研究；而文理学院（Liberal Arts College，比如瓦萨）的教学甚至更重于科研。在两个学校，我都被指定教一门面向本科生的东亚史入门课。在UMBC，东亚文明史属于

"文化核心课"中的一门——所谓核心课,即所有本科生,不分专业,都要修习的通识性课程。

也许在不少人看来,教学等于传授知识,无非是讲课、测试、评分。实际则远非如此,教学对我而言是一种全新的智识训练,尤其是通识课。历史教学中,介绍知识固然重要,但面对美国本科生,特别是非历史专业,甚至非文科专业的本科生,更重要的是教会他们如何批判性地理解过去,如何把思考方法应用到对现实问题的分析上。历史不是背完就忘的死的知识点,而是鲜活地存在于我们对现实的认知当中。因此,历史教学不仅是以通俗易懂的方式传播信息,更是要提出一种观察和思考的角度,让过去与现实产生关联、生发意义。教学必须从受众,而非研究者的角度,去呈现思考。

职业化的历史研究,往往针对具体而微的题目;教学则逼使研究者从相对狭小的领域中走出来,为更宽广的时空脉络提供解释。而拓宽视野、进入陌生,又是对研究最好的刺激,能让我对自己熟悉的课题不断产生新的联想、发现新的意义。"教学相长"的含义,便在于此吧。从这个角度上说,上课也好,写作也罢,都不是由上而下地"普及"知识,也不是把复杂历史作娱乐化处理,而是挑战自己是否能用相对简明的材料揭示更大的问题、提出有效的思考路径。

所谓更大的问题,对于我来说,是讨论现代中国何以形成,修正近代以来的一些成见。我采取的视角,是把中国放在区域(东亚)甚至全球的框架中,探讨较长时段中的演变。这当然受到今天区域史、全球史思潮的影响,但另一方面也是教学的需求。美国的大学历史课堂,分量最重的自然是美国史,其次是欧洲史。

东亚／中国史地位虽然日益上升，但仍属于边缘。除了少数几所最顶尖的研究型大学，一般学校提供的国别史课程，只能顾及几个最重要的大国。非美国史的学者，往往要承担区域史，甚至世界史的教学，所要了解的范围不能囿于自己研究的国家。当今全球史的领军人物，大都出自于正统美国史以外的领域，恐怕和这种教学机制不无关系。

说起来，相比于其他区域（比如中亚、中东、非洲），东亚的国别史教学还算是美国课堂中最突出的。因为中国、日本、朝鲜半岛不但有较长的延续性，而且都形成了今天全球化时代重要的国家。但把中、日、韩的历史分开讲述，强化了晚近才形成的民族国家边界，容易过度强调三者之间的差别，而忽视它们内部的多样性，以及东亚社会在长期交往中形成的密切关联。跨国史、区域史、全球史之所以成为越来越多东亚研究者所采用的视角，也是因为它们挑战了僵化的国族边界，拒绝把世界看作一个个孤立单元的拼贴，通过关注人口、殖产、制度、思想的跨社会流动，探索东亚社会的有机互动。

美国史学家杜赞奇（Prasenjit Duara）曾指出，中国的现代国家进程，只有放在东亚区域中，与日本和朝鲜半岛的同一进程一起观察，才可以更好地理解。本书即大致沿着这样一个线索展开。但需要提请注意的是，今天的中、日、朝／韩，和历史上的中、日、韩并不一致，读者应避免用20世纪形成的民族国家概念，去套16到19世纪的状况。明清时代中原、朝鲜半岛和日本之间当然有各自的认同，但这种认同相互交叠错落，不是像今天的边境、护照那样界限清晰。最近不少著作都在谈"去中国中心"，突出半岛和列岛在明清之际产生的独立于中原的身份诉求。我想指出的是，它们当时"求异"的努力恐怕和"求同"的努力一样大。我们不应把这种身份与以国籍为标志的民族主义混为一谈。描述这两者之间的联系和转化，正是本书的任务之一。

与此相关，我也恳请读者不把"中国""日本""朝鲜/韩国"这些概念作本质主义解读。本质主义假定在"外部文明"到来之前，存在一个固定不变的"本土"（indigenous）传统。常有论者致力于向内寻求中国/东亚的"核心""精髓"，以找出一套独特于西方的文教制度，比如汉字、儒家，以及（本地化的）佛教等等。可是文化一刻不停地在变化，总在内外互动中吐故纳新——就好像源于印度的佛教被逐渐内化成本地信仰一样。我们今天认为的"传统"，大多是到了晚近才重新发现或发明的（想想《弟子规》或者"汉服"），很多特征是参照"西方"而刻意塑造的（比如"西洋画写实、中国画写意"）。这种逻辑和殖民现代性逻辑一致，并不是历史实相。本质主义的"西方"和"本土"，就像殖民主义与民族主义的关系一样，看似对立，实则是一体之两面。

"东亚""中国""日本""朝鲜/韩国"在不同时代有不同的内涵，这些概念是在区域内部交往以及区域与外部互动中逐渐形成的。塑造它们的过程远没有结束，未来也一定会有旧的内容被舍弃、新的内容增添进来。唯一不变的，是对它们的不断定义、否定、再定义。也正因如此，关于东亚的历史书写，乃至任何历史书写，都是进行时而非完成时。在几年的教学和写作后，最初的一些认知已经需要进一步反思。所以这本小书呈现的不是定论，而是思考的可能。它欢迎讨论、批评、纠正和补充。

感谢单雪菱、杨晓燕两位编辑，没有她们的鼓励、支持（以及怂恿），就不会有这些文字。不少篇章曾得益于和朋友们的讨论，在此特别鸣谢王元崇、张杨、刘文楠、杨成、张昕、周宇、张平、苏福兵、丘培培、王利平、田耕和蔡伟杰。我夫人赵燕灵常常是第一位读者，对我的文字提出过诸多修改意见，时刻提醒我避免语言的生涩和学术化。发表在澎湃的文章得到过许多读者的批评指正，使我有机会订正错谬，在此一并致谢。

2017 年 11 月于巴尔的摩

第一章

解题：
何为东亚

East
Asia

亚洲反题

1885年,日本明治十八年。在3月16日这天,东京出版的政论新闻《时事新报》上,刊载了一篇没有署名的社论,题为《脱亚论》。文章提出,日本要与西洋文明国家共进退,要拒绝与中国(支那)、朝鲜这样愚昧落后的"恶邻"为伍。

这篇文章在今天广为人知,一般认为其作者是维新思想家福泽谕吉。不过关于这点,学界还有争议。更重要的是,和我们的想象相反,它发表后影响甚微:直到1933年收录于《续福泽全集》,它再没被人提起过。日本学者重新发现《脱亚论》,并且把这篇2 100余字的小文和近代日本的国家走向相互印证,是在二战结束后的20世纪50年代。而它成为讨论焦点,被普遍认定为日本走向近代、走向殖民侵略的先声,更晚至20世纪60年代。尽管文章被长期遗忘,但因"脱亚"二字形象地概括了明治维新以来日本的某种心路历程,所以在沉睡近百年后幽灵般苏醒。它迅速成了一个符号,象征一个国家(日本)对其所置身的共同体(亚细亚,或者东亚)曾经的态度。而对《脱亚论》的重新"发现"和讨论,则表现了一种特定时空中的历史思考。

2015年,中国高调纪念了抗日战争胜利70周年。此时距《脱亚论》发表，正好是130年。东亚近现代诸多转折性事件，在2015年都是整十年纪念：中日甲午战争结束120周年，日俄战争结束110周年，以及二战结束70周年。它们分别标志着东亚传统宗藩体系的崩溃、日本确立东亚霸权，以及此霸权的终结。对这几件事情的记忆，可以串联起一个半世纪以来的东亚历史。那么，我们对于自己所处身的国家和区域在这130年来的际遇，应该有怎样的理解呢？

我想从"脱亚"的"亚"字说开去，先看看我们和这个"亚"，或者具体说是"东亚世界"，是怎样一种联结。为什么我们是"东亚"？"东亚"对我们又意味着什么？

小时候学世界地理，都说世界有"七大洲"：亚、欧、非、大洋、南美、北美和南极洲。这貌似是个客观的自然地理描述，但是摊开一张世界地图，疑问就来了：其他大洲都边缘清晰、相对独立，为什么欧洲和亚洲明明属于一个大陆板块，却被分成两个"洲"？是，乌拉尔山脉、高加索山脉、黑海和土耳其海峡这些"天堑"，构成了欧亚的地貌分界，可第一，它们并不比喜马拉雅山更有地理分隔意义；第二，也并未成为东西交往的屏障，怎么就成了洲界呢？搞得今天"横跨欧亚"的大国——俄罗斯和土耳其——时常纠结：它们到底更"欧"还是更"亚"？

所以，与其说"亚洲"是一个天然的地理单位，不如说是人为的认知单位（当然严格说起来，其他"洲"也是）。制造这个亚洲概念的，是它的邻居——欧洲。

"亚细亚"（Asia）一词来自古希腊语，意思是东方。这个"东方"最早仅指希腊毗邻的所谓小亚细亚地区，后来逐渐扩大，变成了涵盖地球上近30%陆地面积、超过60%人口的超大区域。

在历史沿革中,"亚细亚"曾被分为"中东"(又叫近东)、"远东"等次区域,我们今天所说的"东亚",就和"远东"有较大重叠。经过了20世纪后半期的去殖民化运动,"远东"这个明显带有欧洲中心主义色彩的概念,在创造它的欧美知识界,被逐渐抛弃,代以似乎更为中性的"东亚"一词。(今天"远东"大概只在俄罗斯还作为官方概念使用。)可是较真的话,东亚(East Asia)从词源上讲,就是"东方的东方"的意思,屁股还是坐在西边的。

住在东亚的人原本对"东亚"不明就里。尽管早在16世纪,欧洲传教士就带来"亚细亚"这个新鲜词,也没人说:好吧,咱是"亚洲人"或"东亚人"了。东亚人接受并自觉认同"东亚"标签,也就是从《脱亚论》发表的那个时代才开始的。而这种身份的逐渐清晰,正是形成于和"欧洲"的互动。

在19世纪的欧洲,"东亚"或者"亚洲",已不再是个单纯的地理存在。伴随着资本和殖民扩张,这个地域被赋予时间性,成为一个历史和文明概念。德国哲学家黑格尔大概是最早把各大文明区域纳入时间序列的人之一。这位唯心论者把世界历史归拢到一个"绝对精神"自我实现的阶梯过程,而各大文明在这个过程中占有不同的位置。他认为,中国和印度文明就像心智未开的儿童;近东文明(埃及、叙利亚)则像刚刚成长的少年,而且它们因为先天缺乏"自由意志",所以停滞了,再长不大;希腊文明算是青年;而罗马文明才标志人类历史的成年。接下来,"绝对精神"在日耳曼世界的基督教文明那里达到最高峰。黑格尔认为,最终所有人类历史都要沿着这个路径达致"自由",无一例外。

马克思一生受黑格尔哲学影响,他继承了黑格尔历史哲学中的时间性,但对他来说,物质生产才是最本质的历史动力,因此人类历史是个生产力不断进化的过程。欧洲资本主义生产方式，是迄今最先进的生产方式，虽然最终它会被消灭，但其他生产方式也必然先要被资本主义取代。马克思把最为典型的农业生产，命名为"亚细亚生产方式"，其中由大规模灌溉需要而产生的集权性统治模式，导致社会过于稳定而缺乏发展动力。相对于黑格尔的全然蔑视，马克思对亚洲的态度比较复杂。一方面他抨击欧洲资本主义对亚洲的残酷殖民，另一方面则认为亚洲只有借外在冲击才会发展出资本主义，并最终加速整个资本主义体系的灭亡。

在黑格尔和马克思那里，亚洲是专制、落后、愚昧、停滞的，反衬出欧洲的自由、先进、文明和进步。欧洲人对亚洲/中国从赞美转为批判，虽滥觞于法国的孟德斯鸠，但19世纪前，还没有谁把地理上的"亚洲"看作人类"大一统历史"中的初级阶段，一个时间性的存在。此后，社会学鼻祖马克斯·韦伯也分析了中国、印度等亚洲国家的宗教，以论证为什么"资本主义精神"只存在于奉行基督新教的社会。虽然韦伯没有把亚洲作为时间概念处理，但到了他的美国门徒帕森斯（Talcott Parsons）那里，亚洲实际上是作为欧洲的反题（antithesis）来提出的。也就是说，亚洲存在的意义，在于证明欧洲何以是欧洲。1885年的《脱亚论》，某种程度上体现着黑格尔以降欧洲思想中的这一"亚洲反题"。

从那时起，中国、日本、朝鲜、越南等一批接触欧洲思想的知识分子才开始明白："哦，我们是亚洲人。"其实相对于"脱亚"之论，在明治中后期的日本，建构一个以日本为轴心的亚洲共同体，以拒斥欧洲殖民的呼声，倒是有着更大的市场。日本近代的"亚细亚主义"，以种族对抗、文明竞争为核心，勾勒出一个反东方主义的东方主义幻象。这一思潮随着日本国内国际局势的变化而逐渐走向政治舞台，最终演变成建设"大东亚共荣圈"的扩张野心。但早期中国、朝鲜、印度的民族主义者，因其中鲜明的反抗意识，都曾受到过亚细亚主义的激励。

二战结束后，反殖民浪潮席卷全球。获得独立的新中国，坚定站在被侵害被压迫的国家一边，把自己的历史命运和责任，自觉放在"亚非拉"民族解放的大框架下。此时中国对"亚洲"的身份认同，既不是地理的、文明的、种族的，也不是意识形态的；"亚洲"是象征第三世界革命的政治标签。

"亚洲"本来是别人眼中的他者、反题。但东亚人拿来这个概念，反客为主，把他者变成主体认同了。日本近代的"亚细亚主义"和中国的"亚非拉"革命观，标志着东亚人对"亚洲"概念的转化和创造。在很大程度上，自我认定的"亚洲"也是以欧洲（或者"西方"）为反题的。当然这里的欧洲/西方同样不是地理概念："亚细亚主义"中的西方是种族与文明，第三世界理论中的西方代表殖民主义和帝国主义。

这个漫长的转化过程，在我看来，和所谓的"现代化"（日语中叫"近代化"）息息相关，它是内外合力的结果。不过，在欧洲中心视角的长期影响之下，《脱亚论》中"亚洲反题"式的自我认知，在所有东亚国家中都曾经很流行。有一种对《脱亚论》的简化解读，就是把"现代化"和脱亚等同起来。直到今天，很多人还习惯以"愚昧、封闭、野蛮、专制"这样大而无当的帽子来否定东亚的历史经验，其内在逻辑和"脱亚"一脉相承，甚至智识上更为懒惰粗暴。在今天，为数众多的中国、日本、韩国知识人已意识到，"东亚"这一蕴含丰富可能性的历史载体，应该超越和欧洲/西方相对的维度，超越《脱亚论》后130年的历史。我们需要在更长的时间段、更广阔的视野中,来检视东亚(以及东亚的每个国家和社群)何以成为自己。因此,探讨"发现"东亚的轨迹,就是从一个新的角度,探讨我们的现代命运是如何发生和展开的,今天的身份认同(不论是国家、民族,还是区域),又是如何在这个过程中被塑造的。

"东亚"的概念虽属外来,却嫁接在这个区域的内部资源上。而我们更熟悉的"中国""日本""朝鲜/韩国"的概念看似内生,其实有很强的外来性和互动性。下面就谈谈这些概念是怎么回事。

中国不是 China,日本不是 Japan

任何学过英文的中国人,都知道 China 是中国的英译。而任何学过汉语的英美人,也都知道英语中的 China,在汉语中叫"中国"。但是,这两个词,其实意思并不一样。一个简单的问题:好多国家的国名来自于音译,比如 France 是法国,America 是美国,Mexico 是墨西哥,Canada 是加拿大……可是中国为什么是 China?与此类似,为什么日本,日语念作 Nihon 或 Nippon,翻译成英语却是 Japan,而韩国(Hanguk)或者朝鲜(Choson),成了 Korea?

目前已知最早的"中国"一词,出现在西周的一件青铜器何尊上,其中有一段铭文写道:"唯武王既克大邑商,则廷告于天曰:'余其宅兹中国,自之乂民。'"翻译成白话就是:武王推翻了商朝,于是昭告天下说,我以此地为中心,在这里统治人民。

所以最早的"中国",指的也就是王廷所在的都城,并不是整个国家的统治区域。而"中国"成为我们生活的这个国家的国名,其实是比较晚近的事情。那么,古代中国人怎么称呼自己的国家呢?

假想一下:你生活在古代——比如明代吧。一天,打西边来了个神父,向你打招呼:"你好,我是葡萄牙人。"你怎么回答呢?你多半不会说"你好,我是中国人",而会说:"我是大明国人。"因为那时,"中国"还不是国家的名称。清朝以前的更多时候,"中国"是指相对于周边地区的"中原"地带,有时也指相对于"夷狄"的"华夏"集团。

那么,假如你生活在高丽王朝时期的朝鲜半岛呢?同样,你会说"我是高丽人",而不会说"我是朝鲜人"或"我是韩国人"。如果你是位战国时代的日本人,你大概有了"日本"作为列岛上大大小小政权/分国总称的意识,会说"我是'霓虹'(Nihon)国人"。但是葡萄牙神父可能会有些恍惚,因为他只听说过"Cipangu"或者"Jepang",很难和"霓虹"的发音联系起来。

"中国"这个词出现得很早,但用来称呼我们这个幅员广大、人口众多的东亚多族群国家,是晚近的事情,否则黄遵宪、梁启超等也不会感叹中国有国无名。这个要仔细说起来,怕是几本书都说不完。我们只需要记得一点,那就是"中国"是个不断发展演化的概念,就像它的幅员、人口和族群一样,也是在不断变化的。现在的人们已经习惯于用近代主权国家体系中的民族国家(nation state)观念,来理解中国,可中国以民族国家的面貌出现,也不过就是一百来年的事情。说"中国历史悠久",当然没问题;但要注意,悠久的这个主体,其实在每个时期都有差异,不能拿现在我们有的(或没有的),去套这个不断演化中的主体,否则会时空错乱。同样的道理,对别的国家也是一样。

今天朝鲜半岛上有两个国家实体,朝鲜和韩国。"朝鲜"来自半岛上延续时间最长的王朝(1392—1897)的名字。开辟王朝的李成桂拟了两个国名,拿给明太祖朱元璋裁定,朱元璋选了"朝鲜"。而再往上追,则来自中国史书中记载的半岛北部国家"箕子朝鲜"及"卫满朝鲜"。一般认为"朝鲜"取"朝日鲜明"之意。"韩国"一名源自半岛南部、中国史书中统称为"三韩"的古代部落国家。中日甲午战争后,朝鲜王朝脱离了与清朝的宗藩关系,曾短暂改国名为"大韩帝国"。二战后南北分裂,两个国家都宣称是半岛唯一合法政权,互不承认。因此韩国称朝鲜为"北韩",朝鲜称韩国为"南朝鲜"。是朝还是韩,有着强烈的政治含义,不能用错。汉语中有时会看到"北朝鲜"或者"南韩"的误用,其实无论南北都不这么说。

和半岛国家一样,早期日本的历史,是记载在中国史书上的。日本列岛政权和汉朝接触时,自称为 Wa,汉廷以"倭"字表记。这个倭,只是当时列岛诸多小国之一。他们后来觉得"倭"字不雅,改为"和"(Wa),并以"大和"(Yamato)为名。大约7世纪前后,大和势力北扩至本州北部,改国名为"日本"(Nihon),即太阳升起之地。很明显,这样起名字,和"朝日鲜明"一样,是说给西边的人(也就是大陆上的人)听的。如果日本人碰到夏威夷人,当然不能说自己来自"日出之国"。可见,虽是自命名,视角却在中国,是在和东亚大陆的交往中产生的。早期日本人当然也有从自己视角出发书写的身份,比如成书于8世纪早期的《古事记》和《日本书纪》。历朝著史,都是为给政权找个神圣的权力来源,因而越溯到上古,就越是神话。据这两本书,大和政权的天皇家族一脉,源自天照大神。神话时代对日本的命名有很多种,比如"丰苇原中国",或者"丰苇原千五百秋瑞穗国"。不过这些命名本是神话产物,也就不像"日本"那么被大家普遍接受。

前面谈到过,"东亚"(East Asia)是个外来概念,本地人很晚才接受这么一个分类,并加入自己的理解,塑造身份。同样,西欧语言中的"中国""朝鲜/韩国""日本"(以英语的China、Korea、Japan为代表),也都不纯是中日韩的本土概念。想想,中国人啥时候自称过"拆那人"?那么这些概念又是怎么来的呢?

"China"一词,目前较通行的说法是来自梵语中的"Cina"一词,可能是"秦"的音译。日本人有段时间称中国为"支那",亦源于此,起初倒无贬义。欧洲与中原远隔万里,耳闻口传,一是通过印度-波斯带去的"Cina",二是蒙古西征时带去的"Cathay"(契丹,后泛指中国,现通用于斯拉夫语系),两个信息来源不一,以致很长时间里,欧洲人不知道二者指的是一个国家。

Korea和Japan,传说都由马可·波罗最早记录。他到中国那会儿,半岛正是高丽(Koryo)王朝。Korea一词在演化过程中虽有不同拼写方式,发音倒近似。风云变幻,如今生活在朝韩的人都不自称高丽,而朝/韩语中的"高丽人"(고려사람)则成了一个特定名词,指的是苏联中亚地区的朝鲜移民后裔。当然,Korea的好处是不论朝韩,政治中性。日本在马可·波罗那里记为Cipangu。为啥这样拼?用上海话读"日本国"三个字就明白了。估计他是听当时和日本往来颇繁的江浙人聊起的。Cipangu转到葡萄牙语,就成了Jepang,再到英语,慢慢就成了现在的样子。所以这个Japan,是欧洲语言多次转译的中国南方方言中汉字"日本"的读音,跟"霓虹"当然差得远。

字音、字义的转化从来不只是语言变化,背后必然带入新的认知框架和意识形态。当用"China",特别是用其背后那套认知框架,来讨论"中国"的时候,"中国"自身的变动、杂糅和多元性,就被西欧现代国家体系所强调的那种界限感和同质性取消掉了。特别是在处理帝国(empire)、国族(nation)、族裔(ethnicity)这些议题的时候,China 和"中国"之间往往显现巨大的裂痕。"中国"是个多语言、多族群的复合体,但 Chinese 仅指汉语、汉字,很多语境中仅指汉族人。

中国人,并不能等同于英语语境中的 Chinese——即说着 Chinese／汉语的汉族人。根据 2020 年第七次人口普查,非汉族中国人,占比已接近 9%,达到 12 547 万人。这个数量,如果按照全世界人口排名,仅次于排第 11 位的埃塞俄比亚,而高于排第 12 位的日本。其中壮族、维吾尔族、回族、苗族、满族,人口都超过 1 000 万,从绝对数量上说,一点也不算是少数。

试图用语言文字、人种、宗教这些通行的现代标准来定义"中国"的努力变得无效:使用汉字和崇奉儒家的不一定是中国(比如朝鲜、越南、日本),而中国内部不都是传统的汉字儒教区(比如疆、藏、蒙)。域外学界会提出"清朝是否 Chinese 王朝"这类问题,作为学术讨论当然可以。但是 20 世纪以来,政治上操弄"满蒙非支那""疆藏非中国",亦屡见不鲜。

无奈在主权国家体系下,China 所代表的话语逻辑是霸权性的逻辑,有一整套科学、法律、伦理、哲学理论作支撑。不要说域外人士,就是国人自己,在晚清到共和国这段动荡时期,在试图糅合 China 话语和"中国"经验时,也困惑于两者间既联结又矛盾的关系,很多人试图以现代西欧标准定义中国,总不得要领。当然,这绝不是说"中国"经验多么独特。正相反,变化、多元和交融杂糅,是所有国家、族群的共性。汉人、日本人也好,朝鲜/韩国人也罢,从来都不是同质的群体。明确的国族界限是近代西欧的产物,但它实际也掩盖了欧洲自身的杂糅性。西欧逻辑是在殖民扩张过程中,和殖民地社会相互碰撞冲击后逐渐塑造的,它当然吸纳了其他地区的经验,只不过最终还是要为霸权服务。同理,中国也吸纳、转化了许多西欧逻辑(比如民族主义),才成为现在的"中国",只不过这套逻辑的局限性在21世纪日益凸显。

在这个意义上,如何超越China,把"中国"的经验汇聚成有普遍解释力的话语,实在是个大课题。把中国(以及日韩)放在区域和全球的框架中认识,是很多人正在尝试的一个方向。法国史学家布罗代尔说的"没有法国史,只有欧洲史;没有欧洲史,只有世界史",或许就是这个道理吧。

浪漫化亚洲·最后的武士

其实世界上绝大多数国家,其族裔构成都是多元的。不过分类方法不尽相同。比如美国,其官方常用的族群分类是:白人、非洲裔、西班牙语裔或拉美裔、亚裔(有时还加上太平洋岛民)、原住民等等。也就是说,除了"白人"这个词是特指肤色,其他都跟地理挂钩。那么,为什么白人不能说是欧洲裔?还有,非洲裔其实是指黑人,可是美国黑人大多数跟非洲已经毫无关系,而来自非洲的美国人并不都是黑人,为什么还要把黑皮肤和非洲画等号呢?这实际上反映了一种特别奇怪的分类,即把地理与特定的人类特征等同起来。

亚洲也是一样。在欧美主导的话语体系中，它是一种特质，一种不变的特质。

从18、19世纪开始，亚洲被当作欧洲的反题，成为"文明"的反面。那么顺理成章地，当所谓文明的诸种病征显现，这个亚洲又莫名其妙地被赋予一种拯救性。物质过剩了，就到印度宗教里寻找"灵性"；城市生活空虚了，就到西藏雪原皈依"智慧"。所以很多时候，我们看到"亚洲反题"不光是愚昧、落后、封闭、保守，它也可以是落后得很浪漫的，保守得很坚忍的。停滞的"亚洲"与浪漫的"亚洲"貌似矛盾，却相辅相成：因为是停滞的，所以千万别变化，停在那里最好，否则就被破坏了、被污染了、被现代荼毒了。这个时候，亚洲成了一种怀旧的创意、异域的乡愁。当然，这种创意和乡愁跟现实或历史并无联系，而且它无关欧亚，更无论东西，"亚洲"不过是"现代"人集体发明的另类"传统"。很多时候，真实的历史被这种虚构的"传统"取代了。

文艺作品中的这种拯救式反题比比皆是。汤姆·克鲁斯主演过一部电影——《最后的武士》。它以日本维新时期，明治政府与西乡隆盛之间的斗争为蓝本，力图表现日本武士对荣誉和传统的殊死坚守，和对非人化的工业文明的悲壮抵抗。汤姆·克鲁斯扮演的美国军官，因为目睹现代化军队屠杀手无寸铁的印第安人而迷失自我——铺陈了"现代病"的母题。他被请到刚刚开始维新的日本，帮助训练新式军队。而维新政府的第一批敌人，则是一群由胜元盛次领导的、拒绝西化、护卫传统的武士。当然，和许多好莱坞电影一样，代表现代文明的美国军官，最终被代表东方传统的武士们感化，自觉成为他们中的一员，又是一起学剑道，又是借此找回了自我……尽管工业化的枪炮最终把武士们无情碾碎,但英雄片嘛,一定是需要悲情才有英雄的。

影片里,现代和传统的矛盾焦点,在于"火器"。火器代表工业文明,而拒绝使用枪炮,则代表武士高贵的荣誉感。有段美国军官和英国记者之间的对话,十分点睛:

记者:胜元从不屈尊俯就(dishonor)使用火枪。
军官:他不用火枪?
记者(笑了笑):要知道对那些老派家伙来说,胜元是个英雄。

传统与现代的挣扎当然可以是表现主题,不过这种挣扎无论如何也跟用不用火器不搭界。实际上,火器在16世纪后期就风靡日本,不要说武士阶层,就是更高阶层的大名们也对各种新枪械趋之若鹜。

1543年,一艘从明朝驶出的走私船遇到台风,漂流到日本九州南部的种子岛。船上除了明人五峰(即著名的"海盗"汪直)外,还有几个被日本人称为"西南蛮种"的葡萄牙海员。当葡萄牙人向岛主种子岛时尧展示了名为"铁炮"的火绳枪后,立刻引起时尧的极大兴趣。他以重金买下两支枪,并虚心求教制造技术,"朝磨夕淬,勤而不已"。种子岛制作的火绳枪迅即声名远播,所谓"一发而耸动于扶桑六十州",而且"复使铁匠知制之之道,而遍于五畿七道"。以至于很长一段时间,"种子岛"(Tanegashima)就是日本火绳枪的名字。

时值日本战国时代,群雄并起,大小火枪迅速批量生产并装备于各大名的军队。日本人还对枪械多方改进,并逐步完善了战术战法。火器的使用大大改变了日本政治生态，在织田信长、丰臣秀吉和德川家康的统一战争中起到了关键性的作用。不但如此，丰臣秀吉1592年发动侵朝战争时，日军也是因为有武器方面的优势，在战争初期势如破竹。同在东亚，明朝的军队整建制配备火枪，更是远早于日本；从葡萄牙人那里引入并改进的佛郎机炮（一种早期滑膛加农炮）多次在战场应用。朝鲜陆军虽弱，海军的火器配备则优于日本。三国在早期热兵器使用上，完全站在世界前列。很难想象，在你死我活的战场，有谁会放着更有杀伤力的武器不用。一个基本常识是，军事需要总是人类技术革新的最主要动力之一。

可见，说火器有违传统精神，为日本武士所不齿，满足的不过是好莱坞对东方的香格里拉式幻想。这里的亚洲"传统"貌似正面，但仍是把西方和东方按照时间序列对立起来，把传统和现代做一个非此即彼的价值区分。在资本席卷全球的今天，这种东方主义浪漫也同样被一些东亚人内化，他们以自我香格里拉化的方式，参与到把自身打扮成异域的努力中去。

因此，谈"发现东亚"，如果只是要去发明一些东亚的"特有"的"价值""道德""传统"，那并没有脱离欧洲中心论最根本的二元对立逻辑。我们努力的方向，应是回到本地的政治、经济、社会、思想脉络中，来探讨东亚的"现代"演进。

比如，我们不应先预设"日本武士精神拒斥火器"的文化本质主义观点，而应问为什么日本在16世纪已经发展出世界领先的火器装备，但却没有保持到19世纪。"精神"无法解释变化，相反，精神本身是随经济、社会、政治的演进而变化的。

在16、17世纪，火器的掌握足以改变战争进程，因此任何政权都需要保证对这种高效武器的绝对控制——这和今天的国家严防"大规模杀伤性武器"的扩散是一个道理。统一日本后的丰臣政权和德川幕府，最担忧的事情，莫过于各大名割据一方、拥兵自重，重蹈战国覆辙。因此丰臣和德川都采取一系列措施，削弱地方大名的财力、军力。在武器制造方面，严格限定枪械作坊的数量、所制造枪械的数量，以及可以配备的军队数量。日本在江户时代承平两百多年，不但大规模内战没有再发生，而且在驱逐了葡萄牙和西班牙人后，外部威胁也大大降低。大规模枪械生产的经济环境和安全需求都不复存在。结果，不但制枪匠人日益稀少，生产的少量枪械也朝着精美而非实用的方向发展。

美国历史学者诺埃尔·佩林（Noel Perrin）就此写过一本小书《弃枪》（*Giving Up the Gun*）。它特别有启发性的一点是：我们长期以来总认为历史是有个特定方向的，即由后进到先进、蒙昧到科学、低级到高级，可历史并不按照这个有特定目的的线索展开。根据时代环境的变化，人们在发展了许多技艺的同时，也抛弃了更多技艺。历史的演化形态不由我们规定，任何一种现象都是特定环境下的产物，要解释现象，必先解释产生它的环境。

就火器而言，它是"东亚现代"开端在技术方面的一个指标。枪炮在本地区的应用，推动了东亚权力格局的一系列大震荡，一个新的时代由它间接引入。

那么，火器传入前的"东亚"是什么样的？如果欧洲人眼中的东亚是本质化的、带有偏见的，那么东亚人对自己的认识，是否更准确呢？接下来的两节，我们就来非常简短地梳理一下，怎么理解"现代"到来之前的东亚。

文献、考古与传说

既然东亚/亚洲并不是一个天然就有效的分析单元，那么有没有一种历史叙事，是讲述这一区域究竟"是什么"的？说没有，肯定是不对的。人们时时刻刻都在塑造着自己的记忆，记录下自己的过去，以映照当下和未来。记史的传统，在东亚几个国家里都特别发达，这点，和南亚世界非常不同。这倒不是说印度没有历史，而是说，印度次大陆的记史传统和宗教密不可分，他们留下来的文字记载更多是宗教性的，学者需要非常努力地从这种叙事传统里，梳理出我们今天认为是"历史"的东西。

尽管东亚记史传统很悠久，可学过历史的人多多少少都知道，过去发生过的事情，和对过去的记录，并不是一回事。人们记录什么，不记录什么，怎么记录，怎么解释，记录是否保存，能否流传开……其实既有书写者的主观选择，也有后世人的选择，很多时候也需要一些偶然的条件。一些激进的批判性历史学家甚至说，所谓历史，其实和虚构性的小说或者神话，性质没有太大不同，都是一种叙事策略而已。

这当然不是宣扬历史虚无主义。我们对过去所发生事情的认知，不能够仅凭借历史文献这一种媒介，还要综合考虑考古所发掘的实物，以及神话和口传记忆。把文献、考古和传说综合起来，才能比较立体地把握一个群体的集体记忆成果。探讨东亚"是什么"，其实就是探讨东亚人群的某种具有代表性的集体记忆。所有历史，都有至少两个面向：一个是过去发生过什么，另一个是我们对过去的记忆和认知。这两者同样有价值。

如果从现有的考古成果来看，今天东亚世界的产生，首先是在大陆上的。

在今天中国许多地方，都有上古人类活动的遗存，属于几万到几百万年前的所谓旧石器时代。而到了新石器时代，东亚大陆更是如满天星斗般，出现了很多比较成熟的人类文化遗迹。最为知名的，比如大汶口、红山、仰韶、马家窑、龙山、良渚等等。其中较发达的区域，已经出现了制作精良的玉器、陶器等，上面的装饰和花纹美轮美奂，有的符号还可能是文字的雏形。良渚文化的年代，被断定为公元前3300年到公元前2000年，其古城遗址极具规模，在2019年被列入联合国教科文组织世界遗产名录。

但这些文化遗址，大多是在20世纪才被发现的。也就是说，在20世纪之前，它们并没有成为住在今天中国这块土地上的人的集体记忆的一部分。

那么文献呢？文献依靠文字记录，最早的文字就成了我们追溯文献起源的地方。已知东亚最早的文字，是发现于中国河南安阳地区的殷商甲骨文。甲骨文已经是比较成熟的古文字了，主要内容涉及占卜、旅行、气候、战争的记录，我们已经可以从中获取到非常多的关于殷商贵族政治、信仰以及环境等方面的信息。这些信息也可与传世的历史记录，比如《史记》中的某些记载相互印证。从甲骨文之后，中国汉字的发展系统就比较明确了：由西周时期铸刻在青铜器具上的金文，到春秋战国时代各自不同的六国文字，然后秦以小篆统一六国文字，再到汉隶……汉朝之后，中原王朝的政治、经济、文化影响力辐射周边，今天的朝鲜半岛、中南半岛、日本列岛，逐渐开始采纳汉字作为本国文字。古代东亚世界最为通用的文字字形，就此奠定，至今变化也不大。我们现在使用的汉字,有些和甲骨文还很接近,足见这一文字体系拥有强大的延续性。

但是,甲骨文其实曾经被长期遗忘,它也不在20世纪之前东亚人的集体记忆之中。1899年,晚清金石学家王懿荣,偶然发现了一些刻在龟甲、牛骨上的符号。出于对古文字学的敏锐,他判断这可能是一种古代文字。我们更为熟悉的一种说法,是说这些刻有文字的甲骨,被当作药材出售,然后被生病的王懿荣在抓取的药材里看到。究竟是不是这样充满戏剧性,不得而知,因为就在次年,八国联军入侵,王懿荣自杀殉国了。"甲骨文"这个名字,是到了20世纪20年代才确立下来,距今也就一百年而已。

也就是说,将甲骨文确认为东亚最通行文字的古代起源,其实也是很晚近的事。而既然甲骨文已经是比较成熟的文字,它的起源又是什么呢?会不会像一些学者提出的,是由大汶口或者良渚文化发展而来?目前我们有的只是理论假说,要形成公认的看法,还有待新的发现。

但甲骨文的发现,对历史认知最大的贡献之一,是从实物和文献两方面,直接证明了正史中所载商朝的存在。在发现甲骨文之前,按照现代历史学科的定义,中国能够以实物证明的最早的朝代,仅是周朝。如果我们可以证明商朝是存在的,那么中国历代史书中记录的夏朝,是否也存在呢?这就是个争议非常大的问题了。如果夏朝存在,它的考古证据在哪儿?反过来说,如果没有现代科学认定的考古证据——这条标准本身是由欧洲学者在19到20世纪提出的——是否就能够说夏朝肯定是虚构的?在这里,"过去发生过什么"与"我们对过去的认知",就出现矛盾了。所以对这些问题的回答,也就往往充满了古代与现代、民族情感和科学理念之间的纠结。

那么传说呢？我们今天认为是传说的东西，当然只能存在于认知层面，因为它已经是不可考的过去，甚至可以明确被认为是虚构。在中原文化中，最著名的起源传说之一，就是黄帝。自春秋战国以来，他就出现在历史记载中，《史记》以轩辕黄帝的故事开篇，奠定了其华夏始祖的地位，后世更为黄帝赋予各种各样的功能，成为道家的神仙，或者中医的源头。在今天的中国学术界，黄帝被当作是一个能够折射古代文明演进的某种集体记忆符号，而不是一个实在的个体。当然，近代以来，黄帝也被赋予了民族主义意味，成为现代民族国家的一个象征，这种意义转化，在东亚世界是普遍存在的。

让我们暂时离开中原，来看看日本。前面曾提到过，关于古代日本最早的文字记录，是中国的史书。《后汉书》和《三国志》中都曾记载，倭人在汉时派使臣前来朝见。倭人有百余国，派使者前来的有三十余国。《后汉书》提到，光武帝时（公元57年），倭人请求朝贡，光武帝赐给他们金印。两书都详细记载了那里的风俗、政治、经济状况，比如说"男子无大小，皆黥面文身"。书中还记载，在东汉桓帝、灵帝之间，倭国大乱，后来出了一个叫卑弥呼的女王，所都在"邪马台国"，这位女王：

> 事鬼道，能惑众，年已长大，无夫婿。有男弟佐治国，自为王以来，少有见者。以婢千人自侍，唯有男子一人，给饮食，传辞出入。

就是说这位女性具备神鬼的能力，不结婚，治理国家有她的弟弟辅佐。即位之后把自己藏起来不见人，只有一个男子负责给她送吃的喝的，并传达号令。

这是文献中的记载。但文献记载有多可靠呢？1784年，一个名叫甚兵卫的农夫在九州的福冈整修农田时，挖出了一方金印，上面以阴文镌刻着"汉委奴国王"这五个字。"委"就是"倭"字的简化写法。这方印的真伪，很快引发日本学术界的争议。经过长时间的研究和讨论，到了今天，多数学者认定，这方印是真品，很可能就是史书中汉光武帝所赐授的金印。这是日本列岛政权与中原政权很早就已开始正式交往的明证，文献与考古在此对应上了。

今天的考古学者谈及日本的上古文化，会首先提到"绳文时代"。这是大约1.5万年前到公元前3世纪的漫长岁月，涵盖旧石器时代晚期到新石器时代。绳文时代后期，日本已经开始种植水稻，出现了房屋、聚落，以及大量的陶器和人偶，可能和贮藏与祭祀有关。有意思的是，典型的绳文人偶上，脸和身体部位都装饰有花纹，让人想到中国史书上"黥面文身"的记载。

但"绳文"这个命名，却不是来自日本人，而是来自一位19世纪的美国学者爱德华·莫尔斯（Edward S. Morse）。他在1877年发现了一组陶罐，以"cord-marked"来命名，随后这个词被翻译为"绳文"。所以，和甲骨文一样，日本文化的上古起源，是很晚近才创造出来，进入人们的记忆的。

绳文之后的弥生时代，在公元前10世纪到公元3世纪左右，这是日本列岛整体进入农耕社会，政治势力逐渐发展形成的时代。也是在这个时期，倭国（包括邪马台国）开始出现，并且和朝鲜半岛及汉朝开始了交往。弥生时代的出土物，包括了明显来自东亚大陆的青铜器和铁器（比如铜镜、剑等等），从大量出土的武器和人骨,也可猜测这一时代战争频仍,政治纷争不断。邪马台虽然读音很像 Yamato,即后来的"大和",但它是否就是后来大和政权的源头,学者有不同的看法。

过了好几百年,到了公元 8 世纪,已经和隋唐有了深度交往的大和王廷,开始编纂国家史书,梳理天皇神统,以强化政权的合法性。《古事记》和《日本书纪》,是日本最早的官修史书,都以神话开篇,构筑了日本神皇系统,被合称为"记纪神话",后来也成为日本神道教的重要文献。和中国的黄帝传说不同,日本的天皇直接和创世神话相连,而皇室的始祖,被追溯到天照大神。天照大神有个脾气顽劣的弟弟素戈鸣尊,他到处捣乱,逼得姐姐躲进天岩户中拒不出来,此时天地一片黑暗,诸神只好以八咫镜和八尺琼勾玉引诱天照大神出洞,重新将光明带到天地间,并且放逐了素戈鸣尊。后者来到出云国,斩杀八岐大蛇,从蛇身上得到天丛云剑。

后来天照大神命她的孙子从天降临到苇原中国——也就是神话中的日本,授予他三种神器,正是八咫镜、八尺琼勾玉和天丛云剑。而日本天皇世系中的第一位,神武天皇,就被认为是天照大神的五世孙。

混杂着神话的历史,在特定年代,成为历史本身。我们知道,日本天皇在很长一段时间里,曾经完全没有实权,连象征性都没有。但到了近代,民族主义的知识精英,从神皇世系的神话中推导出日本独有的政治文化资源,以天皇为日本国体,将神道与帝国政治深度结合。他们不但将神话当作历史,也把现实当作神话再现。直到二战结束,美国占领军主导下修订的日本新宪法,才明确规定天皇是象征性元首,不再具有神格意义。

朝鲜半岛上,从旧石器时代晚期到新石器时代,也有不少陶器遗迹，其形制与同时代中国东北和日本发现的陶器有明显的相似关系，从公元前8000年到前1500年的这段考古期，被称为栉文土器时代。"栉文"，即用木梳状的工具刻出花纹。之后的公元前1500年到前300年，被称为无文土器时代，农业生产开始在半岛兴起。

"朝鲜"一词，最早出现在《山海经》中，早期半岛与中原关系相当密切，《尚书大传》《史记》等典籍中曾有商末贵族箕子，在武王伐纣之后，带领遗民东迁，建立朝鲜半岛上最早国家的记录。此古朝鲜政权，后来被汉朝逃将卫满推翻，建立了卫满朝鲜。汉武帝东征，灭卫满朝鲜，建汉四郡，其范围在今天辽东、吉林南部，以及朝鲜半岛北方。而在朝鲜半岛南方，则有统称为"三韩"的部落联盟国家。

汉四郡衰落后，朝鲜半岛进入三国时代，唐朝联合其中的新罗，打败了劲敌高句丽，半岛由新罗完成一统。此后则有高丽王朝和朝鲜王朝，均与中原王朝保持密切的朝贡关系。在崇奉朱子理学的朝鲜王朝时代，为了强调文明正统，史书中一律将朝鲜国家的起源，追溯到箕子，认为是箕子把后来孔子所崇奉的那种文化带到了半岛上。那时很多文人来到平壤，都要祭拜设立在那里的箕子陵，并撰写歌颂他的诗文。

但到了殖民时代，民族主义兴起，这种"外来民族"传来"事大文化"的叙事，被逐渐抛弃。民族主义史学家找到13世纪僧侣一然编纂的《三国遗事》，把最早出现在其中的檀君神话，当作半岛国家的源头。根据《三国遗事》中的传说，帝释桓因（也就是佛教传说中的天帝）的儿子桓雄下凡，与熊女结合而生出檀君。他建立的国家，被称为檀君朝鲜。

在今天，檀君朝鲜是朝鲜和韩国两国官方认定的信史。韩国很多报纸上，一度采用檀君纪年，以传说中檀君建国的公元前2333年为起点。而朝鲜更是在1993年宣布，于平壤附近发现一男一女两具遗骸，经科学测定来自于5000多年前，是檀君夫妇的遗骨。檀君陵因此也成了朝鲜的国宝。曾经非常重要的箕子陵，则早已荡然无存。

再一次，神话和历史相互纠缠，塑造了现代人的集体记忆。不难想象，这种历史记忆的塑造，其实永远也不会完结，将来还会有新的记忆加入进来。文献也好，考古也罢，在特定的历史需求之下，都可以是神话来源的一部分，甚至它们本身也是由"现代"所带来的新的神话制度。因此，我们今天的自我认知，我们所以为的传统，其实也是人为构建的产物。

平原、草原和海洋

考古、文献和神话，各自揭示出我们历史认知的一部分来源。但考古告诉我们的知识过于晚近，很多直到最近才为人所知，而文献和神话又都不完全可靠。那么东亚历史发展有什么可被信赖和理解的模式吗？我想提出一个视角，是从东亚的地理出发去理解。

海洋、陆地、河流、高山等自然环境，很大程度上昭示着一个地区可能的生产方式和生产水平。东亚世界的经济生态，是受其地理形态影响的：东边是宽广的太平洋，西部有号称世界屋脊的青藏高原，南部的高山丘陵通向中南半岛，北部土地则连通寒冷的西伯利亚。其中，和我们最为相关的三个地理要素,是平原、草原和海洋。

东亚三国传统上都以农业为主,所以我们很多时候的关注点都在平原地带。20世纪30年代,人口地理学家胡焕庸先生发现,中国的人口和疆域的分布,呈现出一个明显的不均衡状态。如果从东北的黑河到云南的腾冲,连一条直线,那么这条线的东南,约占中国疆域40%的部分,集中了中国96%的人口;而它的西北,约占中国60%的土地上,只分布了4%的人口。这就是著名的"胡焕庸线"。

这条线的解释其实不只是人口分布。从地形图上,我们可以看到,胡焕庸线以东,大部分是适合农垦的平原地带(也包括东北地区的森林、南部的山地丘陵);以西,则主要是草原、高原和沙漠地带。东部人口稠密,城市集中,交通网络发达,商品经济也更为繁荣;西部人烟稀少,生产方式也以游牧为主。

无独有偶,在和胡焕庸差不多同时,一位美国的学者欧文·拉铁摩尔(Owen Lattimore),也提出了类似的分界线理论。只不过他提出的分界线,是长城。他认为中国的历史演进,就是农业区与游牧区的长期互动与争夺,这种互动是沿着长城线展开的,北部是游牧草原区,南部是农业平原区。

两种理论虽然不同,但有一个共同的启发性,即多元的地理环境,决定了东亚大陆多元的生产、生活模式,因而也就产生了不同的族群,各自发展出适应其地理环境和资源禀赋的政治组织方式。其实,各个族群之间的界限,是模糊的,会因环境的变化而变化。拉铁摩尔曾长期考察长城沿线,他就发现,在农耕和游牧交错的地带,人们的身份也会调整变化,有时农耕人群会转而游牧,有时游牧人群又会转而农耕。

在这种情况下，东亚大陆上的族群，往往不是血缘或者宗教性的团体，其包容性和灵活性，要大于其排斥性。

如果我们把视野更扩大一些，扩大到西太平洋，就会发现，东亚大陆外沿和其他大陆很不一样：一连串的半岛和岛屿包裹着大陆东岸，它们与陆地的距离不算太长。从北部的库页岛、千岛群岛，到东边的朝鲜半岛、日本列岛和琉球群岛，再到东南方的台湾岛、菲律宾群岛，再到南方的加里曼丹、苏门答腊、爪哇，以及马来半岛和中南半岛。今天，我们会称之为"第一岛链"，这个更多用于军事地理的名词，其实也可以很好地解释东亚世界频密的海上交流。从黄海、东海到南海，东亚世界的居民，尤其是沿海地带的居民，从来就不缺乏探索海洋的热情，其商贸网络，很早就把海岛、半岛和大陆上的人与物有机串联了起来。东亚海洋网络，日后又通过马六甲海峡和巽他海峡，与印度洋商贸网络融合在一起，成就了沟通欧亚非的海上丝绸之路。

把平原、草原和海洋综合在一起，我们才能更好地理解，东亚如此多元的环境和社会状况，为什么会产生出许多共享的文化产品和精神价值。而不同的文化和精神，又在各自的环境和社会中，生发出具有本地特色的变体。

举例来说，中原地区的政治地理构想，与依靠山川河流的农业生产方式有极密切的关系。所谓"九州"的理想政区想象，最早产生于《尚书·禹贡》。同时，周代实行的分封制度，又设想出了一个从中心到边缘的差序格局。这些制度实践，到了秦实现大一统、汉独尊儒术、郡县制度逐渐取代封建制度之后，衍生出中原王朝强调九州一统、崇尚中央集权的政治理念。到了新罗统一朝鲜半岛的时候，统一新罗也在疆域内划分九州。

再比如，产生于南亚的佛教自输入中原后，逐渐与儒家和道家相互吸纳，演化出汉传佛教的几大宗派，逐渐本地化了。而在西藏，佛教又吸收本地的苯教和汉传佛教的影响，逐渐形成藏传佛教，它后来与草原政权深度结合，在13世纪之后成为对内亚草原世界最具影响力的宗教。同时，汉传佛教又向东传入朝鲜半岛和日本，于新罗和高丽时代，成为朝鲜半岛的主导信仰，催生出璀璨的佛教文化，产生了以佛国寺、石窟庵、《高丽大藏经》等为代表的世界文化遗产。在日本，天台宗、真言宗、净土宗等流派，一方面吸纳中国影响，同时也深入到日本社会的每个层面，更与贵族政治集团深度融合，是中世到近世日本最重要的政治力量之一。

所以，平原、草原和海洋之间，是紧密沟通的，不但物产上互通有无（比如农产品、铁器、马匹、食盐），而且产生于一个地域的理念、实践和价值，也会传导到另外的地域，又在当地生成更适应本地情况的新的理念、实践和价值。比如，儒家典籍流布到朝鲜半岛和日本，科举制度和皇权观念，也就被朝鲜半岛和日本有选择地接受并改造。中原地方的科举，自隋唐时代产生，到明清达到成熟，成了选拔官员的重要手段。朝鲜半岛的高丽和朝鲜王朝，也借鉴了科举制度，但又和中国的科举很不相同，它严格规定了应试者的社会阶层，在科目上也有所创新。日本则在奈良和平安时代借鉴过唐代的科举制度，但时间不长，就因为贵族势力过于强大，而废止了。

蒙古帝国时代，平原、草原和海洋，都发生了巨大的震荡。欧亚大陆两端，通过陆上交通线和跨印度洋的海上交通线，紧密地联结在一起。物质、思想、宗教、艺术，甚至疾病，都迅速而广泛地传播。在元朝，来自欧洲的旅行家和商人、来自阿拉伯的学者和官员、来自中亚草原地带的僧侣，共同塑造了全新的世界想象。正是马可·波罗对这个时代中国的描述，刺激了欧洲人对东方财富的求索，导引出后来的大航海时代。

在东亚世界，半岛上的高丽王朝遭受蒙古入侵而臣服，成为元朝属国，高丽贵族和蒙古贵族之间相互通婚，文化上也有蒙古化的趋向。为了东进日本，忽必烈在1280年设征东行省于高丽。但他的两次进攻，均因为遭遇台风而失败。日本经过此役，认为国家受"神风"的保护，后来在二战中，美国的军队进攻日本本土时，日本还把执行自杀任务的飞行员，命名为"神风"。

蒙古东侵日本，给日本沿海一带的岛民带来巨大损失。这些失去生活依靠的岛民于是组织起来，劫掠大陆沿海一带，这也是困扰明代的倭寇的起源之一。

明朝将元逐出中原后，与退居草原的蒙古政权既有战争，也有贸易。平原和草原之间的互动再度沿着长城线展开。而在半岛，祖上曾经几代担任过元朝达鲁花赤的望族之后李子春，归附了高丽王朝，其子李成桂为高丽击败过北元、女真、红巾军和倭寇，战功显赫。但因为反对高丽祸王以明朝为敌的政策，李成桂推翻了高丽王朝，建立了新政权，国号朝鲜。明代东亚的世界格局，也就基本成型了。

十分笼统地说，这个世界格局，是一个以中原的明王朝为"中华"的"天下"秩序。这个秩序在理想上，是以儒家等级建构的：统一的明朝是域内政治、经济、军事和文化诸方面的超级大国，也是最大的市场和财富集散地。周边出于各种需要，不同程度地承认差序格局，并在朝贡制度安排下，以各种名义从事多边交往和贸易。和清朝不同，明朝中央的直接行政统治区域，并不及于今天中国西北、东北、西南的许多地方，也不包括台湾。虽然有着边贸和政治联系，明朝在多数时候，仍视北方统称蒙古的游牧政权为敌手，并对东北女真诸部和西南土司实行"羁縻"管理。永乐至宣德年间的国家"探险"活动：郑和七下西洋、亦失哈十巡奴尔干都司、陈诚五使西域，既在一定程度上继承了蒙古时代的世界想象，亦构建了基本的对外联络图景；东南沿海居民对"南洋"（东南亚地区）的大规模移民开发，也从小说家笔下流露；陆路和海上交错的贸易网络，将东亚与中亚、印度洋、欧洲、非洲、美洲相联通。

中原之外，一些政权（如朝鲜、安南、琉球）引入儒家礼制秩序、或多或少接受中原的领导地位。朝鲜是最典型的例子，它从创立之初就奉明朝为上国，使用明朝正朔，引入中原典章制度，意识形态上恪守理学思想，内政和外交实践上也严奉礼法规范。但接受以中原为坐标的等级次序，并不意味着朝鲜在自我贬低。在某些时候，朝鲜甚至觉得自己才是中华文明的真正代表，仅仅体量稍小而已。我们可以从15世纪初朝鲜人摹绘的一幅世界地图中略窥其自我定位。《混一疆理历代国都之图》是今天所知朝鲜最早的世界地图，表现了从东亚到非洲的广大疆域，涵盖当时已知的世界。它结合了元朝李泽民的《声教广被图》、天台僧侣清濬的《混一疆理图》、朝鲜使臣从日本得到的日本地图，以及朝鲜制图师自己制作的朝鲜地图。图中虽仍把中原放在偏中的位置，但面积要缩小很多。朝鲜居极右，但面积几乎像最左边的非洲大陆一样大。至于近邻日本，则只是半岛南方的几处小岛。

其他一些国家，虽然在意识形态上也接纳"中华"和"天下"的坐标，但政治上并不奉明朝为上国，典型的就是日本。日本在

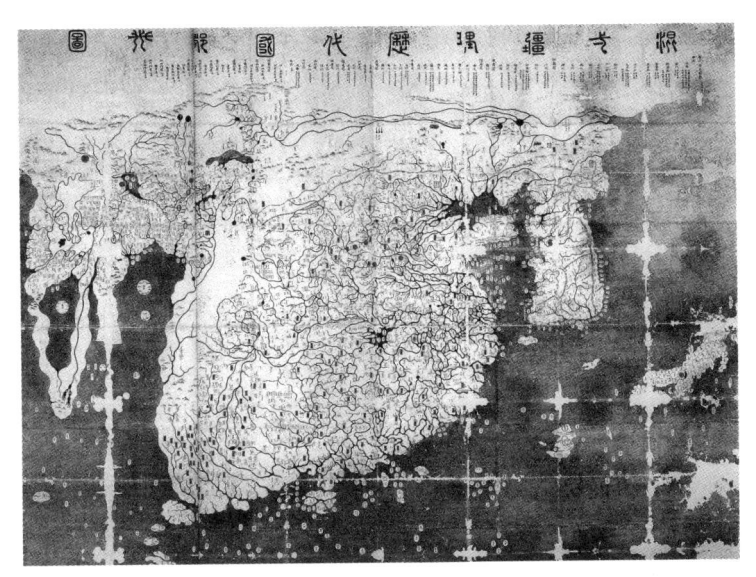

《混一疆理历代国都之图》，原图制作于1402年的李氏朝鲜。今原图已不可见，仅存的两件复本均藏于日本。此处所载为长崎岛原市本光寺所藏江户时代日本制复本。另有龙谷大学图书馆藏复本。

16世纪之前已经广泛吸纳了汉字、佛教等外来文化，但仍保持着自身政教制度的独特性，在多数时间内采取游离于中国的立场。其思想中还有非常强烈的本土神道的影响，以日本为神国。它认同等级次序的存在，但并不认为自己在政治等级上是次一级。

火器到来后不久，基督教就随着贸易来到日本和明朝。通过和来亚耶稣会传教士的接触，明朝和日本一些士人对"天下"之外的世界有了初步了解，很多人认识到，至少在地理上，所谓"天下"只是地球的一部分。尽管如此，以明朝为"中华"的"天下"，仍是当时大多数精英确认政治文化身份的重要参照系。

这套体制维系了二百多年。直到16世纪末，旧格局被打破，新格局重组。地缘格局重组的第一波震荡,来自海洋。统一了日本的丰臣秀吉,力图打破以中原为中心的参照系。东亚格局震荡重组的第一波,就要从他发动的侵朝战争讲起。

第二章

朝鲜之战：
开启东亚现代的"世界大战"

下克上：丰臣的抱负

日本天正十九年，公元1591年。丰臣秀吉54岁，得到位高权重的"关白"（摄政）一职已有六年。此时他已基本肃清敌对大名，一统扶桑，但心中仍有两件事情放不下：一是屡次派人与朝鲜沟通，欲拉拢朝鲜攻打明朝，可不见回音；二是自己年事已高，却没有子嗣承继霸业。就在当年秋天，他极为宠爱的儿子鹤松夭折，只活了两岁。郁郁寡欢的秀吉只有借出游来排解悲伤。江户时代后期的史家赖山阳在他的《日本外史》中写道，一天，秀吉登上京都清水寺阁，向西遥望，忽然对侍从们说了一句："大丈夫当用武万里之外，何自悒郁为！"

也许感到时不我待，丰臣秀吉不再指望朝鲜的回复，他把关白职位传给外甥，自任掌权幕后的"太阁"，专注备战。次年春天他突袭朝鲜，兵锋直指大明。明、朝在半岛联手抵抗，直至秀吉病死、日本败退。这场断续打了七年的战争，不但是东亚三个统一国家间的一次"世界大战"，从军事规模和技术角度讲，亦堪称当时的世界级战争。更重要的是，它奠定了其后三百年的区域权力格局，其政治、社会、经济和文化影响至深至远。

此战之后，丰臣势力一蹶不振，东瀛诸岛由德川家康收拾一统,锋芒内敛,开辟了二百六十多年的江户幕府时代。大明和朝鲜则元气大伤,使努尔哈赤领导的女真部在辽东迅速崛起,并在此后几十年中攻半岛、结蒙藏、入中原,创立了盛极一时的清帝国。而清朝的政治、经济、文化实践,又令区域内认同于"天下"秩序的各个政权,对作为天下核心的"中华"产生了迥异于前代的理解,自我观和世界观均发生了深刻变化。"天下"秩序表面上维系并扩张,但其内涵已和此前极为不同,更孕育了日后与现代国家制度、国际体系相互吸纳演化的契机。正是在这个意义上,我们可以说,从16世纪末到17世纪中的几十年,由朝鲜之战和满洲崛起带来的大变动,是东亚整体步入现代的一个开端。

历史皆有其必然性和偶然性。考虑丰臣秀吉发动的这场战争是如何到来的,需要对当时东亚三国的内政状况,以及三者间的相互关系,有大致的了解。先来看看日本列岛的情况。

江户时代以前,一个贯穿日本政治百余年的主题是"下克上"。中世的日本是等级森严的社会,代表贵族的"公家"集团和代表武士的"武家"集团掌握实权,世代沿袭。在他们之外还有代表佛教势力的寺院集团。日本的等级制度有个特点:名义上的不可撼动,和实际操作中的不断破坏,和谐共处。"下克上"就是低等阶层以强权僭越高等阶层的意思。12世纪镰仓幕府体制建立,以"征夷大将军"为实际掌权者,天皇沦为虚君。但很多时候,将军的权力又被强势的大名取代,大名又被家臣取代,如此等等。有趣的是,不论内部如何动荡倾轧,天皇—将军—大名—武士这一套政治等级体制基本维持了下来。这点和中韩历史上的朝代更替很不一样。

从15世纪后半期开始,日本陷入诸侯争霸的战国时代,(室町）幕府式微，群雄逐鹿。经过一个多世纪的混战，到16世纪后期，尾张地方大名织田信长逐步击败其他豪强，奠定日本统一的基础。他死于兵变后，原为织田家臣的丰臣秀吉（当时叫羽柴秀吉）在内部斗争中取胜，继承了织田的基业，进一步统一了日本。

套用时下流行语，丰臣秀吉大概可算是"屌丝逆袭"的经典案例。同他之前的织田信长和他之后的德川家康不同，秀吉出身农民，本不属于统治阶层。但容貌丑陋的他从织田的家仆，逐渐成为战国时代最有势力的大名，最终由天皇赐姓"丰臣"、位列公卿。如果不是因为出身于动荡的战国——一个危险和机遇并存的"下克上"时代，这样的逆袭多少有些不可想象。自然，在混战后的统一时期，上位者最为关切的，当是如何保证权力的稳固，令握有重兵的地方诸侯不再"克"了自己。因此有学者认为，秀吉发动侵朝战争，本质上是为了解决国家统一后，如何巩固地位、消化过剩武力的问题。

这种说法有其道理。不过历史的偶然性在于，如果没有秀吉这样一个个性和野心都爆棚的逆袭者，其他人大概不会有蛇吞东亚大陆的胃口。秀吉攻明之心，在他还在织田手下当家臣时就有了。到日本行将统一时，他更是多次表露要横扫大陆的决心。为此他多方联络周边政权，包括琉球、吕宋、南掌、暹罗以及葡萄牙属殖民地，要他们称臣并协助攻明，可以说，这是一场事先张扬的战争。1591年，他更借朝鲜使者访日之机，向朝鲜传达了攻明计划，要其为日本前导。

使者记录他"面色皱黑，如猱玃状"，但"深目星眸，闪闪射人"。接见时，秀吉过了许久才出来，没有客套的礼节，只三巡浊酒招待。他着便服，怀中抱着小儿（鹤松），徘徊堂上。鹤松尿了他一身，秀吉笑着唤来女仆，旁若无人地更衣。这一切在朝鲜使者看来极为无礼。辞行时，使者求取国书，秀吉让他们先行，临到离港，才送来一封大逆不道的《致朝鲜国王书》。信里，他先是炫耀平定日本的功绩，然后自我神化，说母亲怀他时，梦见太阳入怀，所以他战必胜、攻必取，创下如此盛业。接着笔锋一转，大谈平生志向："欲假道贵国，超越山海，直入于明，使其四百州尽化我俗，以施王政于亿万斯年。"

当时日本与中国到底是什么关系？在以中原王朝为中心的"天下"中，日本显得很游离。日本上一次受中原王朝的册封，是在1402年，室町幕府的三代将军足利义满被明朝赐以"日本国王"封号。但那一次与其说是日本"接受"册封，不如说是幕府为了把持与明朝的官方贸易，连蒙带哄地"索要"来的。彼时朱棣刚刚篡夺帝位，急需"四夷"认同，就顺水推舟地给了。此后日本与中原以"朝贡"名义进行的勘合贸易断断续续，到16世纪中期就彻底终止了。而即使是室町时代的请求册封，也不过是为了加入以中原王朝为核心的贸易圈而已，并不表明日本在政治上认同中国的"天子"。幕府将军对外称"国王"或"日本国大君"以合中原礼制，对内则仍虚尊天皇。当官方贸易彻底切断，日本统治者哪怕在名义上都再没有认中原王朝为上国。

但是另一方面，长期受儒家和佛教文化浸染的日本，对儒家发源地及日本佛教来源地的中原，有着特殊的情感。日本士人视中国为本国声教的源头活水；在文化心理上的尊崇，和对儒式天下观的认同，是一直存在的。比如，织田信长在夺得本州中部重镇美浓国后，以周王出岐山而推翻殷商的典故，将稻叶山城改名"岐阜"，并提出"天下布武"的口号宣扬以武家执掌政权。当然，这是以儒家理论的"天下",来类比天皇体系的"天下"。

丰臣秀吉的中国观,也体现了这种两重性。他蔑视大明,视之为可轻易攻取的对象;但他着迷于日本之外的那个"天下",认为大丈夫一生最宏伟的事业,就是入主中原,令"四百州尽化我俗"——实际就是取中国而代之,把大明、朝鲜,甚至印度,都纳入日本那个"天下"。在这个意义上说,日本其实也认同古代东亚的这种权力格局的基本样貌,只是要将日本置于这个格局的中心位置。这一点,被一些学者称为"去中国的中国化",倒是可以和明治维新之后日本的"去西方的西方化"形成类比。

礼制天下:明朝与朝鲜的内忧外患

尽管丰臣秀吉1591年已经明告朝鲜,即将兵发大明,为什么仍然没有能够引起朝鲜和明朝足够的警觉呢?要理解这一点,我们需要了解,当战略威胁的信息传递到对方的时候,接受方是如何看待和处理这些信息的。

朝鲜王朝时代,朝鲜半岛最主要的外交方向,一是对中原的明朝,二是对日本。朝鲜认明朝为上国,因此对明的双边关系,被称为"事大",就是以小国姿态尊崇上国的意思。同时,朝鲜认为日本也是这个国际体系中的一员,与自己平等,这种双边关系,被称为"交邻"。朝鲜定期向北京派出的使团,称为燕行使;向日本不定期派出的使团,称为通信使。

根据《朝鲜王朝实录》的记载,朝鲜使臣归国后的汇报,就出现了严重的信息分歧。

那次朝鲜派出的通信使团,由黄允吉担任正使,金诚一担任副使。他们上年四月即从釜山出发,从朝日间最重要的贸易、交通枢纽对马岛开始,且行且住,历时数月才抵达大坂城,此后因日本内战未歇,又待了好几个月才见到秀吉。第二年得国书返回釜山,黄允吉急报"必有兵祸"。而朝鲜宣祖询问究竟时,金诚一的回答则是:"臣则不见如许情形。"还说黄允吉"张皇论奏,摇动人心,甚乖事宜"。国王又问,秀吉长啥样呢?黄答:"其目光烁烁,似是胆智人也。"金却说:"其目如鼠,不足畏也。"信息截然相反。

其实,两位使者在逗留日本期间,就表现出迥异的做派。和黄允吉的内敛相比,金诚一锋芒毕露,处处讲究礼制,遇到日方不合礼法之时,常常甩脸、请辞、不见、不受礼。究其根本,两人分属当时朝鲜党争中的不同派别,黄属西人党,金属东人党,所以意见往往故意相左。结果,朝中官员对日本威胁的看法也分两派。那一年,西人党在立储问题上失势,因此东人党攻击黄允吉,说他有意借此来蛊惑人心。

熟悉明史的人大概会觉得这一幕似曾相识。大明王朝和朝鲜真可谓一套体制下培育出来的君臣父子,两个国家认同一个"天下",奉行同一套宗法制度,穿同一套冠服,连政治上出的毛病都相似。

明朝以程朱理学治国,从意识形态到诸多政策皆是理学本位的。朝鲜在建国之初,即听取朱元璋的意见,打压在高丽王朝时代势力颇大的佛教集团,独尊朱子之学。当然,两国社会情况并不相同,朝鲜的社会分层较中国更为严格,理学的引入更强化了这点。朝鲜臣民分为四等:两班、中人、常民、贱民。出身两班者几乎垄断了正统的科举考试,因此两班也就成为王族以外,掌握实权的贵族精英阶层。明朝的社会流动性则要大得多,尤其中期之后，官方以户籍来固化人口的政策日益失效，而科举取士制度恰恰造就了社会等级的松动。

应该说，在经过元末和高丽后期的社会动荡后，以儒家教化安定士人、鼓励农本经济、稳定国家和社会关系、令君臣权力相互制约，还是颇有成效的。丰臣秀吉入侵时，明朝万历皇帝和朝鲜宣祖都已执政有年。万历前期，文有张居正力行改革，武有戚继光平定边患，明王朝又进入一轮昌平时期。朝鲜经过前期几位明君执政，政权稳定，经济、文化皆有很大发展。朝鲜儒学两大领袖，李滉与李珥，均成名于宣祖时期。

但是到了16世纪晚期，两个东亚国家也遇到了不少类似的内外困境，埋下了走向衰败的隐忧。内政上党争、士祸不断便是其中最大的一个。1582年张居正去世，万历借反张官员状告张滥权结党，整肃朝中大批官吏。此后他怠于朝政，竟多年不上朝，君臣不和，已现朋党乱政的先兆。朝鲜则已经经历了几次士祸，宣祖时任用士林派以抗衡勋旧派，士林派后又内讧，分化出东人党和西人党，各立山头，势同水火。党争的根本当然都是团团伙伙的利益，但表面文章则都是阐发义理、弘扬道德，拿礼制法度说事。巧合的是，当时明、朝两国内政论战的一个焦点，都是立储问题。理学最讲究嫡庶长幼的等级次序，立储乃最为紧要之国本。偏偏万历和宣祖都想着废长立幼（万历偏爱福王朱常洵，而非皇长子朱常洛；宣祖则迟迟不立长子临海君为储），搞得士林争议四起，君臣、臣臣间相互掣肘，无心对外。就在丰臣秀吉整顿分裂、强化集权之时，明朝和朝鲜这两个本来中央集权的国家，却是朝纲松懈、难有作为。也因此，不但朝鲜对丰臣秀吉的威胁缺乏重视，当消息通过各种渠道（琉球国王，以及在日华民）传到北京时，万历也根本没当回事，简单批复、打赏，发发要求加强边防的公文，如此而已。

但话说回来，明朝和朝鲜的掉以轻心，放在当时东亚地缘政治框架下，倒也可以理解：日本内乱多年，谁也不清楚其近况究竟如何。而在中原王朝的天下体系内，日本地位边缘。过去跟日本有关的麻烦，不过是骚扰沿海的"倭寇"（而所谓倭寇问题，现在研究者中的共识是：除了在初期，的确以受蒙古侵袭的日本沿海岛民为主以外，到后来越来越以江浙闽粤一带私商、海盗、船民为主，间或夹杂一些日本人、朝鲜人和其他人）。倭寇多是流窜侵扰，势力并没有大到会颠覆朝廷，剿抚并用也就解决了。与两个王朝在早期急需应对的蒙古、女真边患相比，并不是那么紧迫。如果不是见到真刀真枪，仅凭丰臣秀吉一封口气狂妄的信，没人会相信日本已经是一个崛起的强权。

这倒不是妄自尊大、闭目塞听的表现。以中原王朝为中心的"天下"，国家间自有一套对外交往的渠道。但因为这个"天下"以理学为正统，外事往来，自然也要符合这个正统，包括朝贡、册封、互市等等。这套礼制得以推行，当然首先是以实力作为后盾，同时辅以资源、市场和文化方面的保障。比如，明朝初期如果不是将蒙古赶到长城以北，而且有效遏制了北元的侵袭，高丽大将李成桂也不会坚定要与明朝建立宗藩关系，甚至不惜推翻执意与明对抗的高丽祸王，创立朝鲜。

政治制度规范了经济交往，与中国贸易的强烈需求，也刺激着周边政权纷纷希望加入这套"天下"体制，奉中原王朝正朔，并借"天下"的政治正统性处理自身合法性问题。这也就是 15 世纪初，身为幕府将军的足利义满谎称"日本国王"，和明建立宗藩关系，以便展开勘合贸易的原因。而在这套规范之外的往来，比如走私贸易，虽然也是东亚世界商品、情报互通的重要途径，终归不受国家保护，时不时还要被当作"倭寇"打击一下。

在明、朝、日三国之间，明朝和朝鲜的交流渠道是最畅通的，虽然也时有龃龉，但政治互信和贸易互通最为坚实。明朝和日本之间，勘合贸易断续维系了一百多年，在16世纪中期就终止了，官方联系阙如。在这种情况下，朝鲜和日本的联系，就显得尤为重要了。明王朝需要的银、铜，和日本需要的丝绸、图书，正是通过朝鲜得以互通。朝鲜不定期派遣通信使前往日本，而且在釜山等地开设倭馆，供日商居住。

朝日官方交往的前提，是日本要遵从朝鲜所奉行的正统礼制，可日本又是拒绝加入这套礼制的，那怎么办呢？朝日贸易的主要操作者——对马岛的领主，就只好玩两面派，伪造篡改官方文书，让两边都过得去。其实早在1587年，丰臣秀吉就通过对马大名宗义智致书朝鲜，要求朝鲜称臣并充当攻明先锋。宗义智为了不触怒朝鲜、继续做生意，将此信完全篡改，所以汉城压根不知道丰臣秀吉的威胁。类似的事情，对马岛主前前后后干了许多。

不独古代东亚国家的交往讲究礼制，现代外交其实更讲究礼制，只不过两种礼制不同罢了。碰到丰臣秀吉这样不把礼制放在眼里的日本人，任何制度都拿他没办法。

东亚"国际关系"的记忆节点

丰臣秀吉的侵朝战争及其结果，奠定了近代东亚国家间的基本权力格局。此后三国之间承平近三百年：这是东亚世界和欧洲世界，在近代国际关系史方面很大的不同。而有没有大规模战争的刺激，国家社会的发展走向是大不一样的。我们先不谈物质层面的演化，先来关注另外一种现象，关于对战争的记忆。

1592年4月，丰臣秀吉集结日本各路大军，以其中约十五万余编为九组攻朝军团，从对马岛渡海，突袭釜山。日军一路攻城拔寨，于5月初占领汉城。朝鲜君臣先出逃到平壤，后至鸭绿江边境的义州，同时紧急向明朝求援。7月，加藤清正率领的日军第二军团，在攻克半岛东北的咸镜道后，渡过图们江边界，劫杀建州女真的几个部落。丰臣秀吉听闻大喜，指示加藤"今略明地"。鉴于西北方向的小西行长军团尚未攻下平安道，加藤未敢孤军深入，遂退回图们江以南。与此同时，明廷终于确认日本攻朝意在中原，开始渐次派兵马渡江援朝。明朝联军与日本的七年大战由此开启。

时间跳至2014年8月15日。在这一天，韩国史诗大片《鸣梁：旋风之海》（大陆译为《鸣梁海战》）打破了此前由《阿凡达》保持的韩国观影人次纪录，并很快成为该国首部票房突破1亿美元的国产影片。到同年10月，累计国内观看人次超过1760万（韩国总人口5000多万）。8月15日，当然是现代史上极有含义的日子：日本的"终战日"，中国叫"日本投降日"，韩国称为"光复节"。

电影讲述的鸣梁海战发生在1597年10月26日，丰臣秀吉发动第二次侵朝攻势之时。朝鲜名将李舜臣，利用半岛南端鸣梁海峡的险要地势和复杂的水文条件，以十二艘板屋船（辅以一些民用船只），阻击了日本数量庞大的先遣舰队。在世界海战史上，这无疑是一次以少胜多的漂亮战役。战中击毙的日将来岛通总,是唯一一位战死朝鲜的大名。但也有观点认为,如果从战争整体走势看,鸣梁海战没有特别的战略意义,今人所谓"击沉日舰三十一艘,大破九十二艘,歼敌九千"的战果过于夸张。李舜臣在日记中这样描述:"贼船三十只撞破,贼船退走,更不敢近我师。此实天幸。水势极险,势亦孤危,移阵唐笥岛。"战斗结束当晚,他转移了阵地。日军主力则继续北进。

历史事件的意义,并不在当时显现,而是此后被选取、记录、书写和建构的。1592 年至 1599 年在朝鲜半岛发生的三国大战,在此后的四百多年中被不断书写和重新记忆,历史叙述混入当代意识,其意义被反复重塑、新的解读被层层添入。电影《鸣梁》安排在 7 月底上映,并果然在 8 月 15 日那天创纪录,或许不仅仅是一个巧合。它借古喻今,映衬出近年来区域政治关系——特别是韩日关系——的黯淡现实。

我们学习历史,与其说是弄清过去"客观"发生了什么,不如说是探讨对过去应有什么样的"主观"认识。因为历史叙述永远是书写者的作品,从落笔的第一个字起,就带有判断和评价,从来没有绝对的客观性可言。一千个人心中有一千个哈姆雷特,一个人在人生不同阶段也有不同的哈姆雷特,说的就是这个道理。这当然不是说历史上发生了(或者没发生)什么不重要,而是说我们对过去的认知总是和自己的现实经验、价值、情感联系在一起,对过去的解释——发生了什么,如何发生,为何发生,有何意义——往往因人因时因势而异。至于哪个解释更有道理、更能站住脚,那就要靠对史料的辨析、对历史语境的理解,以及眼界胸怀。历史叙述不可能摆脱现实政治的影响;或者干脆说,再貌似客观的历史叙述,本身也是有政治性的。

从意识和认知角度看，朝鲜之战的"现代"意义在于，它成为东亚国际关系记忆的一个重要节点（甚至某种意义上的原点）。表现在：第一，中日韩三国对此战的书写，一开始就指向了不同的方向，直到今天；第二，三国在此后不同时期，总是通过回溯这场战争，来寻求对当下自身命运、国家命运，和世界格局的历史解释。尽管材料和研究已汗牛充栋，东亚人对于这场冲突的认知始终分散凌乱，因国因时因势而异。对它的叙述关乎自我身份的认定，随着身份的改变，叙述就改变。

三国对此战的原始记录，就充满了差异和矛盾（比如，各自都倾向于夸大对手的实力和人数），给后世研究和评价带来困扰。更不要说，对战争的性质判定根本不同，导致连一个统一的名称都不存在。

明以来的中国史料，多称呼此战为"朝鲜之役"。明代作者（如茅瑞征）已把它和前后另外两次平定边乱的战争（宁夏之役、播州之役）合称为"万历三大征"。《孟子》有言："征者，上伐下也，敌国（地位相等之国）不相征也。"此后，一旦中原王朝要宣示保护屏藩的道德责任和政治权利，朝鲜之役就成为最为经典的先例。19世纪后半期，清朝派兵平定朝鲜内乱、阻隔日本势力渗透，甚至少数官员有郡县化朝鲜之议，为证明历史上中原与半岛的主从关系，无不援此为据。甲午之战后，日本一步步从半岛蚕食到大陆，恰合当年丰臣秀吉"设计"的路线。因此在民族主义勃兴的时代，朝鲜之役被看作日本"帝国主义""自古以来"就觊觎中国的铁证。当代论者中，把20世纪50年代的抗美援朝，看作明代抗倭援朝的某种延续和回响的，亦不乏其人。

日本史籍在江户及明治时期，称此战为"朝鲜征伐"或"征韩",从用字上亦态度明确。二战后则取1592年和1597年两轮攻势发动的年号,合称为"文禄·庆长之役"。日方史籍突出丰臣秀吉雄才大略和武将勇猛善战。江户时期水户学者川口长孺著《征韩伟略》,史料翔实,但明显以日本为天下正统,朝鲜为逆臣。后来也影响到明治维新时期,西乡隆盛等强烈主张的"征韩"之论。日本16世纪末对朝鲜的"统御",为20世纪初的殖民朝鲜提供了某种"正当性"来源。甚至当日本图谋进取图们江北岸中国领土时,加藤清正曾渡江"征讨"女真之事,也被用来极力凸显日本在东北边疆的"历史存在"。至于鸣梁海战,日本学界大多不承认存在"大捷",认为日军损失不大,且最终完成战略意图。

朝鲜王朝用战争开始的干支纪年,名之为"壬辰倭乱",如今朝韩则称"壬辰卫国战争"。从"倭乱"到"卫国",行为主体悄然转移。此战朝鲜受害最深,创伤最大,夹在强国之间也有无奈。文臣武将和民间"义兵"的殊死抵抗,是反复书写的主题。战后,政治上几经沉浮、战死海上的李舜臣被逐渐神化,成为历史符号。今天,首尔光化门广场上,李舜臣的塑像和世宗大王塑像前后矗立,一武一文,象征意义宏大。19世纪末20世纪初朝鲜民间的抗日武装,亦称"义兵",显然是为唤起历史记忆。最有趣的还是对明军援朝的态度:很长一段时间里,朝鲜官方和士子们视万历皇帝"恩同再造",视此役为儒家政治伦理的最佳体现。也因此,明亡清兴后,朝鲜精英们视满清为夷狄,认为明是为救朝鲜才有此难,对前明正统性更是抱有极大认同。但到20世纪,民族主义史学着力批判"事大"史观,强调民族主体性。于是,抗倭战争中明军的作用被刻意淡化,或着意突出联盟内部的矛盾。

这也是为什么,鸣梁海战是最适合韩国的电影题材:它不但是场胜仗,更主要是一场少有的、没有明军参与的胜仗。李舜臣以一己之力以弱阻强,彰显了"韩民族""必死则生"的气概。《鸣梁》的热映,激起新一轮重塑记忆的旋风,成为对丰臣侵朝战争,乃至此后四个世纪来东亚史的一次集体认知创造。

战和之间:历史记忆与宗藩政治文化

对于丰臣侵朝战争的记忆,在中日韩,都经过加工和解释。加工和解释各有其政治和伦理目的,因此各种表述之间会相互偏离。但据此说作者在有意粉饰,就过于简单化了。其实各人在寻求特定事件的意义的过程中,都会有所取舍、有所侧重。作家王安忆说过一句话,大意是"写作是用不靠谱的材料来建立不靠谱的存在"。这里的写作不仅适用于小说,也适用于历史。但需要追加一句的是:正是这些"不靠谱的存在",可能比实际的存在更"靠谱"。因为现实事件是碎片化的、孤立的,需要依靠解释、建立关联才能产生意义。也因如此,塑造、加工出来的记忆,也是真实的,因为它们对当世及后世的政治文化产生着实实在在的影响。

比如明援朝鲜,此后数百年,无论在中原还是在半岛,大多被认为是体现了宗藩原则下的血盟,或者说中朝之间自古以来的特殊关系。这种思路,不管从儒家世界观的礼制秩序,还是唇亡齿寒的地缘政治角度,都有解释力。万历皇帝在得胜后的"平倭诏"中,对此役定性:"我国家仁恩浩荡,恭顺者无困不援;义武奋扬,跳梁者虽强必戮。"朝鲜君臣自然也万般感激上国的无私相救。这在今天看来可能好笑:史料明明记载,两国对待战争的态度,以及在战争过程中的态度变化,其实十分复杂;出于不同政治考量，两国对日军入侵的目的、战和选择、是否求援/援助、援助的目标、战事缓急、战场指挥权、后勤保障等各个方面，均存在矛盾，相互腹诽也不少。但历史阐释须求其大义，而且要结合当时的政治、经济、社会环境来评价。历史细节很多，面向也过于丰富，但细节之上总有大义。如果仅取片段而谤其大义，会一叶障目，导致价值虚无。

1592年6月，日军攻克平壤，同时第一批明军开始渡过鸭绿江。但明军不熟悉日军战法，在平壤第一次交手时，辽东铁骑完败于日本鸟铳。随后明逐步增加军援力度，让宋应昌和名将李如松总揽军务，一方面派沈惟敬与日军谈判，拖延时间。翌年年初，靠着由南方调来的重炮部队，李如松在平壤大败小西行长，挥师南下直逼汉城。但在随后的碧蹄馆战役中，明军再度为日军所阻，退回开城及平壤。到年中，日军补给为明朝联军切断，特别是在海上，李舜臣指挥朝鲜水师屡挫日军，基本掌握制海权。在此情况下，丰臣秀吉不得不与明朝商讨议和。负责谈判的沈惟敬和小西行长为达成协议，各自欺上瞒下，以丰臣秀吉接受明朝册封来换取日本占有朝鲜南方四道。丰臣秀吉识破后大怒，暗自备战，于1597年借故下令二度攻朝。主力已退出朝鲜的明军再次渡江迎战，双方互有胜负。1598年9月，丰臣秀吉病亡，日军无主，开始撤退。在三个月后的露梁海战中，明朝联军重创日军，但也付出了明水师副将邓子龙和朝将李舜臣战死的代价。整个战事在1598年底结束，明军于第二年班师。

冲突虽跨七年，但战斗则主要集中在1592至1593年，以及1597至1598年，中间有很长一段僵持和休战期。形成这样的节奏，和明朝一位人物——沈惟敬——大有关系。今天无论在哪个国家的史书中，此人都是个反派角色。他出身嘉兴，混迹市井，早年往来日本，会日语。人到暮年，遇到人生最大转机——丰臣侵朝，遂被兵部尚书石星请来与日交涉。他认为日本要的无非是册封和贸易，因此力主以和谈化敌，甚至不惜伪造文书，在中朝日之间大搞忽悠战术。沈惟敬的欺君罔上终被戳破，万历下令将躲在朝鲜的他捉拿归案，并在战争结束后问斩。

这样一个后来被称为"无赖"的小人物，跟明日朝各方的宏大叙事都很不和谐。但恰恰是这个无赖，凭着三寸不烂之舌，先在明军平壤首败后，只身赴日营谈判，拖住日军数月，为援军赢得时间；后竟不费一兵一卒，说服小西行长退出汉城，归还汉江以南诸道以及朝鲜人质，让朝鲜君臣（乃至北京兵部）都视他为高人能人。他忽悠得太成功了，后来终于玩过火，把丰臣秀吉提出的苛刻的和谈条件说成是请降求封，而且还真带着明朝的册封诏书，去日本参见一心以为明朝前来乞和的丰臣秀吉；被后者驱逐回朝鲜后，竟还敢伪造丰臣秀吉的谢恩状给北京……活活将东亚三国戏弄于股掌。

为什么他竟能如此游刃有余？从某种角度说，沈惟敬对东亚的宗藩体制是有深刻理解的，知道在这个体制的话语框架下，具体实践有很大的回旋余地和操作空间。美国历史学家濮德培（Peter C. Perdue）指出，宗藩话语是一种"跨文化语言"，使用者有相当大的灵活性来为不同的目的服务。沈惟敬深谙此道，他自认为很清楚中日各自的需要，只要能靠两头糊弄蒙混过关，令双方各安现状即可万事大吉。至于现状是什么，完全可以按各自需要各自表述。而中日两边还真就被他说得一度止战休兵。

沈惟敬在这场大角逐中的作用太突兀了，如果要紧盯着他来写历史,什么"仁恩浩荡""义武奋扬"都要灰飞烟灭的。但是,他给我们提供了不少值得回味的情节,道出历史认知和现实操作之间相互排斥的常态。战时出任朝鲜领议政(相当于首辅)的柳成龙,在其《惩毖录》一书中,收录了沈惟敬写给另一位朝鲜高官金命元的"自辩书"。其中,沈对一些朝鲜官员对他前恭后倨、口号喊得山响实际又很无能的表现很不以为然。他成功劝服小西行长归还汉城及汉江以南诸道后,曾询问朝鲜官员如何善后,对方一改前番"涕泣叩头"的态度,应声回答"小邦君臣责任也,老爷不须挂意",很有气魄。可一旦日本再次发兵,朝鲜官员"止有号泣阙下之一策"。在沈惟敬看来,这明显是"文章功业不相符合"。可他不知道,文章(认知、叙述、阐释)和功业(现实)从来都有偏差,就像柳成龙对他的评价:"自平壤出入贼中,不无劳苦。然以讲和为名,故不为我国所喜。"虽然不少朝鲜官员对讲和的实质结果感激涕零,但在义理上他们绝不能接受讲和之名,自然对"不无劳苦"的沈惟敬甚为不敬。

同理,尽管明与朝鲜的联盟问题多多,可朝鲜王朝在其后很长时间里,仍然恪守宗藩礼制,赞扬援朝的道义担当,甚至后来建大报坛,祭祀三位明帝(赐名"朝鲜"的洪武、"恩同再造"的万历,以及国破身死的崇祯),以志铭记。须知在以理学为建国之本的朝鲜,恪守"事大"的宗藩政治与道德次序,不但是对外姿态,更是国内治理的需要,是稳定国家、社会、地方、家族,乃至家庭间关系的根本。国家需要以此来为士人和平民做出表率,各个阶层也才能各安其道。对战争的解释,必定要符合当时更高的政治和社会需求。政治理念和社会文化长期相互渗透,形成文化道统,两者的界限也就模糊了。到后来,"事大"不仅是政治原则,更成为文化身份。

但必须强调,这和实践操作中的以我为主、利益至上原则是并行不悖的,并不是后来民族主义者想象的"事大主义"自我矮化。恰恰相反,在宗藩原则下,藩国构建自身合法性的同时,也收获实利。对任何政治文化的评价,都不能脱离其情境。崇奉等级次序也好,追求平等民主也罢,也都有其十分具体的环境因素,不是抽象的选择。更重要的是,"跨文化语言"的灵活性并不和"现代"相反(如濮德培所言),"现代"制度下的"文章功业不相符合"其实同样明显。任何一种世界秩序,其理想状态和现实操作,都有很大差距。

第三章

满洲崛起：
多元国家的塑成

边缘异动：满洲作为多边边疆

明、朝、日三国在半岛的战争，最后谁也不算赢家。朝鲜社会经济被严重破坏，很长时间不能恢复；战争迫使朝鲜宣祖分出一部分权力给储君光海君，使敏感的立储问题在战后更加复杂，更导致日后光海君对明廷不满。日本丰臣政权崩盘，又进入新一轮政治动荡。但从另一方面说，社会结构的破坏也刺激了流动性，大批朝鲜中人、常民趁乱获得两班身份，日本也涌现新一批权贵阶层。从地区格局看，由于各国更专注于内部事务，中日韩在其后的将近三百年中没有出现大规模国家间冲突。这可以说是明军援朝奠定的历史条件。

当然，如此大规模的变乱，总是有获益者的。获益最大的有两位。其一是日本的德川家康：这位大名没有参与侵朝战争，保存了实力，这使他在后丰臣时代的角逐中最终胜出，得到"征夷大将军"之位，建立统治日本两百六十五年的江户幕府。第二位则是努尔哈赤及其领导的女真/满洲政权。满洲的崛起多少有些意外，因为它本来是东亚地缘政治格局中不很起眼的一方。谁也没有想到这个"边缘"政权有朝一日竟然强大到入主中原，平定内亚，经略海疆，成为东亚历史上一等一的强盛帝国；不但让"中国"的概念为之一变,更使东亚地区格局焕然一新。

拜丰臣侵朝所赐,满洲的崛起有其偶然性。明朝用来钳制东北女真、蒙古诸部的,是辽东的兵马。但在援朝战役中,辽东精锐作为主力赴朝,也就无暇顾及东北边疆的内部权力变化。战前,建州左卫的努尔哈赤已经将四分五裂的建州女真统一。至战争起,努尔哈赤趁机继续坐大,令毗邻的海西女真和科尔沁蒙古感到威胁。明日议和休战那年,努尔哈赤吞并海西女真的战役也开始了。此外,包括朝鲜之役在内的万历三大征给北京造成很大的财政负担,其后以节流为目的的改革又动摇了政权的稳定性,终致内乱不已(李自成就是驿制改革中被裁撤之驿卒);而军队要应付蜂起的叛乱,就更缺乏足够的力量投入东北防务。

但是从历史长时段看,满洲的崛起又属必然。这和中国东北地区的地缘战略位置有极大的关系。要把这层关系讲清楚,我们需要转换一下视角,不是从中原来看满洲,而是以满洲为中心来看整个东亚。

欧亚大陆板块的东北部,冬长夏短,气候苦寒,被周边各个农业文明视为边缘"蛮荒"地带。这里是通古斯人群为主体的人类世居之地。其南部与华北、朝鲜半岛和日本列岛毗邻的区域(包括今天中国的东三省和内蒙古东部、俄罗斯远东区的南部和西伯利亚区的东南部、蒙古国东部、朝鲜北部,以及库页岛—南千岛群岛—北海道一线),在历史上产生过诸多大大小小的政治体,它们和周边政权有着频繁的交往,是沟通东亚的文化、经济、交通枢纽。因为历史上该地区最主要的人类活动是围绕黑龙江及其支流展开的,我暂且把它称为"大黑龙江区域",但它不仅包括黑龙江诸水系,也包含临近的辽河、鸭绿江、图们江水系流域。

汉文史料中，这个区域的世居族群包括扶余、沃沮、肃慎、挹娄、室韦、靺鞨、虾夷、契丹、女真等等，但这些族群的界限其实很不清楚，在长期历史发展中，不但世居族群相互有交叠、融合、分化，和周边的汉、朝鲜、大和、蒙古等族群也有相互吸纳和融合。这个地域并不是一个单一的生态单元，而是多种生态环境相混合，于是也塑造了生产方式和生活方式的多样性。总的来说，世居族群主要从事采集、狩猎和游牧，在南部靠近农业区域的地方，则有农业生产。他们接受周边文化（特别是中原文化）的影响，但也保持自身独特的社会、经济、政治结构和文化特质（如萨满教）。

我们现在习惯认为东北自古就是中国的一部分，但在多数时间里，中原王朝并不直接统治这一地区，汉时建立的四郡和唐时建立的安东都护府，仅及辽东到朝鲜半岛北部。多数情况下，中原与东北或建立宗藩关系，或实施羁縻管理。反过来，历史上这个地区兴起过许多强国，往往对中原王朝构成极大威胁。扶余后裔建立的高句丽（前37—668），极盛时势力横跨辽东半岛、朝鲜北部，直至日本海，先后击败过倭、百济、新罗、隋唐等劲敌。其后靺鞨人的渤海国（698—926）被称为"海东盛国"，对唐王朝称藩属，同时和日本有频密的使节往来，与朝鲜半岛上的统一新罗也强化了贸易关系，可以说是东北亚的枢纽之国。再后来，契丹建立的辽（916—1125）和女真建立的金（1115—1234）都曾进取中原，迫使宋王朝或纳贡，或南迁、称臣。

清代以前将全部东北纳入中原王朝直接管辖的，其实只有元朝。元中央政府设立辽阳行省，管理大黑龙江地区。但元是从北至南，灭了金和宋之后才入主中原的，而创建蒙古帝国的成吉思汗，则生长、起家于黑龙江源头之一的鄂嫩河地区。因此元从根子上说，和清一样，本就是从这个地域兴起的。明朝虽设立奴尔干都司，统辖鸭绿江到库页岛的广大地域，但仍属羁縻统治，且设司时间只有短短二十五年。

今天无论是在中国、朝鲜/韩国、日本，还是俄罗斯，东北欧亚/大黑龙江区域的历史都是作为"边疆"来叙述的。而恰恰因为它是"多边的边疆"，其历史很难被任何一个当代主权国家的国内史所垄断。如果我们把这个多边边疆视为一个相对独立的历史单位，有其自身的发展逻辑和脉络，反而更清楚一些。可以看到：从高句丽扩张，到忽必烈进犯日本，大黑龙江区域兴起的政权，在清朝崛起前就是冲击东亚政治格局的重要因素。有历史学家把中国历史演进线索，总结为中原农耕区域与草原游牧区域的相互争夺，但这个说法似乎过多强调两个生产形态的对立。美国学者拉铁摩尔指出，成熟的农耕社会和游牧社会，其内部是相对稳定的，而动荡的根源，往往是游走于两种社会形态之间的"中间"地带。

中国的内亚边疆，特别是东北，正是这样一个中间地带：它既不纯是农耕，也不纯是游牧。而且东北的震荡，波及的不仅是中原地区，而是整个东北亚。努尔哈赤和满洲的崛起，也适合放到与明、蒙古和朝鲜互动的框架下来认识。

明代女真大致分为南部的建州女真、东部的海西女真，和北部的野人女真三大部。各部之间和内部又多有争斗，各不相属。明将元北逐之后，为清除蒙古影响，拉拢东北女真及其他部族，建立了对大黑龙江区域的羁縻管理。明在此地前前后后设立多达数百个卫所，尽管卫所的长官是由各部首领世袭，但明在名义上对长官有任命权。明对此地的羁縻手段是多方面的：在经济上将中央册封与当地人急需的朝贡往来、互市贸易特权挂钩；在政治上联弱抑强，防止一家独大；在军事上联合朝鲜，进剿侵扰边境的小部落。明在建州女真部设建州卫、建州左卫和建州右卫三个卫所。努尔哈赤的先祖猛哥帖木儿，就是建州左卫的首任指挥使，其势力范围最早在长白山和图们江两岸。15世纪中叶，建州左卫西迁到辽东的浑河一带。

蒙古方面，元朝被推翻后，蒙古分裂为瓦剌、鞑靼和兀良哈三大部。其中最东部的兀良哈一度归附明朝，活跃在与女真相邻的松花江流域。15到16世纪，鞑靼诸部逐渐控制兀良哈地区，南拓至长城及辽西，同海西女真有过冲突。到明末，其中的察哈尔部一枝独秀，其首领林丹汗承袭蒙古大汗之位，号令诸部。科尔沁、内喀尔喀等部则和建州及海西女真交往频繁，互市通婚不断。在努尔哈赤下令创制"国书"（满文）前，女真文书政令多依靠蒙古文。

朝鲜方面，15世纪前中期世宗大王北拓版图，在图们江中下游设六镇，对当地女真实施进剿和怀柔并用的政策，不少女真首领接受朝鲜册封，所属族人融入朝鲜社会。所以尽管朝鲜和女真皆为明藩属，朝鲜则更将女真视为朝鲜的藩属。不过因建州女真时常侵扰掳掠，朝鲜亦视之为最大安全隐患。以至于丰臣侵朝时，努尔哈赤曾上书明廷，自告奋勇出兵援朝，却遭到朝方的断然拒绝。

建构大清：皇太极的多元帝国

虽然丰臣侵朝战争极具历史意义，但在满洲崛起前，东北亚地缘政治斗争的主线，仍是明和蒙古的争夺。在明、蒙古、朝鲜和女真的多边关系中，女真被挤在犄角，论人力、物力、财力都是最弱的一方。正因为处在多边犄角，女真人一开始要处理的就不是和明的双边关系，而是多边关系；也正因为女真实力最弱，所以满洲政权不能仅满足于当一个女真人的政权，它必须是一个多元的政权，才能在多边竞争中存活、壮大。这一特点，勾画了以后清王朝在区域格局中的基本面貌，也决定了17世纪中期以后东亚地缘格局的基本面貌。从努尔哈赤到皇太极，他们所建立的国家，其历史意义不在于取代了明朝——这和我们习惯的，从中原视角，把清朝的崛起仅看作"明清鼎革"很不一样。特别是皇太极，他创建的大清，是一个容纳满、蒙、汉的"天下国家"。这与其说是他更有雄心/野心，不如说是地缘形势使然。

1636年是满洲政权极具转折性的一年。三月，漠南蒙古十六部四十九位贝勒齐聚沈阳，正式奉皇太极为蒙古大汗，奉尊号"博格达·彻臣汗"，意为"宽温仁圣汗"。四月，皇太极把国号由"后金"改为"大清"（Daicing），改年号"天聪"为"崇德"。在汉臣献上的表文中，将皇太极称为"宽温仁圣皇帝"。参加登基仪式的朝鲜使臣，碍于与明的宗藩关系，拒绝行三跪九叩之礼，即不承认他为天子。于是这一年年末，皇太极以朝鲜破坏盟约为由攻朝，这是他第二次入侵半岛。上一次是1627年，皇太极逼朝鲜签下兄弟之盟，并应允在满洲与明之间保持中立；这一次，他迫使朝鲜断绝与明的宗藩关系，成为清的臣属，助清灭明。

这几件集中发生的事情，标志着满洲政权至少在名义上，已经不再是一个女真人的国家，而是一个要成为"天下"的国家了。理解几件事情的原委，我们可以看出，尽管此时距清军攻占北京还有七八年的时间，清帝国的国家意识形态建构，已初具雏形。

后来的事情,我们都比较了解了。1644年,明朝被李自成的农民起义军推翻。镇守山海关的吴三桂,引清军入关平叛,但清军就势夺取整个明朝疆域,取而代之。清朝在后来的二百多年中开疆拓土,不但有效管理了明代下辖的地域,而且把东北、蒙古、新疆、西藏和台湾纳入版图。这开创了中国历史上"大一统"的新格局,也为东亚以及内亚地区的地缘政治,开辟了一个全新的局面。越来越多的全球史学者现在认为,清代中国是早期全球化时代,一个与奥斯曼帝国、哈布斯堡帝国以及俄罗斯帝国等,同等重要的"欧亚帝国"。

这样一个帝国,是凭借什么从弱小走向强大呢?

还是要先从努尔哈赤说起。上文曾提及,明代女真是个分裂的、互不相属的群体。努尔哈赤凭借他出色的外交和军事手段,一边不断向明输诚,一边趁辽东空虚统一了建州女真。这使得邻近的海西女真如临大敌,其中实力最强的叶赫部,在1593年联合同为海西的辉发、哈达、乌拉三部,并科尔沁蒙古、锡伯等共九个部族进犯建州。努尔哈赤在古勒山之战中大败九部联军,并在随后的二十年中逐步吞并了哈达、辉发、乌拉。

1616年努尔哈赤在赫图阿拉(今辽宁新宾县永陵镇)建立"后金"国(aisin gurun),称"覆育列国英明汗",定年号"天命"。两年后,他以"七大恨"为借口,宣告与明为敌,随即攻下辽沈,掳掠大量人口。明朝这时才意识到努尔哈赤的威胁,在1619年,联合了名义上统治蒙古诸部的察哈尔部林丹汗、朝鲜和叶赫部,试图剿灭后金,却被努尔哈赤在萨尔浒一战中各个击破。随后努尔哈赤消灭了叶赫,完成了对海西女真的吞并;又花了数年时间,将北部的野人女真诸部也纳入统治之下。

虽然"后金"的国名明显有追溯完颜氏建立的金朝的意味，但努尔哈赤在一统女真诸部的同时，十分注意笼络蒙古。邻近的科尔沁和内喀尔喀五部，都曾与建州对抗，努尔哈赤不以为意，通过联姻、互市等方法逐一拉拢。身为蒙古大汗的察哈尔林丹汗，开始担忧努尔哈赤对漠南蒙古的渗透，发兵征讨科尔沁和内喀尔喀，但这反而促使它们成为最早与后金/满洲联合的蒙古部族。科尔沁尤其成为满蒙联盟的典范，对清帝国的创建和维护出力极大。著名的孝庄太后，以及第二次鸦片战争时在大沽口重创英法联军的僧格林沁，都出自科尔沁部。努尔哈赤的年号"天命"，就是一种跨文化的政治目标，因为"天"在满、蒙、汉文化中，都代表着政权合法性的最高来源，可谓三者的最大公约数。

努尔哈赤去世时，其政权所辖，已是一个多元族群的国家。辽东有大量汉人从事农业生产，经过早期掳掠和招抚，这里的汉人日益增多，总数甚至超过了女真。随着蒙古部族加入，蒙古人的比重也在增大。此外还有为数不少的朝鲜俘虏，在萨尔浒之战后被吸纳进来。人口、土地增加，利益分化也越来越明显。皇太极面对的，就是一个内部矛盾错综复杂、对立日益尖锐的国家。他一面继续发展努尔哈赤创制的八旗制度，在满洲八旗之外，分设蒙古八旗和汉军八旗，让各族群都有人口纳入旗制。一方面因俗而治，以汉治汉、以蒙治蒙。对女真族人，他强化汗权，并以"国语骑射"来塑造认同。1635年，他正式命令，以"满洲"作为女真诸部的统称，把过去分裂的部落国家聚拢到一个新的名称之下。尤其区别于努尔哈赤的是，他结束对汉人的苛政，保护汉民，重用汉官，以明朝为参照来建立、完善政府架构和法律制度，并开科取士招揽人才。经过这一番"天聪新政"，满洲政权的军事实力、生产能力、政治能力都大大增强,势力在长城以北不断巩固。在满汉大臣的不断谏言下,入主中原也提到了议事日程上。

明初中原政权之所以能够取得对北元的胜利,很大程度上取决于它建立了和朝鲜半岛、女真,甚至是部分蒙古部族的联盟。到了满洲崛起之时,皇太极的战略选择也是如此。他曾言"取北京如伐大树,先从两边砍,则大树自仆"。地缘上看,中原的"两边",正是察哈尔蒙古和朝鲜。1627年和1636年,皇太极两攻朝鲜,最终斩断朝鲜与明朝的同盟,并且强迫朝鲜派兵参与攻明。经过多年征战,皇太极终于在1634年彻底打败林丹汗,征服了察哈尔在内的整个漠南蒙古。

不过皇太极最大的成就,还不仅是奠定了一个多元帝国的军事和政治基础,而是缔造了其多元一统的意识形态。清代文献皆记录,在征服察哈尔后,林丹汗的妻子奉上标榜政治正统性的"传国玉玺"。这个消息大大神化了皇太极的地位,也直接导引出各部族大臣的劝进。1636年,他接受"博格达·彻臣汗"之号,名义上成了蒙古人的大汗,成吉思汗的继承者。这标志着数百年来只能由蒙古黄金家族(相当于成吉思汗的后裔)承续大汗之制的终结,此后蒙古大汗皆为清帝。紧接着,他把国号改为"大清",不再将这个国家说成是女真金朝的延续。特别有意味的是,在百官劝皇太极接受尊号时,多尔衮代表满洲、科尔沁的土谢图济农巴达礼代表蒙古、都元帅孔有德代表汉人,分别跪献表文,显示着这个新的最高统治者统合了满洲汗、蒙古大汗和中原皇帝这三个角色。

就满洲政权而言,迫使朝鲜臣服,原本是明清之战中的战略行为,但随着政治形势的变化,这种臣属关系的建立很快就有军事征服之外的含义。历史学者王元崇认为，清通过与朝鲜建立的宗藩关系，在入关的前几年就已经在逐步塑造自己的"中国"认同。而入关后，清韩宗藩关系更成为此后清朝和其他属国建立名分的模板，也成为清代宗藩制度中最为典型和牢固的双边关系。

皇太极虽然没有活到清军入关的那天，更未能预见此后一统漠西和漠北蒙古，但他的"天下"布局，在生前已现雏形。

"满"与"旗"：族、籍之间

1644年4月25日，李自成攻陷紫禁城，明崇祯帝自缢煤山。驻守山海关的明将吴三桂，在闯军和清军之间，倒向后者，引清军入关平叛。清朝摄政王多尔衮旋即迎顺治帝入京。此时距离皇太极创建大清，已有八年。在此后的十几年中，清逐步剿灭李自成和南明政权，定鼎中原。到康熙执政之时，清朝平定三藩、克复台湾，北遏俄罗斯、西征准噶尔，初步奠定了今天中国的版图。

到了20世纪初，曾经盛极一时的清帝国已经风雨飘摇。那时一批青年知识分子，面对列强的欺凌，力主以种族革命理论动员民众。一位叫陈天华的湖南青年，在1903年以通俗的鼓词形式，写了《猛回头》一书。书中将满洲、蒙古、西藏等视为"异种"，并呼唤"汉族"的种族意识：

> 俺汉人，百敌一，都是有剩；
> 为什么，寡胜众，反易天常？
> 只缘我，不晓得，种族主义；
> 为他人，杀同胞，丧尽天良。

和同时代许多受到欧洲近代思想影响的国人一样,陈天华宣称,世界历史是一部"文明"战胜"野蛮"的历史:"我汉族对于蒙古、满洲、苗猺自然是文明的,对于欧美各国又是野蛮。倘不力求进步,使文明与欧美并驾齐驱,还有不灭种的理么?"

《猛回头》是中国资产阶级革命的重要文本,辛亥以来,贯穿于其中的民族主义、种族主义叙事,借由教育的普及推广,深刻影响了民众的历史观和世界观。它的意义在今天需要认真检讨。在早期革命者中,一方面要反抗欧洲殖民主义,一方面又把为殖民提供理论支撑的社会达尔文主义奉为圭臬,把中国的未来定位为"与欧美并驾齐驱",是一个很流行的逻辑。抛开这套逻辑的内在矛盾不说,它把中国的历史,嫁接于欧洲近代史逻辑,即把族与国对接,把历史说成是"文明种族"与"蛮族"的争夺史。其革命目的,虽然在于推翻清政府,但早期动员手段,却宣扬以种族革命驱除作为"鞑虏"的"满族"。

今天看来,把清朝在东亚大陆的崛起仅视为"明清鼎革",视为(落后的)满族文明破坏了(先进的)汉族文明,不但根本无视清朝在政治、社会、文化诸领域取得的巨大成就,而且把近代才发明的"民族"和"进化"概念硬套到历史身上。更进一步说,是消解17世纪以来"中国"概念既有的演化。这里并非要否认清朝崛起过程中,中原与满洲政权之间激烈的冲突和对抗,更不是否认有清一代存在着族群压迫,但这种冲突反抗在多大程度上是今天民族、种族意义上的呢?更进一步说,那时有没有一个类似今天"满族"的族群呢?

前面提出过,大清从建立之初,就已经是一个多元政权,融合了满洲、蒙古、汉等各族群的政治制度、意识形态和国家想象。那么其中最为典型的满洲制度,就是八旗制。八旗制度是努尔哈赤在女真人原有的生产生活组织制度(牛录)的基础上创立的。八旗既是军事组织,也是社会组织和宗法行政组织,它有效地把努尔哈赤辖下的人口动员起来,分旗、分层管理和指挥。在满洲政权扩张过程中,八旗的作用是决定性的。清朝定都北京后,从属八旗的人口(包括官兵、家属和奴仆)几乎全部"从龙入关",成为清政权依靠的主要力量。

此后,八旗主力除驻扎北京外,还在杭州、武汉、西安、荆州、广州等几十处重要城市驻防,旗属人口逐渐由流动改为定居,其"旗"的身份,也从本来最重要的军事组织标签,渐渐扩大成户籍、阶层标签,用来区别于普通的"民"。"旗人"在政治、经济、社会各方面享有诸多特权。比如,旗人世代不必从事劳动生产,其生活来源全部由国家承担。旗人比民人享有更多的机会做官,也不必经由科举入仕(除非自己愿意)。清代国家机关中,从八旗中选拔的"满员"始终较考试上来的"汉员"地位略高,也有更多配额。此举当然是国家为确保统治,给予精英集团世袭特权以鼓励效忠。但同时,旗人也必须要恪守国家对他们的规范,比如"国语骑射",不与民通婚等等。

"旗籍"与"民籍"的分立,在实践中有时和"满人""汉人"的身份相互交叠,给人一种种族对立的印象。其实到了清代中后期,以语言、生活方式等为标志的族裔界限日渐模糊,"不问满汉,但问旗民"的社会阶层界限,才是关键差异。但在清末,早期革命者把欧洲种族差异话语嫁接到本地的社会政治差异话语上,塑造了一个与"汉族"相区隔的"异种"。只是到了这个时候,

"旗人"才一变而成族裔身份的"满族"。举个不恰当的例子,就好像我们今天户籍上分立的"城镇人口"和"农村人口",变成了两个"民族"一样。

问题是,一旦"民族"的身份被塑成,民族主义的历史就按照这个身份展开了,好像城里人和农村人从一开始就属于两个相互竞争的文明单位,连人种都不同。这当然不是事实。

八旗制度是满洲独有的,但八旗却不只是由满洲/女真人组成的。众所周知,随着后金和清政权的崛起,联合、归附或投降的部众越来越多,在皇太极时代,就从原有八旗之中逐渐分出了八旗蒙古和八旗汉军。

如此划分,自然出于方便平时管理和战时调配的需要。比如,八旗蒙古在清初的蒙古用兵时作用突出,八旗汉军则成为进取、巩固中原的关键。但这种区分又不是严格按照族源来的。一方面,满洲人、蒙古人和汉人,都有少部分因种种原因划归其他二部。另一方面,随着清朝的历次用兵,俘获很多其他族裔的人丁,比如朝鲜人、回人、藏人、俄罗斯人甚至越南人,他们也都被编入八旗。

可见有清一代,"旗"与"女真/满洲"不是直接对应的关系,旗本身就不是族属概念。八旗之内虽有族源分别,但其界限不像人们想象的那样清晰。旗人内部的融合是很明显的,像不少汉军就改了满洲姓氏。到了清朝巩固中原、平定三藩之后,八旗人丁的族属构成中,汉军的比例大大增多,已超过满洲和蒙古,以至于到了乾隆年间,皇帝不得不令大量汉军人口出旗,只保留入关前的汉军的旗籍,以减轻国家负担并保证满洲在八旗中的主导地位。八旗之内,各族裔的身份认同也日渐趋同,大部分人"渐习汉俗"，最后差别甚微。到了近代，不管八旗满洲、蒙古，还是汉军，大都只认定自己是"旗人"。而这"旗人"与皇太极时代"满洲"的族裔身份联系，实质已经相当遥远。

在此后的民族建构中，"旗人"的概念被转换成"满族"，但两者仍然不完全一致。比如，由于民国初期对"满人"的社会歧视，很多满姓旗人改了汉姓，隐瞒自己的旗籍。而到了共和国时期，旗人及其后裔则又纷纷改回"满族"，登记人口迅速增加。根据2020年第七次全国人口普查，"满"已经成为今天中国人数仅次于壮、维吾尔、回、苗的第五大少数民族。再比如，过去在八旗满洲中的达斡尔、鄂伦春、鄂温克、锡伯等部，从满族的类别中分出来，单独列为官方认定的"少数民族"。

其实无论满汉，都是在动态交往过程中产生的相对概念。和"满族"一样，"汉"作为"民族"也是从19世纪末才逐步固化的概念。满洲多元政权的入侵，对中原地区的文人精英来讲，的确有极大的心理冲击，但这冲击的根本，与其说是种族竞争，不如说是深刻动摇了中原原有的华夷观念。"夷"要成为"华"了，"天下"还是"天下"么？

"夷"在东亚：异族与正统

清雍正六年（1728），湖南士人曾静，劝诱川陕总督岳锺琪起事反清，结果反被诱捕送京。曾静交代，自己是受著名儒士吕留良反清思想的影响。于是雍正皇帝刊行《大义觉迷录》，从理论上驳斥吕留良"满人为蛮夷"的观点，并让"改造思想"后的曾静到全国现身说法，消除汉人士人的反满情绪。轰动一时的"曾静案"及其后续,既是大清大一统意识形态遭遇的一次公然挑战,也是它的一次公开自辩。

前面曾探讨过,清入主中原后带来的族群矛盾,不能按照今天"民族"(nation)的概念去理解。这当然不是否认历史上的族群压迫和反抗。只是,当时像吕留良、曾静这样的中原士人,也包括日本、朝鲜、越南等深受中原文化影响的文人,更多是从"华夷变态"的角度来理解这种冲突的,属于东亚传统政治文化中"夷夏之辩"的延续。所谓夷和夏的分野,在各个时代有差异,随历史语境的不同而不同。不能否认它有时包含种族含义,但更多时候,它强调地域、文化、礼教、政治制度、文明等因素,突出的是华夷之间的相对性。华夷二者之间实际是相互生成和转化的动态过程。只不过到了 19 世纪,社会达尔文主义大兴,民族主义借用种族逻辑来反抗殖民压迫,一些革命者很容易就把种族优劣的理论,嫁接到"华夷变态"上,导致华夷界限被扭曲成了僵化的"汉"与"非汉"的界限。

近几十年来欧美政治学中,对"民族主义"(nationalism)有深入的辩论。早期辩论的一个核心,简单说来就是:"民族"(nation)究竟是自古即有,还是一个现代产物。原初主义(primordialism)学者强调民族形成的自然基础,比如共同的血缘、地域、语言、宗教认同等。而目前为更多学者接受的现代主义(modernism)观点则相反,强调民族是在近代资本主义发展过程中才形成的,是在工业化、城市化、大众媒体兴起等条件下,构建和想象出来的。原初派看重的延续性和"传统",在现代派看来其实是后世的"发明"——即使真的存在,在现代民族主义到来前也无关痛痒。两派都没有把中国或东亚作为关注重点,用来解释东亚世界,都有不足。

东亚各国的"民族主义"的确是 19 世纪以后的意识，是受到全球资本主义和帝国主义双重挤压后被动发生的、"想象"的产物。但另一方面，它并非空中楼阁，而是嫁接在历史形成的身份认同基础上。这个身份不是"民族"，却很容易被后人"改编"成"民族"。两者都是人为而非自然的产物。但民族主义之前的精英阶层，并不像现代民族主义者那样，力图动员包括下层民众在内的全体"国民"，把"一盘散沙"塑成一个统一的"国/族"。他们更多还是把自己的认同诉诸本阶层的文化、政治身份。在中原、朝鲜、越南及日本，这个精英阶层以儒家士人群体为主要代表。

先不谈域外。清朝统治者在中原地区要面对的一项重要挑战，就是一些汉儒们"华夷之分乃域中第一义"的意识形态挑战。在使用军事和政治等硬手段（包括强制男性剃发易服）高压的同时，清廷还必须以文化等软手段占据意识形态高位。更重要的是，清朝不是前一个中原王朝的替换，它虽然继承了明朝的许多政治制度、理念、意识形态，但必须有所改造，才能体现出它是一个融合了满、汉、蒙等群体的"天下"国家。换句话说，这套意识形态必须兼顾中原、满洲和蒙古。过去中原王朝（特别是明朝）奉行的那套身份政治逻辑，是不适用的。

一个小例子可以体现清初帝王对建构大一统意识形态的重视。康熙四十八年（1709），康熙和汉人大学士李光地有过一场有趣的地理讨论。皇帝问大学士，知不知道山东山脉从何处而来。李答大约从陕西、河南来。康熙则否定说：不对，是从关外的长白山而来。为此，康熙还特地作一篇地理文章，论证泰山一脉源于长白山。他把长白山比作龙头，龙身西展，在辽东和山东半岛间潜入海面，龙尾则升为泰山。这种地理想象的政治意味非常明显：

它不但将作为爱新觉罗神话发祥地的长白山,和作为中原法统符号的泰山连接在一起,而且定下了两者间的主从关系。

而到了雍正帝刊行《大义觉迷录》,这种针对中原士人的意识形态构建达到一个高潮。其中最重要的一个理论取向,是以"仰承天命"的最高政治合法性,消弭华夷界限。雍正在首篇上谕中紧紧抓住华夷概念的相对性,运用儒家经典,来论证清代统治的合法性,是来源于"有德""顺天"。这是以儒家的天理观否定华夷二元对立。上谕说:"自我朝入主中土,君临天下,并蒙古极边诸部落,俱归版图,是中国之疆土开拓广远,乃中国臣民之大幸,何得尚有华夷中外之分论哉!"而吕留良等儒生看不到清廷治下的文德武功,"于天下一统、夷夏一家之时,而妄判中外",是"不知君臣之大义,不识天命之眷怀",违背儒家政治伦理,直比禽兽。

很显然,这部带有自辩性质的文本,其目标读者只是中原士人,它运用中原的理论资源,解决"异族"统治与"正统"合法性之间的关系。而同样在版图之内的蒙古诸部和西藏,他们本来就不以儒家政治伦理为统治原则,无所谓夷夏之分,清政权自有另外的政治逻辑来展示其统治正当性。但是,消弭华夷界限,实际也考虑到了中原和蒙藏几种不同逻辑之间的自洽。这和明代初期以"驱除胡虏"为政治口号来强调"中华"身份,是很不一样的。

那么,这套意识形态构建,究竟成功了没有呢?这恐怕是个没有标准答案的问题。雍正去世不久,乾隆便下令将《大义觉迷录》毁版禁刊,将曾静等凌迟处死。后世猜测其中一个原因,大概是这本自辩书反而把帝国的政治软肋(不但是华夷问题,更包括朝廷内部矛盾)昭告天下了。有清一代,以反清反满为口号的叛乱不断；而清末一部分革命者，更是把夷夏大防的逻辑改编成了种族革命的口号。这样看的话，似乎帝国的思想工作是失败的。

但另一方面，清朝的治理在很大程度上受到中原士人的认可，经过康乾盛世，拥护清朝法统的汉人官吏和知识分子已是大多数。到19世纪上半叶，以魏源、龚自珍、林则徐为代表的一批近代思想先驱，更自觉认定"中国"是一个包含了中原和内亚边疆的国家，把过去中原士人视为异域的满、蒙、疆、藏，看成是与中原一体的。清末部分革命者们虽然学朱元璋高喊"驱除鞑虏"，可这一口号并未得到多少实质性认同，且很快就转而强调"五族共和"。如果从这个角度看，清代的意识形态构建又是相当成功的，它把过去汉人精英的"中国"概念，转化成了一个新的东西。

当然，这种构建仅及于清朝直接统治的地带。在同样受到儒家思想影响的朝鲜和日本（也包括越南），情况就不一样了。长期以来，半岛和列岛的政权，也在相当程度上以华夷对立来塑造身份。实际统治日本的幕府将军，其全称就是"征夷大将军"。这里的"夷"最早是指大和政权北扩过程中，被称为"虾夷"的古代住民。朝鲜政权更是长期把北方边境内外的女真等部族视为蛮夷胡种，在建国数百年内，不断驱赶土著、北拓边疆。对同化入朝鲜社会的女真后裔，在社会、政治和经济等方面有诸多歧视和限制。在日韩儒士眼中，满洲政权毫无疑问就是"夷"，而蛮夷统治下的中原，还是不是过去那个"华"？如果不是，谁是今天的"华"？这些成了必须回答的、事关大义名分的问题。

在这种情况下，东亚世界在明朝统治时期形成的"中华"认同便发生了畸变。

第四章

新天下秩序：
新的"中华"、新的天下

礼部"外交":"朝贡"作为权力和文化

近年来的东亚历史学界,越来越多的人开始使用域外汉文典籍来研究中国。最具代表性、被中国学者研究最多的史料,当属朝鲜方面的一系列历史记录。其中既包括《朝鲜王朝实录》等反映王廷日常行政的材料,也包括统称为"燕行录"的朝鲜赴明清使团记录,及反映中朝、朝日间交往的《同文汇考》等。对域外汉籍的使用,为过去过度以中原为中心构建的区域史叙事,提供了一个不同的、可贵的视角,即从"他者"的眼光来审视以中原为中心的东亚世界。

前文提到,满洲崛起后,日、朝、越等域内崇奉理学的社会,对中华的概念发生了畸变。这点在近来的对域外汉籍的研究中被强调得很多,无须详细展开。当代中国学者在"借用"朝鲜视角的时候,一方面特别看重朝鲜的所谓"小中华"意识,突出半岛与明朝牢固的文化制度联系;另一方面则强调明亡清兴后,恪守"夷夏大防"的朝鲜的离心倾向,认为在清代东亚世界已经没有区域认同了。这两类解读凸显了朝鲜半岛在近代三百多年来对中原的一种纠结矛盾的心态。其中的政治文化暗示是,"明清鼎革"对东亚区域认同带来极大改变。

这种理解当然有价值，但并非没有补充的必要。我们要把朝鲜等对"中华"的文化态度，和对区域秩序的政治态度，作一个区分。不少学者把 17 到 18 世纪，域外士人的离心心理当作区域关系史上的特质，强调特定条件下的断裂性。但如果我们将它放回到更长的历史时段里，就可看到它其实有很强的延续性，并不是新现象。某种程度上，强调 17 世纪后区域认同不再存在，是为当代主权国家体系下的外交现实找寻历史回应；但它有意无意间以"现代"国家间关系（即主权外交关系）为模板，将传统东亚国家间的关系模式（宗藩关系）与"现代"作切割处理。可以追问的是：如果朝鲜真的早在 17 和 18 世纪便没有区域认同了，那么为什么朝鲜王廷还要自居清朝最忠实的属国，一直到中日甲午战争？为什么直到 19 世纪晚期，朝鲜保守派官僚及儒生，并不情愿脱离（甚至改革）与清的宗藩关系？换句话说，上层精英心理上对满洲政权的排斥，和国家社会整体对区域等级秩序的坚持，这种张力应如何理解？

这涉及奠定区域国家间关系的主要因素究竟是什么。是文化、制度、心理等，还是实力和地缘格局？更为重要的问题是，被诸多学者称为"朝贡体系"的传统东亚秩序，和现代主权国家构成的国际关系，是不是完全异质的两套秩序，以至于传统秩序在欧洲的坚船利炮下，被彻底推翻，并必然被"现代"的条约体系取代？

东亚世界在历史上大多时候，是由一个超强国家（一般是中原政权）和若干实力、体量较小的国家构成的。这点和欧洲近代史上以均势为主要特征的国家间关系很不一样。具体到中原和朝鲜半岛关系而言，两者体量和实力上的不对称，以及地缘上的接近，构成了相互关系的基本格局。如果我们相信现实主义国际关系理论的基本判断,那么,在一强独大的权力结构中,弱小一方的理性选择,是与大国结盟,并在既有权力格局内保障自身安全、谋求最大利益。当大格局改变,比如大国内部分裂,或者有新的强权崛起挑战独大格局时,弱小一方自然也会改变自己的结盟策略和对象。历史上朝鲜半岛政权和中原政权(新罗与唐,高丽与元,朝鲜与明清)正是如此。权力关系不直接转化为政治认同,但持续稳定的权力关系会对政治认同有极大影响,高丽贵族在明初仍亲近蒙古,朝鲜士人在清初仍崇奉明朝,其中有权力关系带来的文化惯性。

必须强调,这种权力关系并不是单边强加的,而是双方共同构筑的。一强独大格局中,相对弱小的一方往往比大国更依赖秩序的稳定性,也更强调道义责任,以制约老大的权力。这恰恰是其从来就存在的自主意识的体现。在具体利益博弈中,大国则更倾向于以有限的实利让渡来换取政治承认。这无论是在东亚宗藩体制,还是现代国际关系中,都是一样的。

明清与朝鲜都以宋明理学为官方意识形态,在理学包裹下,双方的权力关系也用宗藩礼制话语来描述。强调自身在这套意识形态中占据正统,是朝鲜政权立身之本。所以,所谓"小中华"意识,与其说是朝鲜甘于做"中华"支脉,不如说是朝鲜自认为是"中华",不过体量稍"小"而已。有种倾向认为,朝鲜的"小中华"意识是清朝之后才有的。但其实早在明后期,出使北京的朝鲜使臣已经屡次表达对明朝礼崩乐坏、人心不古的鄙夷。他们尤其看不惯当时明儒推崇的王阳明心学,斥之为伪学邪说,认为程朱理学正统只有在朝鲜才能得到悉心维护。这个时候,"小中华"意识已经存在了。到满洲入主中原,"华夷变态",就更加刺激了精英士人的文化危机感和文化优越感。可见,这里的"中华"首先不是国家意义上的中国,而指的是理学道统。如果再从朝鲜内政角度考察,则可看到:"小中华"意识形态,时常是朝鲜不同政治集团间内部斗争的话语武器,而崇明抑清,也和两班贵族对自身等级秩序的维护密切相关。这些内政考虑,和现实中(从利益角度出发)的"事大"政策、区域认同,不一定有多么紧密的对应关系。

政治意识形态与地缘权力格局,并不相互排斥。自居意识形态正统,表面看似离心,实质恰恰是对区域权力等级关系的再确认。换句话说,虽然"中华"在朝鲜士人心里发生畸变了,但天下格局(中原一国超强)和朝鲜在这个格局中的道统未变。而且朝鲜反而更要恪守"事大"宗藩礼制,维持权力格局的稳定性,以保证自己在这套礼制中优越、独特的位置,维护最大利益。"事大"的方针是现实主义需要,而宗藩礼制为现实政策提供理论指导。反过来,清朝也必须以"字小"回应朝鲜,以承担自己在权力关系中的责任。

宗藩礼制最为典型的表达形式之一,是所谓"朝贡-册封"制度。以清朝和朝鲜关系为例,朝鲜每年数次入京朝贡,王室成员的正式名号都须由北京册封。关于路线、活动、馆驿、接待规格等都有明确规定。但封贡活动本身不是宗藩关系的全部,只是其礼仪表现之一种,和宗藩制度挂钩的还有贸易准入、边市往来等一系列物质性交往,以及安全保障。因此,用"朝贡"来概括东亚世界的国家间关系,严格地说不尽准确。在礼仪之外,有其他形式,背后则是权力和利益互动。

甲午战争之前的数百年里,宗藩制度在东亚范围内是"普世"制度。域内很多国家都以此为对外交往原则,其中也包括多数时间内不认中原天子为最高权力的日本。除了中原这个核心，一些国家也自视为次级区域的核心，它们一面奉中原王朝正朔，一面和比自己更小的政治体建立等级次序。比如朝鲜之于女真，越南之于占婆、高棉、老挝等（越南对内甚至自称皇帝）。就算不以中原为上国的日本，也将这套体制拿来施之于琉球等处。由于这套礼仪制度和官方贸易权利直接挂钩，所以早期欧洲国家和公司为了进入东亚市场，也必须加入这套制度。这有点像今天一个国家要加入一个已经成熟的全球贸易机制（比如WTO），就得遵守此机制中所有国家一起奉行的各种制度规范一样。

清代沿袭明制，负责对外交往的职能部门，主要是六部中的礼部（但对内亚和俄罗斯，则由理藩院管理）。因此我们可以把宗藩关系下的交往，看成是礼部"外交"。这里的外交打上引号，因为它并不是现代主权国家意义上的外交。它是宗法制度的延伸，宗国与藩国虽各自为政，但毕竟多了层君臣等级。因此，19世纪朝鲜多次以"人臣无外交"为由，拒绝欧美国家的通商要求。这让欧美国家很困惑，不知如何定义朝鲜对清朝这种又自主又臣属、虽不平等但亦非附庸的关系。

但礼部"外交"又的确是一种外交机制，和现代外交一样，是一整套规范国家之间如何打交道的制度和原则。两种机制的背后，是对世界格局的不同假想：礼部"外交"认定，"天下"是一个围绕礼制建立的等级次序；现代外交认为，"国际"是由主权国家按公法原则组成的平等体系。两种构想都只描述理想状态，与现实中的权力关系都不完全相符。从这点看，两者有很大的相似性；恐怕也并不能说，哪个制度更文明先进，哪个更愚昧落后。

内亚帝国：满蒙藏政治／信仰共同体

宗藩体制在理论上，是家族宗法制度在内政外交上的延伸。清对东亚邻国和一些域外国家，继承了明的宗藩（朝贡）制度，就是上一节所谓的"礼部'外交'"。但与此平行的还有另外一套制度，用来管理内陆亚洲边疆（即今天蒙古、青海、西藏、新疆及西南地区）。其负责机构在设立之始叫"蒙古衙门"（1636），后改为"理藩院"（1639）。顺治年间，理藩院脱离礼部，成为专门管理外藩事务的独立部门。以理藩院实施对内亚的治理，是清不同于明的一大特点，也是今天中国之所以成为"中国"的重要一步。

近几年，美国"新清史"学派突然受到国内关注，大有从学术议题变成公共话题之势。"新清史"的主张，简单说，就是转换清史研究的中原视角，而采用满、蒙等语言史料，把清朝当作一个内亚帝国，而非一个汉化（Sinicized）的王朝来处理。"新清史"和"汉化论"最早的交锋，是20世纪90年代美国历史学家罗友枝（Evelyn Rawski）和何炳棣关于"汉化"的争论。近年的趋势，则变成一方坚持批判（以汉族为中心的）民族主义史观，一方则严防（源于日本学界的）"满蒙（疆藏）非支那论"卷土重来。其实从逻辑上看，多少有些各说各话，因为罗友枝等并没有否定满人在很大程度上接受中原声教，何炳棣也不否认清廷缔造的是多族群帝国。如果把讨论限定在学术范围内，那么两种研究清代中国的视角各有价值，如何炳棣所言，不必相互排斥。

另一个问题是，当对清朝性质的争论，过多集中在统治集团到底更崇奉以"国语骑射"为标志的"满洲之道"，还是以儒家声教为核心的"中原之道"时，另一层重要的国家建构过程，就容易被这种满汉二元对立所忽视。这就是：满洲政权借鉴、融入、改造蒙古的政治和信仰体系，将分裂的北疆和西域纳入新的国家共同体。这种建构策略被中国学者李勤璞称为"蒙古之道"。他认为满洲政权，尤其是前期，存在着有意"蒙古化"（Mongolization）的政策取向，这和同一政权采取的"满洲之道"和"中原之道"，既非常不同，又并行不悖。

由于现代中国直接继承清代国家，所以认识"蒙古之道"，对于我们理解清如何奠定现代中国的版图和一统意识，以及在此基础上的现代中国国族建构及其问题，至关重要。

不用说，任何扩张和统治，都伴随权力博弈及军事征服，比如皇太极打败察哈尔的林丹汗，及康熙至乾隆年间与准噶尔蒙古的地缘争夺等。但仅仅靠暴力强压，并不会产生对新国家的认同。满洲政权另外一种重要的策略，是在政治体系和宗教信仰两方面把自己和蒙古"混一"。在这个前提下，再辅以军事、贸易、移民等方式巩固领土和人口，并用盟旗、札萨克、驻扎大臣等制度强化管理，固化各部领地，彻底改造原有的游牧方式，结束草原内部长期纷争的状态，并最终达致蒙古上层精英对大清的自觉认同。此外，正是出于塑造"混一蒙古"的诉求，藏区和今天的新疆亦纳入帝国政治视野，华北与西域的联系空前强化。

成吉思汗创建的蒙古帝国，是一种部落联盟国家。他死后，蒙古世界陷入分裂。经过长期内斗，元朝皇帝最终获得蒙古大汗之位，但对其他四大汗国没有实际统治权力。在元及其后的蒙古世界中，有实力的汗或大汗可以统合各个部落国家，而当强势人物去世、实力瓦解，这些并立的部落国家可以选择脱离、独立，或结成新的联盟。蒙古语中"兀鲁思"(ulus)一词,即指这样一种"国家",各"国"之间缺乏统一的政治认同。美国学者艾宏展(Johan Elverskog)通过研究16至19世纪的蒙古史料,指出这种松散的政治体制(他称为"ulus/törö 制度")是蒙古政治的重要特色,蒙古部众最初就是在这个制度框架下,认知他们与满洲国家的关系。

满语中的"固伦"(gurun,国家)和"兀鲁思"意涵一致。当科尔沁、喀喇沁等部脱离林丹汗投向满洲,他们认为这是自己的兀鲁思和满洲兀鲁思的联合。众多不满林丹汗的蒙古部众,欢迎满洲的崛起,也愿意和满洲结成新的国家以抗衡察哈尔,这完全符合草原国家的政治理念和结构。而满人信奉的政治合法性最终来源"天",与蒙人信奉的"长生天"(腾格里)亦基本一致。到皇太极征服整个漠南蒙古、得到"传国玉玺"后,与满洲联盟的蒙古部众认为皇太极体现了天命所归,公推他为新的兀鲁思的领袖、成吉思汗的继任者。皇太极以蒙古大汗的身份将各部编入体制,这才开始逐渐把蒙古各"国家/兀鲁思"改编成大清国家(Daicing ulus)辖下的行政单位或藩属,这一转变过程持续上百年。

与此同时,满洲政权不但通过通婚,从血缘上强化与蒙古上层的联系,而且全盘接受对蒙古人有重要影响的藏传佛教,甚至直接和格鲁派领袖(达赖喇嘛和班禅)接触,建立供施关系。

而对于地处内亚边疆的蒙古和西藏而言,清朝正式成立的前后几年,也是非凡年代。1640年,为了因应清朝征服漠南蒙古以及俄罗斯入侵北方,卫拉特、喀尔喀各部的数十位首领,召开了一次联盟会议,制定了一百二十一条社会、政治、经济和宗教规定,后世称为《蒙古-卫拉特法典》。这是蒙古部众一次非常重要的会议，为后来形成蒙古内部的某种统一性，确立了基本的规范。法典中的许多条款，后来也成为清朝管理蒙古地区的条例《理藩院则例》的基础。

在西藏，自从吐蕃王朝灭亡后，西藏就陷入长期分裂、地方割据的状态。在 11 世纪后，佛教再度被引入西藏，并慢慢与本地信仰结合，发展出藏传佛教。宗教与政治相互结合，藏区的政治斗争往往就与教派斗争纠结不清。为了获得政治和军事支持，各教派开始与周边强大的政权建立供施关系，以教领政。典型的比如萨迦派和西夏王朝之间的关系。后来元朝继承了这种关系，忽必烈册封萨迦派首领八思巴为国师，八思巴则认忽必烈为转轮王。这种关系到了元代后期中断。到了明代，藏传佛教各派更积极与明朝政权建立供施关系，在其世界观念中，视中原统治者为文殊菩萨的化身。到 14 和 15 世纪，一个新的教派——格鲁派，快速崛起，在萨迦派、噶举派等其他教派的打压之下，更为积极地向蒙古地区拓展。1578 年，一位格鲁派首领索南嘉措赴青海，拜见了土默特部首领俺达汗，两个人恢复了忽必烈与八思巴所建立的供施关系，俺达汗为索南嘉措奉上尊号"达赖喇嘛"，这就是达赖喇嘛名号的起源。达赖是蒙古语，意思是大海。藏传佛教几大派别之间相互竞争，并和不同的蒙古部众建立同盟，蒙藏相互介入对方内部的政治斗争。从此，藏传佛教再度深入蒙古地区，并最终通过蒙古，传入东北。女真/满洲虽然早就接受藏传佛教影响，不过直到皇太极时代，才真正意识到，遥远的西藏，对居住在整个北方及西域的蒙古诸部，有着举足轻重的影响。

1641 年，年轻的五世达赖喇嘛，在老师罗桑却吉坚赞的倡议下，与青海和硕特部的固始汗结盟，共同出兵击败敌对势力，初步结束了西藏的分裂状况。固始汗还在1645年，为罗桑却吉坚赞奉上尊号"班禅博克多"，这就是"班禅"名号的来源。自此，格鲁派成为众多教派中占统治地位的派别，五世达赖喇嘛建立的甘丹颇章政权，成为自松赞干布以来，又一个相对统一的西藏地方政权。借助藏传佛教，其影响力也辐射着蒙古世界。

从宗教入手强化与蒙古的联盟/宗藩关系，是满洲政权找到的治理内亚的法宝。其实明朝政府也意识到了佛教对蒙古的重要性，并多次利用喇嘛作为沟通中原与蒙古关系的使者。永乐皇帝本人更是藏传佛教热诚的信奉者。但明朝并没有像清朝那样，以崇奉藏传佛教为手段，对卫藏建立系统的、直接的政治管理。清统治者对佛教的崇奉不但出于治理需要，也出于自身精神需求。在入关之前，皇太极就在盛京大兴土木建造藏传佛教寺庙，今天沈阳著名的皇寺和四塔四寺都是皇太极时代敕建的。入关后，清廷更是在北京、热河等各处建造寺院供奉高僧，佛教完全融入皇家和国家生活之中。

当然，这其中的政治考量也很明显。清帝虽名义上对藏传佛教几大派别都很重视，但实际有意提高格鲁派的地位，支持黄教领袖成为蒙藏僧众的精神导师。可以说，在本来派别分立的北疆和西域，独尊达赖喇嘛（前藏）、班禅额尔德尼（后藏）、哲布尊丹巴呼图克图（外蒙古）和章嘉呼图克图（内蒙古）这四大格鲁派活佛，很大程度上是靠大清的襄助。从格鲁派角度看，他们当然也乐于和清帝结成同盟，以扩大自己的影响力。五世达赖喇嘛于1652年会见顺治，以及六世班禅额尔德尼于1780年会见乾隆，后来成为满藏关系最具象征意义的事件。

需要提及的是，清朝统治者对有利于统治的各类宗教/价值体系都大力扶植，并不仅仅是藏传佛教而已。从皇帝到高官，很多满人对藏传佛教亦有微词。皇族在满人的堂子举行萨满仪式，在喇嘛庙礼佛，还积极参与儒教和道教活动，这格外体现了清帝的多元角色：对于中原及东亚诸国，他是天子；对于满洲，他是部族首领和家长；对于蒙古，他是大汗；对于藏地，他是文殊菩萨的化身。多元意识形态在清的混一，取决于两个条件：一是这些意识形态经过长期磨合，相互容纳而不排斥；二是所有这些政治合法性资源，都统合于对"天命"观念的崇奉。正因此，清治下的汉、满、蒙、藏，不是马赛克似的各自为政，而是"仰承天命"之下的多元混合。

1758年，经过七十多年的战争，清帝国终于取得了对漠西（卫拉特）蒙古准噶尔部的军事胜利，消灭了最后一个敌对的游牧汗国，在此过程中控制了从漠北到天山南北路的广大地域。1771年，同属卫拉特的土尔扈特部，由首领渥巴锡率领，脱离俄罗斯，在屡遭挫折后归降清朝。以此为标志，清帝国基本完成对蒙古草原的重新统一：这既有清的多元政策，也靠大部分蒙古部众对国家的支持和认可。甚至有学者认为，"蒙古"成为现代"民族"身份，实是在清代才有充分条件。

18世纪蒙古在清治下的统一，是在特殊的地缘政治条件下实现的。打败准噶尔及土尔扈特东归，涉及全球史另一项重大事件，这就是俄罗斯的崛起和东扩。而欧亚大陆上两大帝国——清与俄罗斯——在内亚的相遇，会给现代中国和东亚带来怎样的冲击呢？

清俄碰撞：欧亚相遇中重塑"中国"

清初顺治、康熙两朝，安全形势十分严峻。在南方，先有南明政权的抵抗，继有三藩之乱及郑氏政权对峙海上；在西北，则有准噶尔汗国以伊犁为根据地强势崛起，并向南向东扩张，与清竞争对南疆、藏地及漠北（喀尔喀）蒙古的主导权。与此同时，另一个日后被认为有全球史意义的冲突在黑龙江流域发生，这就是由俄罗斯东扩所带来的清俄碰撞。这几方面的争夺相互纠缠影响。清俄战争虽规模不大，但欧亚两大帝国的相遇及其后的制度安排，为传统东亚世界秩序增添了新的因素。

和清相似，俄罗斯在成为沙皇国后，在意识形态上也自诩中央帝国。在罗曼诺夫王朝建立之前，俄罗斯的势力已开始越过乌拉尔山。1579年，一支八百四十人的哥萨克雇佣兵在叶尔马克·齐莫菲叶维奇（Yermak Timofeyevich）率领下东侵，于1582年攻陷西伯利亚汗国，标志着俄国正式拓殖西伯利亚。其后，俄国不断沿着主要河流向东推进，一边向当地住民收取贡赋，一边建造据点。到1647年，俄国人在鄂霍次克（今天哈巴罗夫斯克边疆区的北部）建立堡垒，这是他们在太平洋沿岸建立的第一个据点。此时距离叶尔马克攻取西伯利亚汗国，仅过去六十五年的时间。

俄罗斯的扩张，最初并非以扩充领土为目的，而是受经济利益，特别是皮毛贸易的刺激。叶尔马克率领的哥萨克并不直接受雇于沙皇，而是斯特罗加诺夫家族，这个商业家族，是以沙皇名义进行商业拓殖。在16至18世纪，对貂皮、水獭皮等名贵皮毛的需求，是早期全球贸易网络形成的主要动力。这跟当时的小冰期导致全球变冷有关。甚至有说法认为，气候变化也解释了明末灾害频繁、饥民叛乱及游牧政权南侵。不管这种联系是否真的如此直接，该时期欧洲市场对皮毛的需求确实因气候变化而急剧上升，以至名贵皮毛有"软黄金"之称。努尔哈赤也因垄断和明的皮毛贸易而迅速积累起财富。

随大航海时代而来的对美洲的开发，以及俄罗斯对西伯利亚的拓殖，其背后很大一项动力都是获取新的皮毛产地。北美和西伯利亚迅速成为两个最重要的皮毛来源地，串联起全球性的供销链条，其中获益最大者就包括荷兰和俄罗斯。皮毛利润对俄罗斯这个农业国尤其重要，历史学家艾伦·伍德（Alan Wood）估计，在彼得大帝财政改革前，该项利润占到俄国全国收入的10%。对此有学者甚至估计得更高。另一方面，从皮毛贸易中获利并不是欧洲国家的最终目的。该项收入的很大一部分，被用于前赴后继的地理探险，其目的是绕过阻断了传统欧亚商途的奥斯曼帝国，寻找通往东方（印度、中国、东南亚）的新的贸易通道。与西欧国家的海上探险不同，俄罗斯的陆上东扩可谓一石二鸟，既收获皮毛，也开辟商路。

在对西伯利亚的殖民过程中，俄国势力拓展到中亚、蒙古草原和东北亚，与当地族群，特别是通古斯人群和蒙古部族，既有冲突也有融合，初步奠定了多民族帝国基础。到17世纪50年代，俄人进入黑龙江流域，劫掠向清纳贡的达斡尔等部族，从而开始了和清帝国三十多年的争夺。与此同时，俄国亦屡次试图和北京建立商业关系，但因双方在黑龙江流域的冲突而未能达成。到了17世纪80年代，康熙终于平定了三藩之乱并将台湾纳入治下，可以腾出手处理北方边扰。他几次派兵围攻雅克萨城和尼布楚城，最终迫使俄人坐到谈判桌前。

1689年8月，俄国代表费奥多尔·戈洛温（Fyodor Alexeyevich Golovin）伯爵，与清方代表索额图、佟国纲在尼布楚第一次会面，谈判划界及归还逃人等事宜。除了部分交流是用蒙古通译外，主要的谈判是在俄方的波兰翻译安德烈·别洛博茨基（Andrei Belobotski）和中方的耶稣会士葡人徐日升（Thomas Pereira）、法人张诚（Jean-François Gerbillon）之间，以拉丁文进行。

不少研究都指出此次谈判的对等性：两个帝国都没有将对方纳入自己奉行的等级次序中，从谈判方式、手段、语言，乃至座位，都务求平等。更为重要的是，清俄谈判双方的人员组成都是国际性的，俄方有俄罗斯、哥萨克、蒙古和波兰人，清方则有满、蒙古、汉人及欧洲传教士。谈判过程颇为艰巨，双方时常强硬，也都有妥协，但所依据的谈判精神，是当时在欧洲才出现不久的国际法原则。两位耶稣会士对此起关键作用。

最后，促成双方最终达成协议，并以条约形式确立边界的因素，是欧亚大陆的多边地缘博弈：俄罗斯在西边仍然有波兰等强敌威胁，无法投入更多资源在黑龙江流域；清则面临准噶尔在喀尔喀蒙古的扩张，不愿同时与准部和俄国为敌。9月7日，清俄签署《尼布楚条约》，划定边界，并规定人员往来原则。俄退出黑龙江，但保有贝加尔湖以东的领土，还获得与清贸易的权利。

在美国学者濮德培看来，《尼布楚条约》不是一项双边合约，而是由多种因素、多边博弈而达成的。对东亚到中亚的地缘格局而言，清俄定约、通商，建立合作关系的直接后果，就是进一步挤压了准噶尔蒙古的生存空间，使得准部后来很难再在清俄竞争中获益，最终在清、俄、准三边博弈中出局。

对中国而言，《尼布楚条约》是第一次与欧洲国家按照某种准国际法原则、以对等方式谈判达成的平等条约。更为关键的是，以今天的眼光看去，《尼布楚条约》大概是最早明确使用"中国"一词来指代大清的国际法文件。这里的"中国"显然不仅指中原，而是包含蒙古和东北在内的整个清帝国。虽然俄方代表以"博格达汗"，即蒙古人对清帝的称呼，来指称康熙皇帝，但清方所代表的，绝不是清帝国下的蒙古（或东北）部分，而是整个国家。

这样一份文件，最初却并非用汉语写成。《尼布楚条约》以拉丁文、满文和俄文为正式文本，拉丁文是基准。满文本中没有使用 Daicing gurun（大清国）这个词，而是 Dulimbai gurun，这是汉语"中央之国"的直译。关于领土划分，条约用语亦是某处某处"属中国"。另外，条约（拉丁和满文本）中还规定要使用拉丁文、俄文和"中文"（满语 Dulimbai gurun i bithe）镌刻界碑。翌年碑成，一面是拉丁文和俄文，另一面则有满、汉、蒙三种文字。历史学家赵刚指出，这说明清方所指的"中文"，不是单一文字，而是包括了满、汉、蒙三语的复数中文。

虽然在条约签订之前，清在与俄的（满文）通信中就已频繁使用"中国"一词，但在国际条约中，以多语言文本将"中国"概念固定成包含满、蒙、汉诸地域的国家，《尼布楚条约》是首例。

1689年之后，无论在满文还是汉文文献中，"中国"和"大清"越来越成为可以互换的概念。可以说，清的多元帝国构建，最终表现在对"中国"一词的重新塑造上。这首先是大清对自身认同的改变：这种转变在入关前的多边互动中就已经开始，到了康熙时代，"大清"已经明确等同于"中国"。同时这更是中国概念的一次大的演化：其外延远远超出了明代中国，其内涵则容纳了汉、满、蒙、藏等政治文化体。清对"中国"的这种诠释，一直保持到其结束的那天。宣统的逊位诏书,就写明了"仍合满、汉、蒙、回、藏五族完全领土为一大中华民国"。现代"中国"的概念,正来自于清所塑造的中国观。

塑造了现代中国的清朝,并不是一个欧洲意义上的现代民族国家。这一"矛盾"也体现在签订《尼布楚条约》的行为中。以条约方式确定边界和规范人员往来,一般被认为是主权国家体系的专利。但《尼布楚条约》签约双方都不是所谓现代民族国家。汪晖认为,这"证明国界概念、主权观念(包括相互承认的主权)以及贸易准入问题均不是'海洋时代'的特产,也不能被看成是民族/国家的排他性特征。"

从世界史角度看,《尼布楚条约》算是最早的现代条约之一,条约文本经由耶稣会士,很快就传递到了欧洲。这是否提示我们,清代中国不但没有自外于"现代"条约体系,反而很早就是其中一分子?我们当然可以说,它只是特殊历史条件下的特例,并非中国已经"现代"了的标志(这里的"现代"是狭义的欧洲意义上的)。但主权条约制度能够被纳入清主导的"天下"制度,这不是正说明,所谓的"现代"和"非现代"之间,民族国家和传统帝国之间,其实并不存在一条清晰的边界么?

1727年,清俄双方又签署了《恰克图界约》等一系列条约,确定了北部边界、准许俄商在北京贸易,并开设恰克图边市。恰克图及买卖城成为沟通欧亚的重要商业口岸。全球贸易刺激下的自由贸易体制,亦被引入清俄关系之中。而早在1684年,清朝便已开放海禁,允许私人在东南沿海从事对外贸易。这些对外制度安排不同于传统的朝贡,令宗藩制度主导下的"天下",展现了更为多元和灵活的面相。

第四章 新天下秩序:新的"中华"、新的天下

"中华"失焦的"天下"

16世纪末到17世纪,由壬辰战争和满洲崛起带来的区域震荡,在权力政治和意识形态两方面,开启了东亚地缘新格局。当代东亚,包括其中作为主权国家的中国、日本、朝鲜/韩国,在很大程度上继承了这一格局。如果说这算是东亚世界早期现代的某种起点,那么它和过去最大的断裂,大概可以表述为:以明代中原为"中华"的那个"天下"畸变了,新的世界秩序沿用、改造了"天下"机制并大大扩充;在多元秩序中,"中华"已经不再是唯一的参照系和中心了。

认识东亚早期现代秩序,有两个维度应同时关注,一是"中华"意识形态的去中心化,一是"天下"格局的维持和重塑。两个趋势看似相反,却又相辅相成。

至少在明代,中原和"中华"基本是一体的。明王朝在多数时候代表理学道统,区域秩序的核心。明亡清兴后,这种一致性难以为继。当然,中原士人仍要努力捍卫道统,即使剃发易服,也要回到儒学典籍中,以考据穷理为途径,探寻道统的正源。而面对汉人士人,满洲新政权虽自命为明朝继承者,并极力维护宋明理学的权威,但它更强调自己是以德来承载天命,刻意超越那个与"夷狄"相对的"中华",这点后来亦逐渐为大部分士人接受。对蒙古、西藏而言,中原不再是"中华"的中原,而是统合进大汗国家的疆域,对大清的认同亦在此基础上逐步强化。而周边的朝鲜、日本、越南的儒林社会,则皆以"小中华"自居,出于各种需要(特别是内政需要),宣称中原不再是"中华"的合法代表。

换句话说，新的"天下"和"中华"分离了。"天下"作为一个多元化的帝国和世界秩序，不再需要明朝意义上的"中华"作为意识形态的核心。边疆和周边各个政治体可以用自己理解的方式，参与到这个"天下"中。尽管儒家世界（中原、日本、朝鲜、越南）的士人还时不时采用"中华"话语，但这个"中华"的实体为何，却是各自表述的。

如果按照美国历史学家费正清（John King Fairbank）的说法，"中华中心主义"（Sinocentrism）是传统东亚秩序的主要特质，那么至少在17世纪，这一特质已经根本改变了。

但另一方面，各自表述下的多元，又并不影响对新的天下秩序的认可。这是由区域内政治、军事、经济、意识形态各种交错的权力关系决定的。此区域秩序，大概可概括为一个"中华"失焦的"天下"。

很长一段时间，我们从中原视角出发理解清朝，强调清如何运用国家管治术，来整合帝国和周边：比如用理学治理中原，用藏传佛教统合蒙古，以朝贡制度规范朝鲜、越南、琉球等。但这套以帝国为中心的、自上而下的单向叙述模式，到了民族主义时代，必然遭遇反弹，催生一个相反的叙述线索。就是这些"被统治"或者"边缘"的族群，作为当代国家或民族，如何在反抗"清（中国）帝国主义"压迫的过程中过渡到现代。这套突出自身主体性的叙述逻辑，在今天蒙古、越南、朝鲜半岛（甚至一度在中国国内）都很盛行。当代学者受新文化史转向的影响，很多也主张从周边来消解宏大叙事，批判大一统逻辑。应该说，转换视角、解构过于单一的大一统叙述，是有价值的。但如果仅仅是为反而反，一味强调矛盾、冲突和对抗，这仍然是把多元的历史简化割裂了，没有摆脱线性逻辑。

这里有一个重要的维度被忽略掉了。那就是：清帝国和东亚天下的构建，不仅仅靠满人或者是汉人精英自上而下的努力。一个如此庞大的多族群复合帝国，以及多边的区域秩序，其维系和巩固，必然靠其中所有重要族群和政治单元的互动。如果缺少在冲突中又相互依赖的机制，多元帝国及其区域秩序不可能构建起来。这和周边政治体自身的主体意识提高并不矛盾。就像前文曾设问：既然朝鲜君臣对清有极大的仇视，那为什么清与朝鲜的关系却成为整个宗藩体制中最稳固的双边关系？自下而上、由边缘出发的逻辑，不只有对抗一种，也要看到：这些后来独立的政治体，正是从自身需要出发，依靠此秩序建立新关系，从中谋取相应的利益。它们对清帝国主导下的区域秩序，起到了重要的塑成、发展和维系作用。

有清一代延续近三个世纪，很多方面达到中国历史上前所未有的高峰，如果仅仅是单边高压，或者是一些国外学者说的"殖民主义""文化扩张主义"或"帝国主义"，其解释力恐怕很有限。需要强调，指出帝国的内外组成部分对区域秩序的认同和参与，并不是要回到大一统视角。恰恰相反，自下而上的秩序塑造是在多边交往中形成的，而且也是动态的。各个主体对这个过程的认知一定是不统一、不一致的。比如蒙藏对清政权的阐释，各朝贡国对宗藩秩序的理解，必然和清朝官方所塑造的图景不一样（甚至清廷官方表述，在不同语言文本中也不完全一致）。肯定各自的主体性，让我们看到了东亚区域秩序的灵活一面，它吸纳了不同的政治话语和实践。

民族主义的线性叙事，不论是汉民族主义或是别的民族主义，都取消了历史的多元互动。受其影响，历史研究很容易成为当代政治的敏感点，造成涉边疆、民族、外交等话题的研究遇到很多限制和困难。对此，我们应当坚持文化自信，要认识到开放、包容的学术研讨，最终会带来更丰富的视野和成果。

总之，17世纪的东亚，"中华"参照系模糊了，但"天下"秩序还在，并不断纳入新内容。"天道""天命"这些不但受儒学世界崇奉，也受内陆草原世界信仰的观念，统合了东亚区域。在和域外的交往中，"中国"作为多族群单一国家的身份逐渐清晰，不但首先以平等条约的方式划清了与俄罗斯的边界，而且以宗藩原则和朝鲜、越南等定界。区域内国家的主体意识也都相应强化。区域秩序中，还加入了条约、对外贸易等外在于传统宗藩礼制的内容。

跳开东亚视野，同样是17世纪，欧洲基督教世界也经历了一次大震荡。1648年，满洲政权入主中原后的第四年，在德意志的威斯特伐利亚地区，数十个欧洲国家及神圣罗马帝国诸邦国签署了一系列条约，以结束它们之间的三十年战争（及西班牙与荷兰间的八十年战争）。这些条约后来被统称为《威斯特伐利亚和约》，它被认为是民族国家的开端，也是"现代"国际体系建立的标志。其重要遗产，是导引出几项基本政治原则，包括确立国家的主权地位，各国之间关系平等，宗教自主（指各国自己决定信仰新教还是天主教），互不干涉内政等等。和东亚地区的震荡一样，主权/民族国家的兴起，使得本已摇摇欲坠的欧洲"道统"（教权和皇权）更不重要了，教宗或者神圣罗马帝国皇帝不再是国家认同的参照系，各国自身的主体性空前强化。战争期间，漂泊的荷兰人胡果·格劳秀斯（Hugo Grotius）出版了一系列国际法著作。这在和约及以后的国际关系建构中成为通行的原则。和约签订几年后，英国人霍布斯（Thomas Hobbes）更以社会契约精神论证了国家绝对权威的内在来源，在《利维坦》中大胆主张摆脱宗教对国家的制约。

诞生于长期宗教、政治冲突中的主权/民族国家体系，并非一个事先构想好的宏伟的文明蓝图，而是错综复杂的权力格局中，各方边打仗边讨价还价的产物。参与签署这一系列条约的各方代表们，连共处一室的机会都不曾有，更谈不上树立了某种先进、超然的观念。如果这一系列行为背后有什么一以贯之的逻辑，那就是在法国首相黎塞留（Richelieu）身上体现的"国家利益"（raison d'État）至上原则。三十年战争中，法国暗中资助新教国家对抗哈布斯堡王朝，同时严防德意志统一、坐大。后竟不顾自身是天主教国家，而公开加入新教国家阵营，把个体国家置于宗教法统之上。

威斯特伐利亚体系，和"天下"秩序一样，只是一个区域性制度安排。欧洲国家无论在理念还是实践中，都无意将其推广为全球普世的制度。主权平等，解决的是基督教世界内部的均势问题。一旦出了基督教这个"天下"，恐怕就只有殖民主义的逻辑了。费正清等学者把东亚秩序的"现代化"，看成是（本土的、等级制的）朝贡体系在19世纪被（外来的、平等的）条约体系取代。但不要忘记，实现这种"取代"，靠的并不是主权平等原则，而是由无数不平等条约所体现的殖民主义原则。其最终目的，也不是要让中国变成"平等"的"正常国家"。

而且，中国，或者东亚，真的被主权/民族国家体系彻底改造了吗？美国区域研究的领军人物、汉学家白鲁恂（Lucian Pye）曾有一句迷人的论断："中国不是一个民族国家体系内的国族。中国是一个伪装成国家的文明。"（China is not just another nation-state in the family of nations. China is a civilization pretending to be a state.）这话说得很漂亮也很有误导性，好像"国家"就只有主权/民族国家这一种形态。即使从1648年算起，主权/民族国家存在也不过三百多年时间，真正成为一种全球性体系，则更晚至二战结束后。以1955年万隆会议为标志，摆脱殖民的广大第三世界国家才有机会践行主权平等的原则，而中国正是最重要的推动力量之一。但此时冷战早已开启，两极霸权竞争，令名义上的主权平等，实质上如同虚设。冷战甫一结束，诞生了现代民族国家的西欧，却加快了超主权/民族国家政治体（欧盟）的建设。所以主权/民族国家作为"普世"制度，其存在的时间，实在太短暂。中国有什么必要去"伪装"呢？指出"伪装"，也许可以理解为，在走向"现代"的过程中，历史的延续性终究大于其断裂性。

　　欧亚两地开始于17世纪的变化，颇有可比较之处。但与其用短暂的欧洲"现代"标准测量中国或东亚，不如探讨它们各自演化的历史要素和动力。"现代"不应是一个目的设定好的方向，或一种单一的看待历史的方法，更不是从欧洲拓展至全球的机制。"现代"本身是多元的，不同"现代"之间的相互影响也远大于它们之间的相互排斥。

第五章

耶稣会士：
欧亚的现代相遇

East
Asia

画师·臣子·教士：郎世宁的使命

本章讨论东亚世界开启现代进程的另一个非常重要的刺激因素，那就是东亚和西欧从 16 世纪开始的系统性交往，以及两者之间由相互探索、吸引、学习，到猜忌、冷漠甚至敌视的过程。这个过程持续了很长一段时间。怎么看待其中的成功和失败？这涉及，我们如何理解东亚与所谓"外来文化""外面世界"之间的相互关系问题。

长期以来，在我们的观念中，16 到 19 世纪的东亚是一个封闭保守的世界。中国"闭关"，日本"锁国"，朝鲜则是"隐士之国"。相信，很多人对这个东亚近代失败的解释，是耳熟能详的。而指责东亚世界闭关锁国的一大证据，就是东亚曾经拒绝过外来文化，丧失了与更先进"文明"世界接触的机会。而这些机会，东亚曾经是有的，因为欧洲传教士早就在向中国人和日本人努力展示文艺复兴之后欧洲的科学、技术，以及宗教文明，只是由于我们的"闭目塞听"，而无知无畏地拒绝了这个机会。

而当我们深入历史情境仔细考察，其实会发现，事情没有那么简单。我们所熟知的那些解释，未必是历史实在的呈现，而更多是一种后人创制的修辞。这些修辞，其实源自近代欧洲，是为殖民扩张提供理论支持。后来借由坚船利炮和资本渗透，它们也成了东亚人在欧洲中心主义阴影下，认知自身的某种方法和"共识"。虽然20世纪80年代以来，越来越多的研究者反思、质疑这一判断，但要彻底改变根深蒂固的历史偏见，并不容易。

2013年，英国著名的《经济学人》杂志，发表了一则封面故事，重弹中国只有经济改革而无政治改革的论调。文章开头，以历史教训现实："1793年，英使马戛尔尼伯爵（Lord Macartney）到访中国皇廷，希望开设使馆……乾隆皇帝——他的国家当时的GDP约占全球三分之一——把他打发走了……英国人19世纪30年代回来了，用枪炮强行打开贸易，中国的改革努力以崩溃、耻辱……而告终。"

这种"你封闭所以该打"的逻辑，不但在文字上粗浅直白，视觉表达更是直接。封面图片戏拟了清朝皇帝的朝服像（朝服上面绣的是高楼、航母、高铁），题目是"Let's party like it's 1793"（让我们穿越到1793年狂欢）。提示着今日中国和那个"保守落后"、拒绝"先进文明"时代的关联。

暂不评论《经济学人》的历史逻辑，先来看看图像的问题：既然是1793年，那么显然，这个封面戏拟的是乾隆帝的朝服肖像。乾隆一生中有不少这样的"标准照"，其格局、姿态、服饰大同小异。其中很有名的一幅，是右页这张青年时代的画像。

问题来了：封面设计者是否知道肖像背后的故事呢？

给青年乾隆画像的这个人，不是中国画师，而是欧洲人郎世宁（Giuseppe Castiglione）。作为清廷御用画师，他历经康雍乾三朝，尤其受乾隆帝的宠信。在今天，郎世宁以画名于世。他的作品糅合了欧洲和中国传统绘画的特点，许多画面既可见焦点透视、明暗光影，又

第五章 耶稣会士：欧亚的现代相遇　101

《清高宗乾隆帝朝服像》，郎世宁 1736 年绘

突出骨法用笔、气韵生动。在题材上也大大突破。整体而言，他的作品更靠近东方，特别是宫廷绘画传统。但他的作品又明显区别于典型的院体画或者文人画，展现出一种外来的、迥异于前人的新鲜视角、表现方式和题材范围，把中国宫廷绘画推向一个全新的面相。

虽然郎世宁最重要的贡献是在艺术方面，但认识郎世宁，不能只从艺术家的角度。他同时也是一位大清的臣子，和一位天主教耶稣会士。

郎世宁 1688 年出生于意大利米兰，很小就进入当地著名的艺术家作坊学画。19岁时,他被召入耶稣会,后受教团派遣以画师身份前往中国。在葡萄牙停留数年后,他于1715年抵达澳门,学习汉语和中国文化。从1715年来华,到1766年去世,郎世宁服务清廷半个世纪,备受重用。他一生受命创作了大量专供皇族欣赏的花鸟、走兽、山水、园林、人物(包括肖像)作品,主持设计了圆明园西洋建筑群,还负责以图像记录皇家生活(比如狩猎)以及军事征伐(如平定西域)。一般御用画师并不授以官衔,但乾隆帝格外喜爱郎世宁,曾授予他正三品的内务府奉宸苑卿一职。

郎世宁在清廷的成功,并不完全取决于他高超的艺术水平。更重要的是,他用自己的艺术技巧,展现了皇廷的审美趣味。和他同时代的中西画师,谁都没有像他那样得到那么多的荣誉和那么高的地位。他的画不算是美术史上最杰出的,但绝对是最能反映清朝盛期几位皇帝的品位与气度的,其画风在五十年里亦经历了明显的变化过程。换句话说,那种融合了东西方两种不同绘画传统、以东方风格为主又兼具欧画视角的展现方式,以及前无古人的丰富主题,与其说是郎世宁作为艺术家个人的选择,不如说是作为艺术赞助人的清朝皇帝所鼓励的选择。

在他1766年去世时,乾隆下旨恩恤,追授侍郎衔,并用"勤慎"二字评价他。"勤"是他数十年笔耕不辍的描述,"慎"则是对这位修士品行的嘉许。当时中国已禁天主教多年,"慎"字恐怕是在肯定他能恰当处理信仰、政治和职业之间的关系。

谈到在华耶稣会士,一般人印象中,他们的最主要任务是传教,目的是把中国变成天主教国家。也因此,在特殊年代,他们的行为甚至被理解为是文化侵略而非文化交流。但是,并非所有耶稣会士都有传教使命。在耶稣会内部等级中,郎世宁始终只是位阶较低的助理修士（Brother Coadjutor），远不是可以正式传教的神父（Father）。当郎世宁被授予官职，很多同伴都认为这是为天主教说好话的好机会，但他并不以为然，因为他很清楚，自己在耶稣会中的任务仅为画师，并无传教之职。当然，耶稣会以才艺为手段，最终仍希望中国皇帝能够接受天主教，这没有问题。但在以教士为媒介的东西方交流过程中，很大一部分并不是宗教；今天看来最成功的部分，也不是宗教。

这并不妨碍耶稣会对作为教士的郎世宁给予正面评价：教团对他的纪念文中，不忘提及他因其画艺和"圣洁的生活和道德"而同时受到"虔敬的教徒与优秀艺术家"的敬仰。同时，由于他的"勤慎"，清廷虽然禁教，却仍然通过他，吸纳了来自欧洲的其他文化元素。

郎世宁的创作的确为中国视觉艺术开创出一个前所未有的格局，但这种格局的形成，不仅在于他本人的勤奋探索，更在于时代和环境对此格局的需求。因此他的作品，背后体现的不仅是美学，更是政治——包括清朝的国内政治，以及清作为天下帝国的外部定位。

郎世宁不是唯一一个服务于中国朝廷的欧洲人，他是众多受教会派遣而来的教士之一。和郎世宁一样，这些人中，许多并不负传教之责，而是以艺术家、科学家、工程师、测绘师等身份供职于朝廷。从明末到清乾隆的近二百年间，欧洲天主教会中仅耶稣会一个教团，就先后有四百七十多人在中国服务。

在17、18世纪，以耶稣会士为代表的欧洲教士，在清中央政府中扮演众多重要角色。他们被委以官职，在钦天监、内务府等重要部门工作。他们负责制定历法、测量土地、绘制地图、制造武器，还在和俄罗斯的边界谈判中担任外交官的角色。在一个以农业为本、极重武备的帝国，主动——而不是像鸦片战争后被迫——把如此重要的部门、职责，委任给信仰相异、文化不同的"外国人"，这恐怕和我们固有想象中"落后又自大的清朝"很不一样。

也就是说，《经济学人》所戏拟的乾隆画像背后，折射的恰恰不是当时清朝政权的"封闭"和"保守"，而毋宁说是它对外来文化的"开放"和"包容"。当然，这个说法其实也不正确：无论"封闭"还是"开放"，都是晚近才创造的意识形态话语，和历史真相以及人在特定条件下的选择，并不真的那么相关。

耶稣会士在东亚的活动，为我们提供了一个很独特的视角，来了解16到18世纪欧亚大陆东西两端的思想交往。这个时间段，通常被称为"早期现代"。在这个时期之后，西欧和东亚便出现"大分流"：西欧强势崛起，东亚相对衰落。但正是在这个时期，两者第一次系统地相互了解——以往交流当然早就存在，但是直到耶稣会士西来，双方系统认知的平台才搭建起来，他们在欧亚两地都留下了丰富的思想遗产。更为重要的是，这个文化交流的平台，后来因为种种原因坍塌了，欧亚交往出现严重倒退。那么，这一坍塌的原因是什么？是否用一句"东亚封闭保守的传统"就能解释？简要梳理一下早期耶稣会在东亚的命运，也许有助于我们重新认识东亚的现代历程。

逃犯与圣徒：东亚遇上天主教

基督教传入东亚世界，最早可以追溯到唐代以前由西域而来的景教（起源于叙利亚的聂斯脱里派），但各教派在元末后衰微，其对现代东亚的影响远不及16世纪由欧洲经海路而来的天主教。而谈到天主教与东亚的相遇，以及由此导引出的两者间一大段恩怨情仇，都要从两个人的相遇讲起。此二人，一个是后来基督教历史上最著名的圣人之一，西班牙人方济各·沙勿略（Francis Xavier），一个则是日本逃犯弥次郎（Anjiro或Yajiro）。

今天，我们对弥次郎的生平乃至生卒年代皆知之不详。他生活在九州南端的鹿儿岛，早先是萨摩藩的一名武士，文化不高，后因杀人逃亡。彼时，葡萄牙商船已经和九州有了接触，1543年火绳枪首次由种子岛传入日本，此后九州沿岸葡萄牙商船往来频繁。弥次郎在这里遇到一位葡萄牙船长。虽被日人视为"南蛮"，但这位船长倒是愿意帮助弥次郎逃离日本，还为他写了一封推荐信。但是阴差阳错，弥次郎拿着信，误跑到另一个葡萄牙人若热·阿尔瓦雷斯（Jorge Alvares）的船上。这次搭错船，改变了弥次郎的生命轨迹，也成就一段历史。

我们不清楚弥次郎是如何和这位阿尔瓦雷斯沟通的。后者听了他的经历，就提出带他到已经为葡萄牙占领的马六甲，找正在当地传教的耶稣会士沙勿略，说沙勿略是高人，更适合听他的告解。弥次郎带上他的随从，兴冲冲来到马六甲，但不巧沙勿略刚好离开。

无奈之下，弥次郎只好找了条船回日本。结果碰到风暴，被吹到中国沿岸。塞翁失马，他在那儿见到另一位葡萄牙船长，船长告诉他沙勿略已回马六甲，并把这位一心寻道的日本人一同带回。终于，在1547年12月，日本逃犯见到了慕名已久的欧洲传教士。

弥次郎用他学会的一点点洋泾浜葡萄牙语,向沙勿略求教,并向后者介绍日本。大概对弥次郎而言,沙勿略向他讲述的基督教相当新鲜,至少和他熟悉的日本佛教颇为不同,他决定追随沙勿略,和他一起回到当时耶稣会在亚洲的大本营——印度果阿。在那里,弥次郎进一步学习葡萄牙语和基督教教义,并受洗成为"圣信保罗"(Paul of the Holy Faith),成了有史料记载的日本第一位天主教徒。

而这次相遇对沙勿略的震撼,恐怕远远大于对弥次郎的。尽管葡萄牙商人已早他几年接触到日本,但这位饱读经书、意志坚定的传教士从来不曾听到世界上还存在这样一个迷人的国度。按照沙勿略记述的弥次郎的说法,日本由一个"国王"统治,秩序井然,法度森严,文明昌盛。人们知书达理,信奉"宗教",定期去"教堂"和"教士"交流。日本人的"宗教",像基督教一样,膜拜一个创世之神。而创教者(Xaqua,释迦),和耶稣基督情况类似,也是由神托梦而生,长大成人后四处传教,劝人抛弃旧神,改信新宗。千百年来,不但令本国人改变信仰,而且成功让中国人改宗,新的宗教就是由中国传到日本的。像罗马一样,直到今天,那里仍可见古代宗教偶像。另外,这位创教者还说,唯一的创世神订立了五条戒律(不杀生,不偷盗,不邪淫,不执着于不可救赎之事,宽恕伤害)——沙勿略记载这话时,大概会觉得和摩西十诫有几分相近。他显然不清楚,弥次郎所说的那个神国(Chenguinquo)就近在眼前,在他所在的印度。

弥次郎还对沙勿略许诺,说日本人崇尚理性、一心向化,不出六个月必能全数受洗。因为日本经书律法上早有规定,万法归一,而日本民众实在太需要一部善法来替代他们现行的律法。而在他看来，没有任何律法比基督教更完美；自己受神赐福至大，满心欢喜，只因他本人为神选中，将基督教士引至日本。与此同时，那位帮助过弥次郎的阿尔瓦雷斯船长也向沙勿略汇报说，日本是个文明程度很高的地方，其描述正可和弥次郎的相互印证。

就这样，沙勿略决定，必须去日本，完成自己的使命。他花了一段时间，向耶稣会和资助耶稣会的葡萄牙国王解释，日本要比印度更重要。得到许可后，立刻携弥次郎、另两位耶稣会士和两位仆从动身，在1549年8月，登陆鹿儿岛，开始了在日本的传教。

和弥次郎的情况不同，关于沙勿略和他的日本之行，数百年来各种研究记载汗牛充栋。一般讲到基督教"传入"东亚，都以沙勿略为重点。

沙勿略1506年生于纳瓦拉王国（后并入西班牙王国）一个贵族家庭，后家道中落，很小就住院修道。19岁时，被送到巴黎大学进修神学。在那里，他和另一位来自西班牙的贵族子弟依纳爵·罗耀拉（Ignatius of Loyola）成了室友。罗耀拉行伍出身，立志要当保卫天主教和教宗神圣地位的战士。后来，这位室友创立了耶稣会，受他影响，沙勿略成了该教团最初的六位创始人之一。

成立耶稣会的直接目的，是为了对抗当时欧洲如火如荼的新教改革运动。马丁·路德宣扬"因信称义"，他发表批评天主教会的《九十五条论纲》，被好事者翻译成德文，借由新出现的古登堡印刷术四处散播，德意志人心思变。就在罗耀拉和沙勿略开始求学于巴黎大学时，约翰·加尔文（Jean Calvin）刚刚从那里离开，数年后他的改革宗席卷西欧，更大大动摇天主教的道统。

耶稣会虽坚持罗马教会正统性，但罗耀拉等人也看到教廷内部的腐败，主张在体制内改革。他们一方面全力捍卫教宗的神圣权威，另一方面则吸纳人文主义运动的成果，让天主教焕发出新的面貌。罗耀拉以军队方式管理耶稣会，纪律严明。会员不但要经过极为严格的神学训练，还要通过其他科学及人文学的训练，凡入会者要宣誓安贫、守贞、服从。最后成为正式的神父还要宣誓效忠教宗。耶稣会士注重行动，他们广设学校，并且积极向海外宣教，开辟天主教新的版图，以抗衡新教在欧洲日益扩大的影响力。

此时，大航海时代已经开启。欧洲各国为绕开奥斯曼帝国，寻找通往东方的商道，大量投资探险事业。哥伦布本想开辟印度航路，却误打误撞"发现"了美洲，刺激得当时两大海上强国——西班牙和葡萄牙——对海外殖民地的争夺日趋激烈。受伊斯兰世界崛起影响，中世纪欧洲一直传说，在奥斯曼的东方，存在着一个由约翰长老（Prester John）统治的基督教神国，如能找到该国，定可东西联手，阻击奥斯曼。总之，在种种现实利益和意识形态纠缠下，罗马教廷和两大海上强国建立亲密同盟，共同拓殖欧洲之外的世界。经教宗调解，1479 年和 1529 年，西葡签署《托德西利亚斯条约》和《萨拉戈萨条约》，差不多把地球东西对半瓜分：西班牙负责开拓美洲和太平洋西部（包括菲律宾），葡萄牙则拥有从巴西东部以东，包括非洲和亚洲大部直到印尼群岛的地域。

于是，耶稣会的亚洲事业，在教会方面有罗马教廷支持，在世俗方面就由葡萄牙资助。1510 年，葡萄牙侵占了印度西岸的果阿，建成葡在印度洋最重要的殖民据点。翌年又攻下马六甲，作为在东印度群岛的战略基地。很快，葡萄牙商船便游弋在中国南部沿海，并在 16 世纪中期进取澳门和日本九州。以后欧洲耶稣会士前往东亚，都是先在葡萄牙停留，然后经果阿、澳门或马六甲，前往中国和日本。

沙勿略是耶稣会第一位海外传教士。他的任务，是前往果阿，为殖民当局提供宗教服务。但沙勿略厌恶殖民者在当地的堕落行径，他的理想始终是开辟新的天主教国度，因此在1542年抵达后，便热衷于向当地民众、特别是下层民众传教。尽管他获得底层欢迎，但在种姓等级森严的印度，他始终无法成功劝服统治阶层。在印度，他也从来没有想过要用当地语言传教。接受基督教，就意味着全盘接受欧洲文明（包括语言）。这更令当地精英层对他缺乏兴趣。

带着遗憾，1545年，他离开印度，前往马六甲和摩鹿加群岛传教两年。正是在此期间，他遇见了弥次郎。可以想象，当听说存在日本这样一个高度发达，又极具宗教精神的国家，沙勿略内心炽烈的宗教热情和对于东方基督国度的幻想立刻被点燃，他宁可放弃在印度的地位，也要去日本。

那么，一个完全不懂当地语言，连基本情况都没搞清的人，如何在这个陌生的国度传教呢？毫无疑问，在初期，他必须全力依靠弥次郎。鹿儿岛是弥次郎的故乡，沙勿略受到当地人的热情接待。经弥次郎翻译后的教义，民众似乎也很买账。而弥次郎对本土宗教的不满也的确是实情：长期以来，日本佛教宗派与政治集团相互介入，沆瀣一气，争权夺利。老百姓期待，也欢迎能带来真正精神慰藉的新信仰。直到对当地情况和日语略有了解后，沙勿略才发现其中的问题：弥次郎就像在马六甲和印度时那样，基本把基督教用佛教概念来理解了。比如最为关键的"神"（主）即拉丁文Deus一词，被弥次郎翻译成Dainichi（日语"大日"）。

而"大日"对日本民众而言太好理解了：这不就是真言宗常说的"大日如来"，佛祖的化身吗？再加上沙勿略从印度来，日本人直接把他当成是天竺高僧，来传播一个新的佛教宗派。

沙勿略再度陷入困惑：日本太复杂了，跟他想象的完全不同。时值战国，沙勿略曾想去京都面见"国王"，却发现"国王"根本不是那么回事。尽管经过一段时间，沙勿略的传教获得成功，但这时他又产生了新的想法。他知道日本的文章制度多取法中国，如果能成功将中国变成天主教国家，那么源正则流清，日本的基督教化不是顺理成章吗？于是，停留两年后，沙勿略重新整装出发。在前往中国途中，船到广东上川岛，他一病不起，于1552年去世。

所有人谈到基督教传入东亚，沙勿略都是绝对主角。但问题是：基督教真算是沙勿略"传给"日本和中国吗？换个角度看，难道不是弥次郎千辛万苦，主动"拿来"以救治家乡的吗？可是，说到弥次郎，似乎他一生最有意义的事情，就是作为逃犯，巧遇了沙勿略。沙勿略死后，尸身不腐，至今仍存放在果阿，供人瞻仰。他的事迹也很快神化，1622年被封圣。至于弥次郎的结局，我们知之甚少，有人说他在沙勿略离开日本两年多后，因宗教迫害再次出逃，当了海盗，后在中国死于倭乱。

耶稣会的成功学

沙勿略在日本只待了两年多时间，但这两年却奠定了早期耶稣会在日本的成功。他的传教策略，决定了天主教在东亚的早期命运，不但探索了欧亚之间文化交融的可能，也暴露了两者潜在的紧张关系。

沙勿略最初并不顺利。萨摩藩的大名岛津贵久本来准许他传教，但一年后又因佛教寺院的压力而禁止。他去京都谒见"国王"，根本也没有结果。这期间他开始了解日本国家、政治及文化。他发现，在这样一个经济文化发达、社会控制相对严密的国度，他的欧洲和印度经验很难移植。比如，过去强调安贫守节，和下层民众打成一片，但在街头空谈教理，实难打动很多人（他在萨摩的一整年只有一百人改宗）。而本地精英（大名、武士及僧侣）对社会有巨大的影响力，又对天主教义和欧洲最新的自然科学知识有极大兴趣，一旦上层人士接受天主教，下层民众很容易效法。

因此，从京都回到南方后，沙勿略彻底放弃了以前的方法。他脱下寒酸的教士袍，拿出最精美的衣服，从头到脚包装一新。再次去山口拜见领主大内义隆时，他带上几十位同样衣着鲜亮的随从，称自己是特使，呈上印度总督及果阿主教的信件，并献上新奇贵重的礼品，言谈举止中也处处体现他的贵族身份和教养。大内义隆果然转变对沙勿略的印象，马上允许他在自己的领地传教。沙勿略后来在给耶稣会的信中描述："在两个月内……我们在山口给约五百人施洗，而且人数每天都在增加。"

更为重要的是，沙勿略力求以日语进行日常交流和传教。他要用当地人熟悉的语言和概念，来让天主教和本土文化产生关联。他发现日本人聪敏好学，对事物的产生、运行规律有着极大的兴趣，他认为日本人是东方人中最为"理性"的。尽管让他们直接接受天主教的一些基本概念（譬如神恩或地狱）并非易事，但他们对自然知识有着强烈的好奇心。沙勿略向他们介绍地圆说、世界地理、天体运行乃至打雷下雨等等。这些新鲜的知识，从未载于日本人熟悉的中国经典或印度佛经中，不但解答了许多疑问，也为沙勿略赢得了日本知识人士的尊重。沙勿略当然没有忘记借此宣扬天主教，说万物之最终规律皆因创世之主。他更向欧洲同事汇报：渊博的知识可在日本人心中播下基督教的种子，为传教打开一条通途。

沙勿略的策略迎合了16世纪日本精英对外部世界的关心。战国时代，旧有秩序崩坏，领主相互攻伐。而军事竞争最终比拼的是武器和财富。沙勿略此时来到日本，他所代表的不仅是一种新的精神引导，更是日本封建主们急切需要的与欧洲贸易的机会。几年前的"铁炮西来"已经让欧洲火枪的声名远播列岛，而在和中国官方的勘合贸易中断后，葡萄牙商船带来了丰厚的海外贸易利润。

丰后国的大名大友义镇（宗麟）就对沙勿略极为看重。他请沙勿略前往丰后，主要目的是想通过后者结交葡萄牙国王，转达他送给葡国统治者的书信和厚礼。同时，他还请沙勿略带丰后国的使者前往印度，向印度的葡萄牙总督示好。作为交换，大友义镇许诺在他的领地内保护传教士和教徒。这对于沙勿略而言，当然是极好的消息。他在生前写给耶稣会的最后一封信中，兴奋地预测：

> 蒙耶稣基督垂青，我们在这些封国会大有收获，我对此抱有极大希望。像这样一个聪慧、温和、渴望教导、由正确的理性所指引，而又兼备其他优秀品质的民族，理应成为一片有望结出累累硕果的沃土，正如其从来所是。

沙勿略当初的预言很快就实现了。他离开日本时，已有大约八百名日本人接受洗礼，成为基督徒（日语音译为"吉利支丹"[Kirishitan]，后也称"切支丹"）。此后，耶稣会士源源不断进入日本。他们中不少人采取和沙勿略相同的方式，在扩大社会影响的同时，更注重上层路线，结交各地大名，利用耶稣会和葡萄牙之间的合作关系，向他们提供贸易和武器进口方面的便利。"吉利支丹"势力在与葡萄牙贸易频繁的南方迅速扩大。1563年，九州岛的大名大村纯忠受洗，成为第一位"吉利支丹大名"。1570年，他将辖下的一个叫长崎的地方奉献给教会，从此长崎开港，耶稣会士和其他欧洲人有了在日本的根据地，长崎也成为日本和欧洲贸易往来最重要的口岸。

随后，有马义贞、大友义镇、有马晴信、小西行长等一批大名受洗。封建领主的改宗，带动领地内民众大量附从。大村纯忠就命令领地内人口全部改宗，一度六万人成为"吉利支丹"。到了1582年，九州的天主教徒达到十三万。逐渐，天主教势力向北蔓延。大坂附近的大名高山右近，亦受洗成为著名的天主教大名，他推动域内教权急速扩张，甚至在日本禁教后放弃领地、出走菲律宾。

但一开始，并非所有耶稣会士都贯彻沙勿略的本土化路线，直到1579年另一位重要人物，耶稣会远东巡视员范礼安（Alessandro Valignano）抵达日本。他一改前任耶稣会日本负责人蔑视日本语言和文化、不培养本土神职人员的做法，订下严格规则：任何前来日本传教的耶稣会士必须学习日语，用日语传教。与此同时，他要求教会大力培训本地神职人员，对他们与欧洲传教士一视同仁。在他推动下，数家神学学校在日本设立。他还力劝几位吉利支丹大名，派出四位天主教少年为使节出访罗马，这个史称"天正遣欧使团"的访问团，走访了西班牙、葡萄牙和意大利等地，带回了当时欧洲先进的印刷技术，推动了基督教文献在日本的传播。此外，范礼安还把本土策略推向极致，规定耶稣会教士的行为、穿戴、举止必须合乎日本等级秩序，以便融入当地社会。结果导致高级神职人员生活奢华，在长崎外出都要带侍从等弊端。

范礼安的"融入"策略不仅施于日本，而且也用在中国。他在澳门即主张传教士要学习中文。1582年，他从印度果阿征召了几名年轻耶稣会士前往中国传教，其中就包括后来沟通东西文化的标志性人物、"泰西儒士"利玛窦（Matteo Ricci）。

当然，与本土文化的联系也产生一些问题。比如上一节曾提及：沙勿略传教初期，弥次郎以"大日"翻译天主教中的God（Deus），效果虽好，却属误译。普通日本人以为沙勿略的神和佛陀是一回事，佛门真言宗势力甚至欢迎他前来传教。沙勿略后来以Deusu来音译拉丁文Deus一词，人们才知道他所说的非但和真言宗半点关系没有，还和佛寺争夺信众和政治资源。这自然遭到僧侣们的强烈抵制，他们说Deusu其实就是daiuso（大谎言）。

这种矛盾其实有正反两面。失去部分精英层的支持，当然会对天主教传播构成障碍，但另一方面也让不少反佛教人士更愿意接受新宗教。沙勿略在给耶稣会的信中，花了很大篇幅描写僧侣的堕落、日本平民的不满，说那些在山口受洗的基督徒很热衷揭露和尚们的"把戏和骗局"。这种情形颇有些像早期文艺复兴时，欧洲知识分子对罗马教会的嘲讽。

而与佛教划清界限，反倒为天主教立于动荡的日本战国时代，赢得了一定空间。首先，日本佛门宗派和政治集团相互纠缠，深度介入权斗，尾大不掉，所以战国后期的几位霸主：织田信长、丰臣秀吉和德川家康，都曾不同程度地对反对佛教的天主教持宽容态度。曾火烧比叡山延历寺的织田信长，尤其痛恨佛寺插手政治，和耶稣会士们（特别是范礼安）颇有往来。另外，一些大名受洗之后，其宗教思想趋于极端，对佛教大加清洗迫害。典型的如大村纯忠，就禁绝域内的佛寺神社，甚至杀害僧侣和拒绝改宗的平民。

总的来说，耶稣会这套精英化、本土化策略，为早期天主教进入东亚开辟了一条有效的途径，开创了日本近代史上的"天主教世纪"。可这套策略也是双刃剑，同时埋下了日后日本和中国禁教的祸根。这是后话。

利玛窦规矩

"日本对面是中国，一个辽阔而尽享和平的帝国，"耶稣会士方济各·沙勿略在1552年写道，"葡萄牙商人告诉我们，中国在践行公正公平方面优于所有基督教国家。我在日本和其他各地见到、认识的中国人，和日本人一样肤白、机敏、求知。他们在智识上甚至优于日本人……我希望今年去中国，乃至面见皇帝。中国是这样的王国：福音的火种一旦播下势必燎原。此外，若中国人接受基督信仰，日本人就会放弃从中国人那里学到的教条……我开始深怀希望，神会很快为我们耶稣会及所有教团提供进入中国的通途，一片沃土将为所有虔敬神圣之人开放。"

沙勿略本人未能实现其宏愿便在广东外海的上川岛离世了。就在同一年，利玛窦在意大利降生。三十年后，这位年轻的耶稣会司铎受范礼安派遣，来到中国，从澳门、广州开始一路向北，且行且住,终于在 1601 年见到了明神宗万历皇帝。此后利玛窦长居北京十年,直至去世。利玛窦不仅仅是在完成沙勿略的遗愿:在中国传播基督教义;更为重要的是,他搭建了一座东西方文化交流的桥梁,不但把欧洲文艺复兴后的文明成果介绍给中国,也把中原文化经典引介到欧洲,促进了欧洲的人文主义运动。在他的示范下,一大批耶稣会士和其他教派教士前赴后继,包括艾儒略(Giulio Aleni)、汤若望(Johann Adam Schall von Bell)、南怀仁(Ferdinand Verbiest)、白晋(Joachim Bouvet)、郎世宁等等,为中西文化交流做出了卓越的贡献。甚至明清更替这样的大动荡,都并未让这种交流中断:16 到 18 世纪成为东亚历史上西学东渐、欧洲史上东学西渐的大时代。两者间的相互学习在康熙时期达到高峰。

和日本的"天主教世纪"不同,这个时期的中国未处于长期分裂状态,由上而下的官僚机制比较健全。南方各省虽然也热衷于海外贸易,但以全国范围而言,对葡萄牙贸易的需求显然没有日本割据诸侯那样强烈。因此耶稣会在中国的活动,和海外贸易的关联不像在日本那么紧,对政治斗争的介入没有在日本那样深,更未出现过领主一声令下、数万民众集体受洗的情况。从这个角度说,中国和天主教的对话,更多是在文化、技术和理念层面。

相关研究已经很多,这里不必详细展开耶稣会(和其他教团)为中国带来的丰富的科学、技术、文艺、宗教知识,以及由此催生的新世界观。仅提及一点:在利玛窦根据欧洲世界地图描摹、创制的《坤舆万国全图》中,"亚细亚"一词第一次出现在汉语文献中。随后"亚细亚"和其他一些新的地理概念一起,传入日本和朝鲜。东亚士人对于自己所处身的世界,以及自己在这个世界中的位置,有了崭新的概念。当然,我们还不能说,此时的东亚人已经有了"亚洲"身份认同。在16到18世纪,传教士们带来的亚洲和世界概念,还只是一套新的空间认知框架。

早期现代的亚欧文化交往,促使我们反思对这段历史的一些整体判断。交流的通畅取决于两项重要条件,一是中国对外来知识体系总体上的开放容纳态度——这点和认为中国"封闭保守"的传统认识相当不同;二是当时的天主教来华人士——特别是耶稣会士——对本土文化亦采取相对开放包容的态度。只有两个条件同时达成,交流才有可能。

经过沙勿略在日本的初期实践,本土化和精英化路线被范礼安确立为耶稣会在东亚的重要传教原则,而利玛窦则是这一原则的坚定实践者。如何吸引上层人士,并且找到天主教在本土的恰当位置呢?来华初期,利玛窦和多数传教士一样,把基督教比附于佛教。他着僧装,把在肇庆建立的传教场所命名为"仙花寺",行事低调谨慎。直到后来和当地文人深入交往后,他才意识到儒士对中国社会影响巨大,而佛教对于大多数儒士而言并不那么有吸引力。得到范礼安准许后,他脱下僧袍,蓄起胡须,完全把自己打扮成儒生的模样,并称自己因仰慕中国文化前来求学。

此举果然见效。以前,还只是少数士人见识过他渊博的数学、天文、地理知识和惊人的学习和记忆能力。但当他以儒士自居,以流利的汉语和典雅的文字与人交流,其口碑迅速在士人圈子里传开,以致他后来每至一地,文人学子争相求见,一睹风采。利玛窦"泰西儒士"的名号为他大大拓展了朋友圈,结交了不少高官贵胄。他能拜见明神宗,正得益于他们的帮助。

对中国文化和机制的深入了解,让利玛窦十分有技巧地处理天主教和儒释道三家的关系。他的选择很明确:佛道二家"于天主理大相剌谬，其不可崇"，而面对儒士，他则尽量弱化天主教的排斥性，避免他们视其为异端。他甚至宣称儒家与天主教本就是一回事，儒家世界所崇尚的天，和天主教的唯一神，本质上并没有什么不同。天主教教义，只是"天道"的另一种（更优秀的）表达方式而已。同时对教内同僚，他则强调不能以天主教原则，来否定儒家祭孔祭祖仪式，后者只是风俗而非宗教仪典。他对中国中原地区最重要的社会－政治－文化系统所采取的接纳、融合的态度，后来被清康熙皇帝称为"利玛窦规矩"。

利玛窦规矩，说到底，是两种异质文化相遇时的良性互动，是尝试相互适应的努力。这在中国历史上并不新鲜，但对于一直视伊斯兰崛起为威胁，又刚刚受到新教冲击的天主教欧洲而言，却是一个大胆的举措。正是在这种态度指导下，天主教的一些基本概念开始植根于汉语语境，而一些汉语词汇亦随之基督教化。

比如，利玛窦采用"天主""上帝"这种本土词汇，来翻译基督教的唯一神（God/Deus）。这一策略正显示了他所鼓吹的，基督教教义对中国而言并非外来思想，而是早就在中国古籍中存在。同样，他以"圣经"一词来翻译基督教基本经典（英文Bible一词源于拉丁语和通用希腊语，其原意即为"书"），明显也是套用儒学语汇。当然，他的这种翻译，在当时和后世都引发争议（如同沙勿略指出Deus不是"大日"一样）。但是，经过长时间的尝试、实践和探索，这些词语现在都成了固定译法。更主要的是，原来汉语语境中并不专属基督教的"上帝""天主""圣母""圣经"等词，现在已经基督教化了。

在他的影响下，一批中国士大夫开始接触欧洲科学，并由此接受了天主教，受洗成为教徒。最著名的，当属被后世称为"圣教三柱石"的徐光启、李之藻和杨廷筠。其中徐光启官至内阁次辅,不但是明后期最重要的政治人物之一,而且是一位百科全书式的科学家,在天文、历法、农政、水利、数学、兵学诸方面都有造诣。他受利玛窦教益很深,两人合译的欧几里得几何学(《几何原本》),为汉语数学界创造了一批沿用至今的概念,也改变了中国数学此后的研究方向。徐光启也一向认为天主教和儒家是相通的,当1616年有官员参奏天主教与白莲教有染,徐光启上书辩护,说天主教能"补益王化,左右儒术,救正佛法,裨益当朝"。

本土化的策略,首先要面对的难题,是本土人士能否接受。中国儒士对天主教的态度一直很复杂多元。像徐光启这样的主张融合的士大夫只是其中一类。随着天主教的发展壮大,很多人察觉到它有可能动摇儒学根本,开始严加警惕;后来其政治势力在朝中渐大,终于招致激烈反对。冲突的高潮,是清初杨光先挑起的中西历法之讼。杨坚信儒耶两者无法相容,要以儒学之正统来对抗天主教的"邪论"。他挑起争端,但本人却并无科学功底,最后完败于汤若望的欧洲历算知识。杨所谓"宁可使中夏无好历法,不可使中夏有西洋人",与其说代表了中国士人的保守性,不如说是映衬出明清之际,诸种意识形态和政治势力之间斗争的激烈。最终耶稣会一方取得的胜利,其实是以其科学上的先进性,暂时掩盖了意识形态矛盾。

1692年,清康熙皇帝颁布允许传教的诏谕,史称"容教令"。其中谓西洋人:

> 仰慕圣化,由万里航海而来。现今治理历法,用兵之际,力造军器、火炮,差往俄罗斯,诚心效力,克成其事,劳绩

甚多。各省居住西洋人，并无为恶乱行之处，又并非左道惑众，异端生事。喇嘛、僧等寺庙，尚容人烧香行走。西洋人并无违法之事，反行禁止，似属不宜。相应将各处天主堂俱照旧存留，凡进香供奉之人，仍许照常行走，不必禁止。

至此中西之间是双赢局面。在清帝眼中，西洋学问是国家利器，天主教徒只要不生事端、竭诚效力，其宗教大可成为帝国多元意识形态下的新元素。而对天主教徒，尤其是耶稣会士而言，学问虽是传教的手段，但产生的效果非同凡响：中国皇帝正式下旨，承认了基督教的合法地位。沙勿略逝世百年之后，他的理想，比任何时候都更近于实现。

逆转之夜：日本天主教的毁灭

16世纪后半期，天主教在日本发展势头迅猛。几十位大名改宗天主教，吉利支丹信众数十万，不但遍及九州和本州南部，而且逐渐扩张到本州中部和东北。对耶稣会传教的宽容政策，在织田信长死后，由丰臣秀吉继续。1583年，他甚至亲自在大坂划出一块土地给耶稣会，供建造教堂。日本关白和几位耶稣会上层教士之间，也有不错的私人关系。

然而，丰臣秀吉的态度，似乎在一夜之间发生转变。这里的"一夜之间"并不是修辞。1587年7月23日，刚刚统一九州的丰臣秀吉来到博多地方，在一艘葡萄牙商船上，再次会见了耶稣会日本教区负责人科埃略神父（Gaspar Coelho）。宾主相谈甚欢，丰臣秀吉再次允诺，在博多城赐给耶稣会一块土地。科埃略则向丰臣秀吉赠送了葡萄牙的美酒。半夜,科埃略突然被丰臣秀吉的信使叫起来,要他立刻回答几个咄咄逼人的问题:你们为什么要强迫他人改宗?为什么要捣毁佛教和神道寺院?为什么以马、牛这样有益的牲畜为食?为什么葡萄牙人要把日本人卖到海外为奴?

科埃略一头雾水,不知所措地回应说,传教士从不用暴力手段强迫日本人信教,除了偶尔吃牛肉外从不吃马(以后可以连牛肉也不吃)。他还把捣毁佛神之事归咎于天主教大名,并说耶稣会不支持葡萄牙商人的奴隶买卖。这些回应显然没什么用,丰臣秀吉的问题压根不是质询,而是斥责。

第二天,丰臣秀吉就下达了著名的《伴天连追放令》("伴天连"[バテレン]是葡萄牙语"神父"[Padre]的日译)。这份驱逐令起始便说,日本乃神国,而天主教则为邪教,命所有传教士在二十天内离境。但命令同时又说,葡萄牙人仍然可以来日本贸易。这道命令虽因实施困难,没有严格奉行(欧洲传教士们后来继续在日本存在了很多年),却是日本日后一系列禁教行动之始。

为什么天主教在日本的命运一夜逆转?丰臣秀吉表面的理由:斥佛神、吃牛肉、贩奴等等,当然都不是主因。据说那天夜里,亲信施药院全宗提醒他:天主教势力日渐扩大,又有像高山右近这样的实力大名拥护,早晚会成为威胁。驱逐令的文字,即出于曾为佛教徒、又是高山政敌的施药院之手。

但丰臣秀吉的转变,也不仅仅由于近臣间的内斗。实际上,丰臣秀吉对天主教的不信任早就有了,其猜忌正是来自于科埃略。一年前,科埃略在大坂拜见丰臣秀吉,丰臣秀吉向他透露攻打朝鲜和明朝之意,希望他能搞到两艘葡萄牙战船。作为回报,耶稣会可以在朝鲜和中国传教。急于讨好的科埃略不但一口答应,还吹嘘说，他能够调来印度的葡萄牙军队相助。

科埃略牛皮吹大，本是谄媚，但听者有心。和织田信长一样，丰臣秀吉对战国时代日本寺院势力介入政治十分敏感，他当然不希望天主教最后发展成新的政治宗派。在平定九州后，统一大业接近最终完成，此时的日本再也不是群龙无首、四散分裂。在权力逐渐重新集中之时，统一者格外提防祸起萧墙。丰臣秀吉不但强化对各大名的控制，而且在全国下达"刀狩令"，禁止民间私藏武器。前面提到过，天主教在日本的扩展，其实得益于分裂：各大名相互竞争，将天主教和耶稣会视为葡萄牙帝国的代理人，才为传教打开方便之门。正因此，耶稣会的早期成功也是其最大的隐患：因为很难和日本内外政治势力撇开干系，又与海外贸易和武器直接挂钩，它被视为威胁是很自然的事。总之科埃略的谄媚刺激了丰臣秀吉最敏感之处。

与此同时，耶稣会及葡萄牙在日本的成功，也引发西班牙和其支持的教团的觊觎。殖民菲律宾后，西班牙急切希望打开对日贸易。道明会、奥斯定会，特别是方济各会，也谋求在日本扩大教团势力。丰臣秀吉为开辟和马尼拉的联系，对代表菲律宾总督来访的方济各会传教士颇为客气。一时间，耶稣会和其他几个教团相互抵牾，把欧洲和天主教内部的政治争夺引入东瀛。

1596年10月，一艘从马尼拉驶往墨西哥的商船圣费利佩号，被风暴吹到日本土佐。丰臣秀吉派人查扣商船并讯问船员。结果大嘴的船长在回答讯问时，夸耀西班牙在全球的殖民业绩，并且透露说传教士总是征服先导。这下，丰臣秀吉更加认定，天主教在日本传播，背后是西班牙和葡萄牙对日本的殖民野心。他下令在京都和大坂逮捕了二十六名传教士和信徒，并在翌年2月，以违背禁教令为名,将他们在基督教大本营——长崎公开处死。此次"长崎二十六人殉教事件",揭开了日本大规模清洗、迫害天主教徒的序幕。

1598年,丰臣秀吉病死。经过一番权力重组,日本逐渐为德川家康收拾一统,于1603年开始了江户幕府时代。仍然出于贸易考量,德川家康开始对天主教并未严格禁止,反而让受西、葡两国支持的天主教团获得相对宽松的发展环境。但此时日本国内国际形势,都和战国时代完全不同了。国内方面,德川家康一步步巩固政权,不但排除政治异己,也强化对外贸易管理(如给从事外贸的商船颁特许朱印状,并组织重要口岸商户统一葡船生丝进价)。在此过程中,日本国内一些天主教大名及武士被排挤到对立面,使政治斗争带上了宗教色彩。意识形态领域,德川家康立儒家理学为正统,并逐渐恢复备受打击的寺院势力;同时儒、佛与神道之间亦有相互合流。这些对天主教来说都不是什么好消息。

国际方面,在西、葡之外,英国和荷兰也打开了和日本的贸易通道。作为新兴的新教国家,英、荷与西、葡在政治和贸易上敌对竞争。1600年,一艘荷兰商船登陆日本,船上的英国人威廉·亚当斯(William Adams)因给幕府造船有功,成为德川家康的外交顾问,并被封为武士,赐名"三浦按针"。亚当斯告诉德川家康,除了天主教外,基督教内还有新教,新教国家并不热衷传教,宗教和贸易也是脱钩的。而天主教国家往往通过传教来征服别国。

在此情况下,日本执政者对天主教不再像以前那样容忍甚至鼓励,渐渐把介入政治过深的吉利支丹势力视为安全隐患。几次偶然性事件之后,幕府终于1614年决心禁教,各地加快搜捕天主教传教士和教徒，制造多起迫害事件。1620年，二代幕府将军德川秀忠当政期间，一艘带有朱印状的日本商船，在台湾海域遭英荷联合舰队缉拿、货品被没收，双方把官司打到长崎。本来是英荷在海上巧取豪夺，却因日本商船内藏有两位传教士而演变成政治事件。结果1622年，船主平山常陈和传教士惨遭火刑，船员被斩首。以"平山常陈事件"为导火线，一个月后，五十五名传教士和信徒在长崎被处死，史称"元和大殉教"。

此后幕府的禁教愈加严苛，不但传教非法，信众也必须弃教。为了加强社会控制，幕府推行"寺请－檀家"制度，利用遍布各地的寺院，登记当地人口，监控地方社会。在天主教最早传入、浸淫最长的南方，其影响很难在短期内消除。1637年，九州岛原地区的民众不堪领主的残酷剥削，揭竿而起。"岛原之乱"是日本最大规模的农民起义。虽然不纯由宗教而起，但因起事者多为吉利支丹、领袖亦以教为旗，使得这场变乱颇有宗教战争的性质。1638年，幕府征调十几万大军镇压，约三万七千名反抗者鲜有幸存。

这次大规模叛乱彻底地断绝了天主教和幕府之间任何缓和余地。自此，幕府禁教更为决绝。与此配合的，是前后一系列断绝与西班牙和葡萄牙往来、禁止日本人私自出海的政策。1644年，在罗马加入耶稣会并获得神父职位的小西曼施欧（天主教大名小西行长的外孙）被捕殉教，自此日本再无神父，由弥次郎和沙勿略带来的日本"天主教世纪"正式结束。内心不愿弃教的教徒只能转入地下，在与天主教世界隔绝的两个多世纪里，秘密传递先辈的信仰，直到明治维新时代。

隐匿的基督徒

2017年初，马丁·斯科塞斯的影片《沉默》终于在美国上映了。众多影迷期待这部片子已经快十年，当初确定的演员名单，已全部换了一茬。在1988年的《基督最后的诱惑》中，斯科塞斯大胆又深刻地探讨着人性与神性之间的关联，那么，在这部以17世纪日本天主教为背景的影片中，他又将提出怎样的纠结命题呢：宗教与政治、信仰与背叛，还是东方和西方？

《沉默》改编自日本作家远藤周作1966年出版的同名小说。问世五十多年来，《沉默》不但被公认为远藤最著名的作品，而且也是日本，乃至世界文学界最具冲击力的宗教文学作品之一。以至于谈起日本和基督教的关系时，这本不长的小说，是绕不过去的文本。

情节虽是虚构，《沉默》却基于真实存在的人物和历史事件。故事的起因是：17世纪初，葡萄牙派往日本的耶稣会高级教士费雷拉宣布弃教。费雷拉在耶稣会以博学、坚忍著称，他的学生们不敢相信这个消息。于是以罗德里格斯为首的几位青年教士，冒险来到日本，以期解开这个谜团。小说即以罗德里格斯等在日本的历程为线索：一路上，他们目睹了岛原之乱后，幕府对天主教徒的严密搜捕和残酷折磨。他们受到本地隐匿教徒的保护，也因告发而被捕。在极端境遇下，罗德里格斯终于见到了费雷拉神父，发现后者不但弃教，而且改名"泽野忠庵"，成了幕府禁教的工具……

相比于中国和朝鲜，日本19世纪前的基督徒（切支丹/吉利支丹）所遭受的迫害要惨烈得多。在德川幕府连续不断、日趋残酷的禁教过程中，不但传教士和神职人员被捕受刑，普通教众一旦被抓，更要被逼弃教，否则就被酷刑折磨。《沉默》中提到的一些酷刑，是在那个时代的日本真实存在过的。比如以沸腾的温泉水浇身（云仙地狱），比如将人捆在柱子上置于海中，任涨潮淹至口鼻（水磔）。刑罚的目的不在处死而在于缓慢折磨，让受刑者因极度恐惧、疲惫和痛苦而最终屈服。

最为骇人的刑罚是"穴吊"：将人捆缚脚踝倒悬，头置于污秽的洞穴中，在耳后割出小孔，这样血液会慢慢流出而不致速死。受刑者如不弃教，将哀号几日直至力尽气绝。历史上的费雷拉神父，据说就是在受穴吊五个多小时后，最终弃教。《沉默》中的场景则更为揪心：神父被迫目睹教民受刑，只有宣布自己弃教，才能救下无辜。

弃教的仪式，则是脚踏圣母及耶稣像，称为"踏绘"。幕府在教众聚集的社区路口，放置踏绘，以此甄别教徒与非教徒。再加上德川幕府早期设立的"寺请-檀家"制度，以佛寺监控当地人口，国家-社会联手，确保"吉利支丹"无一漏网。

《沉默》可以看成是远藤周作的心灵拷问，他借书中不同人物之口，苦苦追问，上帝为什么在日本教徒经受巨大身心磨难之时，仍保持沉默？他需要为历史上众多教徒的牺牲找到意义。最终，小说提示读者，主的真义正隐含在弃教中，坚信的力量恰躲藏在背叛后。日本的天主教在17世纪沉寂了，但信仰没有沉寂。这是身为20世纪天主教徒的远藤周作对这段痛苦历史的阐发。

在现实中，的确有一批日本天主教徒，面对残酷的清洗，表面弃教，私下将自己的宗教伪装起来，隐藏在众多佛教信奉者之中，在隔绝秘密的状态下传递信仰。这批人藏匿了两百多年，直到明治维新，基督教合法化后，才公开了身份。他们后来被称为"隐匿基督徒"（隠れキリシタン）。在20世纪30年代，他们的人数大约在三万左右，多居住在九州的长崎一带。

在20世纪，"隐匿基督徒"是令社会学和人类学学者非常着迷的研究对象。学者们好奇的，不但是这些人的组织形式和传教系统，更在于他们所信奉的那个信仰体系，如何在极度严苛的环境中生存、转换、变形、维系。

禁教之后，日本上层已不可能再有教徒，残余的教众多是下层的农民或渔民。他们或集体躲避于外海小岛（如九州的五岛），或小规模聚居在其他地方。由于不能持有《圣经》或其他印刷文本，教义与仪轨多在家族内口口相授。久而久之，基督教对于隐匿者而言，已不是一种外来宗教，而是混杂于家族传统和祖先崇拜之中。而且因为所有居民至少在表面上都要在佛寺举行法事，并参与神社的祭祀，于是不可避免地，基督信仰和佛教及神道相互融合。

很典型的例子就是圣母玛利亚形象的转化。在隐匿基督徒群体中，玛利亚与观音菩萨的形象看起来并无二致，其怀抱中的耶稣基督，恰合"观音送子"的意象。或许只在不显眼的地方，会有一个小十字架，暗示着这尊偶像的实际身份。这种变形既是出于自我保护的需要，恐怕也是在封闭环境中本地化的结果。与此类似，宗教仪式也在这样的条件下以变形的方式延续。比如圣餐礼中代表基督血肉的红葡萄酒和面饼，被清酒和米饭替代。而清酒和米饭亦经常用于神道祭祀。

也有一些内容被完整保存下来。日本一位学者长期研究隐匿基督徒的弥撒颂歌，有一首起初总也找不到出处。后来经过多年在欧洲寻访，他终于发现，那是16世纪西班牙某个地方的圣颂。

也就是说，四百年前曾有一位出身该地区的传教士来到日本，他带来的声音被那些隐匿的信仰者一代又一代口头传承，尽管他们没人知道它的意思。

为什么在禁教的日本，上层精英——耶稣会最早依赖的对象——或被迫或自愿弃教了，而这些底层人却如此坚忍地抱持信仰？远藤周作《沉默》中一个重要人物——吉次郎，就是这样一个草根。他胆小、懦弱、卑微；他出卖了罗德里格斯，却又反复回到他身边，始终追随。上层人物们或许更多看到的是基督教带来的权力和利益，而对卑微的农民和渔民而言，早期基督教带来的精神慰藉是不曾有过的，乃至世代相守。正是在被否认和被拒绝中，基督教透过这些弱者，在委屈中坚忍，融化于日常生活里。

如今的日本，当然不再有人迫害基督教了。但那些隐匿基督徒的后代，却面临另一个问题。他们的信仰完全公开了，但这信仰究竟是什么呢？对于宗教社会学者来说，他们的宗教实践在基督教中应有独特的价值。但在重新来到日本的教会和传教士眼中，这种实践竟然和祖先崇拜、佛教、神道纠缠不清，显然是异端。对于隐匿基督徒而言，他们的宗教生活从来独立于教会，侍奉上帝是和敬奉祖先一体的，更与两三个世纪以来的本地生活化约在一起。就算教会愿意接纳，他们又是否愿意"回归"呢？这是一种双重困境。在宗教以自由的名义被重新规范的年代，隐匿基督徒人群被再度边缘化；而随着现代生活方式的打开，他们的人数更日益稀少。

作家张承志谈到隐匿基督徒，说："尽管念着奥拉颂，但他们也做着佛事。盂兰盆、守夜、彼岸、佛教的仪礼同样不可或少。他们念着奥拉颂，但不离开观音。他们重视自己是隐藏切支丹，但更在意自己是普通日本人。"可是从沙勿略和弥次郎的时代到现在，"日本人"和"基督徒"这两重身份，似乎始终存在着某种张力。远藤周作的作品，正是借历史来映射他内心深处的焦虑。另一位著名的现代基督教思想家内村鉴三，用更为直接的《两个J》来表达这种紧张："我所爱的，只这两个J：一是耶稣（Jesus），一是日本（Japan）。我不知更爱哪位，耶稣还是日本。我的同胞憎我，因耶稣信仰之外来；外国教士恶我，因日本民族之狭隘……耶稣与日本，我的信仰不是只有一个中心的圆，而是有两个中心的椭圆。"

斯科塞斯的电影是否阐发出这些多重、复杂的矛盾困境了呢？看过片子后，观众自会有自己的评判。这种困境不为日本独有，在东亚其他地方，也不同程度地存在着。

门外人议屋内事：中西交流之殇

德川幕府严酷打压天主教之时，正是满洲崛起、天下格局重塑之际。中原的耶稣会士们在变局中采取灵活立场，并以出色的科学、技术才能，获得清政权的信任。天主教在日本几乎绝迹，却在中国渐入佳境。1692年康熙皇帝的"容教令"标志着最高统治者对它的认可，基督信仰在新的天下格局中正式获得一席之地。

由于近代中国被侵略、殖民的历史，很多人将中国的失败，归咎于清代统治集团闭目塞听、夜郎自大，不与"先进文明"交流，由此得出"中国封闭保守"之说。而清阻碍文明交流的主要例证，即后来严禁欧洲传教士活动，致使从明末开始的现代科学技术东输，被强行中断。

那么，为什么清廷由容教变为禁教？是不是因为中国人（或满人）的保守和自大？简单整理一下其中的原因和经过，有助于理解中国的近代命运，乃至现代中外关系的形成演进。

1693年，就在康熙夸奖西洋人"并非左道惑众，异端生事"、下旨容教的第二年，事端就来了。掌管天主教福建代牧区的宗座代牧、巴黎外方传教会教士阎珰（又作颜珰，Charles Maigrot，1652—1730），在福州下令，禁止教众祭祖、敬孔，不许读四书五经。他还派出两位教士回罗马，一面上书教宗，一面请巴黎大学的神学教授做权威认定，指在华耶稣会教士容许敬天祭祖是违背基督教义。对此，耶稣会教士不得不上书康熙，请皇帝本人认定：中国的祭天、祭祖、敬孔乃是风俗，无关迷信。得到首肯后，他们将中国皇帝的回复寄给罗马，以回应指责。阎珰此举，不但在当地教众中引起不满，而且令原本在天主教内部讨论的"中国礼仪之争"公开化了。

所谓"中国礼仪之争"其实早已有之。在利玛窦以"天主""上帝"翻译Deus，并力证儒家与基督教可以相融的时候，耶稣会内部就有反对意见。只不过经过数次讨论协商，对中国有深入理解的耶稣会教士们，总体倾向于同意"利玛窦规矩"，特别是认为中国礼仪无违教义。所以在天主教入华早期，礼仪之争相对和缓。

作为新兴教团，耶稣会靠着葡萄牙与教廷的同盟，在欧洲和海外殖民地的影响力一度如日中天。但到了17世纪后期，耶稣会在天主教内部开始遭受排挤。随着葡萄牙国力渐衰，法国成为教廷最倚重的国家。罗马开始将海外宣教任务委托给一批法籍教士，他们慢慢形成了后来的巴黎外方传教会。该会教士普遍有为法国服务的意识，他们和本就对耶稣会不满的老牌修会道明会、方济各会等合流，成为天主教内部反耶稣会的势力。从某种意义上说，

"中国礼仪之争"本是天主教世界争夺、倾轧的工具,在表面的神学论争背后,是耶稣会内部、耶稣会与其他团体,以及天主教国家间复杂的政治利益纠葛。

阎珰之前,道明会和方济各会的修士就有过类似的禁礼举动,各方也都将官司打到罗马,希望教廷能够就中国礼仪问题有个说法。但因不同教宗对耶稣会态度不同,此前的几项律令多有抵牾。阎珰 1693 年挑起的波澜,令 1700 年继位的新教宗克莱孟十一世(Pope Clement XI)决心解决此问题。最终,这个教会内部争论,演变成了罗马教廷和清廷之间的冲突。

克莱孟十一世派出亲信、都灵人多罗(Charles-Thomas Maillard De Tournon)为特使前往中国。多罗在法国人护送下,绕开葡萄牙,驶往印度和中国。使团于 1705 年春抵达澳门,一路北上,受到教团和清廷的热情接待。康熙对此次特使来访非常重视。多罗到达北京后病倒,康熙多次下旨关切,派员看望,并赏赐礼品。从 1705 年底抵京到翌年 8 月离开,特使受到康熙多次召见,并一起游园,但双方始终没有建立信任。皇帝数次询问特使是否为礼仪问题而来,并主动解释敬祖并非迷信;多罗则不敢把自己来访的目的据实相告。其实,就在多罗登陆中国前不久的 1704 年底,教廷已经做出决定,禁止教徒祭祖祭孔,除"天主"外,也禁止用"天""上帝"等语,此事已通过马尼拉通知了多罗。

1706 年 6 月,多罗把挑起此轮论争的阎珰从福建叫到北京,让他和在京耶稣会士讨论,双方激辩之下毫无共识。听说阎珰到京,康熙皇帝下旨令往热河行宫觐见,要他说明如何解释中国经书。阎珰虽不情愿,也只好从命,并带了两位中国教书先生随行。

觐见很有戏剧性。阎珰只会闽南语,对答须由另一位教士翻译。康熙指着座后"敬天法祖"四字，问"汝认不认识"；阎答只认得一字。随行的教书先生跪奏，说阎在解释经书时不听他们，只听一西洋人的。皇帝又问及他曾论儒家与天主教不同，意义何在？阎不能答。康熙当然恼怒，会面后下旨骂道："愚不识字，胆敢妄论中国之道。"翌日又谕告多罗，说阎珰"既不识字，又不善中国语言，对话须用翻译，这等人敢谈中国经书之道，像站在门外、从未进屋的人，讨论屋中之事，说话没有一点根据"。

自知已无回旋余地，多罗只好离京。随后阎珰等也被逐回国。多罗南下南京后，向在华传教士传达教廷禁令，严厉警告说违抗者将被开除出教会。他后被放逐澳门，被葡萄牙人囚禁，直到1710年去世。他的命令引发在华教众极大不安，甚至有耶稣会士拒绝执行。

康熙虽然恼怒，但此时尚无禁教之念，认为多罗等只是不了解中国国情。为消除误解，他在1706和1707年先后派出四位耶稣会士作使者，携带诏书，赴教廷解释。但其中两人死于海难，另两人虽见到教宗，却反遭软禁。1715年，克莱孟十一世颁布《自登极之日》通谕，重申不许中国教徒用"上帝""天"等语，不许挂"敬天"匾额，并禁祭孔祭祖，丧事亦不得行礼。耳闻此事的康熙仍没有失去耐心，又命在华教士通过各种途径（包括通过俄罗斯）传递消息，寻找几年前派往罗马的使者。教廷此时已了解禁礼之令引发严重后果，听到康熙的寻人启事，觉得有必要再次遣使。1719年，教宗任命嘉乐（Carlo Ambrogio Mezzabarba）率庞大使团赴华，容许他在具体做法上稍有通融，但禁令原则不可更改。

康熙对使团仍然礼遇有加，接见嘉乐达十三次之多，亲自向他解释儒家礼仪。同时也明确说，如果教廷执意禁礼，你们传教士也没必要留在中国了。一次会面时,康熙故意问:我看你们西洋画里,有长翅膀的人。嘉乐回说,那是寓意"天神灵速如有羽翼",不是真有此人。康熙接着说:"中国人不解西洋字义,故不便辨尔西洋事理;尔西洋人不解中国字义,如何妄论中国道理之是非?朕此问即此意也。"但就在关系略有缓和之时,康熙读到了逐条翻译出的教廷禁令,他深感失望,亲笔批道:

> 览此告示,只可说得西洋等小人如何言得中国之大理。况西洋人等无一人同(通)汉书者,说言议论,令人可笑者多。今见来臣告示,竟是和尚道士、异端小教相同。彼此乱言者,莫过如此。以后不必西洋人在中国行教,禁止可也,免得多事。

此后嘉乐力图圆转通融,但终于没有打动康熙。禁教令起初执行不严,到雍正时代才稍为严格,到乾隆时期又时严时宽。虽然地方上有一些迫害事件,但几位清帝并没有像德川幕府那样大肆捕杀教士和教徒。相反,不少教士继续任用,如1715年来华的郎世宁。耶稣会士还继续主持了著名的全国地图测绘。可是无论如何,原有的文化交流无疑受到很大破坏,这对中欧两方面而言,都是十分遗憾的事情。

平心而论,清帝对天主教表现出难得的开放和宽容,所虑者无非它会不会堕入邪教旁门、惑众生事。须知清帝身兼数种宗教礼法的最高权威:满人的萨满教、蒙藏的佛教,以及中原儒道,都是帝国极为重要的政教支柱。天主教极端排斥佛道和民间信仰,却尚能见容于崇奉萨满教和藏传佛教的清帝,这一部分归功于利玛窦及其追随者的合儒策略,更多则体现统治者的包容心胸。前文曾说，清代天下的多元性，前提是多元之间不互相排斥，且能够统一在对"天命"的崇奉之下。而礼仪之争中的教廷，恰视儒家根本为异端，并否认东亚世界中"天"的合法性，等于对东亚的多元文化全部釜底抽薪。

康熙禁教，是对教廷屡次沟通无效后的无奈回应。他始终认为，麻烦制造者，只是那个"中国字不识五十个"的阎珰，一定是他逃回罗马后搬弄是非，致教宗谕令竟与阎珰当年所奏一字不差。康熙指责阎"乃天主教之大罪，中国之反叛……被逼中国大小寒心，方知佛道各种之异端相同乎"。言语中竟有痛惜之意。

他不会想到，发生在罗马和北京的争端，不过是天主教世界内部政治斗争的口实。耶稣会建立的交流平台化为乌有，自身也难保。1773年，在西班牙和法国的压力下，罗马教廷取缔了耶稣会。这个曾为沟通欧亚做出巨大贡献的教团，在其后近四十年里，被自己誓死效忠的教宗认定为非法。

北堂的不速之客：天主教在晚期朝鲜

1784年，旧历正月，北京北堂。对法国耶稣会教士梁栋材（Jean de Grammont）来说，这个冬天略显漫长。自罗马教廷宣布解散耶稣会，他就一直等待接替他的遣使会教士前来，接收这处耶稣会资产。可他们迟迟未到。农历新年前后，却来了不速之客：一位年轻的朝鲜人。

年轻人说自己叫李承薰，是随这一年的朝鲜冬至使团进京的。他的父亲李东郁是负责记录行程见闻的书状官，给他在使团里谋了个闲职。但李承薰心里却另有目的：受好友李檗所托，他要利用这个机会寻访在京天主教士,求学问道。他先去了当时更为知名的北京南堂,但那里因火灾正在重修。听说还有个北堂,他赶紧就过来了。神父接待了这位朝鲜青年,向他传授、解释了天主教义。使团逗留的几十天,成了李承薰的神学速成培训期。他在此领受了洗礼,今人大多把他称为朝鲜第一位天主教徒。

不过严格讲,李承薰很难说是"第一位"。早在近两个世纪前,天主教就来到朝鲜半岛。那是在丰臣秀吉侵朝战争时期,吉利支丹大名小西行长率军长驱直入。小西手下将士多随他入教,为安抚军心,他调来两位耶稣会教士。虽没有证据证明,这两位教士曾向本地人传教,但很有可能,那些朝鲜战俘和被日军掳掠的平民,已经接触了天主教。战后,为数不少的朝鲜人被撤归的日军掳回,他们中一些人受洗成为最早的朝鲜教徒。在1622年"元和大殉教"中,有几位殉道者就是朝鲜人。幕府禁教后,朝鲜很难再从日本方面接触到天主教了,但从中国方面的渗透则不绝如缕。

1636年,皇太极第二次入侵朝鲜,迫使后者切断与明朝的宗藩关系,转奉清为上国。朝鲜王储昭显世子以及弟弟凤林大君(后来的孝宗)被扣在沈阳为质。清军入关后,昭显世子在北京居留数月,其间与耶稣会士汤若望颇有交谊,对西洋科技和基督教表现出兴趣。他在给汤的信中表示,回国后要把获得的科学及教理书籍刊行于世。1645年,清送还世子回国,他不但带回了汤若望所赠的书籍礼品,还带回几名已经受洗的前明宦官和宫女等。可惜世子回国未几便暴毙,所带回的书籍等也没有对当时的朝鲜产生影响。

基督教教义是通过后来出使清朝的朝鲜使团,以"天学"的名义引入半岛的。朝鲜频繁遣使,一个重要的目的是搜集中原情报和书籍。明清之际耶稣会士带来的天文、地理、历算等知识,以及他们撰写或翻译的天主教文献(包括利玛窦的《天主实义》等),当然不会被目光敏锐的燕行使团放过。再加上清朝重用西洋教士,在诸多领域引入欧洲方法,一时成为中原知识界显著的新动向。朝鲜的文人士大夫在接触到欧洲科技后,也对西洋传教士充满兴趣,一旦有机会赴北京,必要去一些传教士那里走访。一来二去,朝鲜士人逐渐认识到,所谓"天学"不仅是一种新的学术,背后更有一整套新的宇宙观和价值观。

虽然和日本及中国的士人一样,朝鲜人也是由对科学知识的爱好而接触到天主教的,但和中日不同的是,朝鲜最早形成的天主教团体,完全是自发组织,并没有欧洲传教士给他们布道讲解。他们的聚会有点像文人间的雅集,在讨论儒家经典的同时也讨论西学。其中,李檗虽不是最早接触天学的,后来却成为天学团体的核心,李承薰、丁若铨、丁若镛、权日身等集聚其中。他们很多是在党争中受排挤、政治上相对边缘的人物。在思想意识上,倾向于少谈空洞抽象的理学哲理,而以对现实有益的学问来救治政治和社会问题。和主流士人不同,他们不再简单视清朝为胡虏,而主张要向清朝(以及西洋)学习。所以,"天学"在这批士人中受到欢迎,是和所谓"实学"意识在朝鲜的兴起相辅相成的。

直到1784年李承薰受李檗之托到北京,这批人中才有了第一个受洗的教徒。李承薰回国后,再给李檗施洗,就这样天主教圈子逐渐扩大。到了第二年,他们把聚会场所从李檗家挪到了另一位教友在明洞的家中,起名"明礼坊"。这里后来成为天主教首尔教区明洞圣堂所在地,被认为是韩国天主教的诞生地。

和东亚其他两个国家一样，朝鲜官方对于西洋知识并不排斥，但对于天主教的意识形态十分警惕。朝鲜以儒家理学立国，在思想方面管控甚严。严酷的政治斗争，往往以理学斗争的面相展示，而任何质疑理学的言论，都被视为异端。"天学"中本就包含和儒理格格不入的地方，天学团体士人的党派倾向又很明显，因此受到审查、被加以异端之名打压，是再正常不过的事情。明礼坊很快被告发、捣毁。不久，李檗郁郁而亡。

此后，李承薰成为朝鲜天主教领导人物。他用自己不多的教理知识，搞起了本土教会，自行任命主教、神父，并举行教会仪典。后来他们才知道，这些做法是违反教会规定的。1789年，他们委托全罗道出身的教友尹持忠到北京求助于主教汤士选（Alexandre de Gouveia），汤果然回复说他们只能施洗，不能举行仪式。又过了两年，尹持忠丧母，他和同为教徒的表兄权尚然，坚持按天主教方式行丧礼，还烧毁了祖先牌位。这一举动的非儒意味过于明显，当然引起朝鲜当局坚决弹压。尹、权二人拒不弃教，被处死。

在此背景下，汤士选一时不敢贸然向朝鲜派出神父。直到1794年，他才指派巴黎外方传教会的中国籍神父周文谟，装扮成朝鲜人，潜入半岛，秘密传教。周文谟的到来，改变了朝鲜没有教会体系的局面。同时他打破两班、中人、常民、贱民的区隔，广泛发展信徒，一时朝鲜教众人数迅速增长。朝鲜政府视"无父无君"的天主教为邪教，大力搜捕周文谟。1801年，已经逃至鸭绿江边的周文谟，听闻数百名教徒因他被捕，心中不忍，遂回汉城自首。他和李承薰等被斩首，丁若镛等多人遭流放。此次教难，史称"辛酉邪狱"。

辛酉教难中发生的最戏剧性情节，大概要算"黄嗣永帛书"了。黄嗣永是位进士，1791年受洗。1801年，为了解救被捕的朝鲜教徒，26岁的黄嗣永试图向北京的汤士选主教送去一份长篇帛书，不想被查获。这封密信长达一万三千三百多字，里面详细控诉了朝鲜历年的禁教事件，以及此次教难的党争背景。最要命的是，他竟然建议教宗派兵逼使朝鲜容教：

> 本国兵力本来孱弱，为万国末。而今升平二百年，民不知兵。上无长君，下无良臣，脱有不幸，土崩瓦解，可立而待也。得海舶数百，精兵五六万，多载大炮等利害之兵器，兼带能文解事之中士三四人，直抵海滨，致书国王曰：吾等即西洋传教舶也，非为子女玉帛而来，受命于教宗，要救此一方生。贵国肯容一介传教之士，则吾无多求，必不放一丸一矢，必不动一尘一草，永结和好，鼓舞而去；不纳天主之使，则当奉行主罚，死不旋踵。

可想而知，当这封书信被查出，天主教的威胁，已经不是礼仪、意识形态层次那么简单了。它竟能让一位士人里通外国，篡逆谋叛，俨然是安全大患。朝鲜对天主教的政策，越发只能有坚决"斥邪"这一条了。

相对于中国和日本，早期近代的朝鲜，与欧洲接触的通道最为有限，看上去似乎也最为保守。但即使如此，从和基督教关系的角度看，朝鲜绝非一个纯然封闭的"隐士之国"。甚至正因为接触的手段有限，一些朝鲜士人对西学和天主教的态度，才更为主动进取，而不是被动接受。朝鲜知识分子借助中国吸收了大量欧洲文化和思想，现代朝鲜身份意识的形成，除了来自明清鼎革的冲击外，来自西学的刺激更是一个重要诱因。

到了 19 世纪后期，朝鲜被迫斩断与中国的传统纽带，继而被日本吞并。此时，外来的基督教（包含天主教和新教）以一种抵抗性姿态，在独立运动和民族意识塑造方面，发挥了巨大作用：很多反日独立人士，都深具基督教背景。基督教与韩国民族国家建设的过程紧紧相扣，也在后来的民主化运动中扮演重要角色。1784 年北堂相遇二百多年后，韩国不但成为东亚世界最为基督教化的国家，也是世界上最热衷传教的国家。

"锁国"神话的背后

从来讲 16 到 18 世纪的欧亚交流，重点都是欧洲人以各种各样的目的来到东方，而反向的游历则很少提及。这当然不是全景。此时到访欧洲和美洲的日本和中国人，虽然数量上相对不多，有官方记录的也少，但欧亚往来绝不是单向的。其中两次官方遣使值得特别提及：一是 17 世纪初日本派出的支仓常长使团，一是康熙年间的樊守义之旅。他们一个向东跨越太平洋，一个向西穿过印度洋，都经由美洲殖民地而至欧洲。

支仓常长（1571—1622）出身本州东北，是仙台大名伊达政宗的家臣，早年曾参与丰臣入侵朝鲜的战争。他于 1613 年受命出访欧洲，1620 年返回日本。这次出访的背景，是当时日益密切的西班牙与日本之间的贸易关系。相对于葡萄牙，西班牙是开拓日本市场的后来者，一开始自然掣肘不少。不过早期德川幕府为平衡葡萄牙和耶稣会士的势力，同时也为开展和菲律宾及墨西哥

(当时叫新西班牙)等西国殖民地的贸易,有意引入西班牙的力量。1611年,幕府任命一位方济各会士带领一些日本人出访新西班牙,拜会当地总督。总督亦派使回访,回访的使节在回程中遭遇风暴被迫返日。为将他送回,幕府委托伊达政宗建造船只,派使团随往。此次遣使的目的地不但是新西班牙,而且还要去西班牙本土和罗马。这项任务就落在伊达近臣支仓常长身上。

在1612年首次出海失败后,翌年10月,支仓常长带着约一百八十人的使节团(二十二名日本武士、一百二十名日本商人和船员,以及约四十位西葡人士),经马尼拉驶往美洲。宗教在此次使命中扮演重要的中介作用。伊达政宗在给教宗的信中,除了希望日本和墨西哥通商外,还许诺将在自己领地内为传教提供方便。在担任副使的西班牙方济各会士索特洛(Luis Sotelo)看来,伊达虽未受洗却已接受教义,遣使的目的甚至主要是为了宗教。

经过三个月航行,支仓使团于1614年1月抵达墨西哥的阿卡普尔科。在那里停留了半年后再度出发,经过近四个月的颠沛航行,到达西班牙。支仓向国王腓力三世(Philip Ⅲ)递交了伊达政宗请求贸易的书信。逗留期间,支仓接受洗礼,并得教名"费利佩·弗朗西斯科"。1615年11月,支仓经法国来到意大利,于罗马拜见了当时的教宗保禄五世(Pope Paul Ⅴ),再次传达了希望通商和派遣传教士的要求。使团所到之处,受到热烈关注,一些在欧洲人看来新鲜的生活细节(比如使筷子和用纸擤鼻涕)也被津津乐道。

支仓在欧洲待了两年,1617年启程,经由西班牙和墨西哥回国。等他到岸时,已经是1620年。此时的日本和七年前他离开时大不一样了。就在他动身的第二年,幕府明令禁教,和西班牙的贸易关系也因此受到影响,直至后来彻底断绝。由于时势变换,支仓没能成为改变日本的人物,但他的出使毕竟让欧洲面对面了解了日本,也充分体现近世日本对世界抱持的进取态度。

康熙皇帝遣使赴欧,发生在支仓使团出访欧洲近一个世纪之后。由于罗马教廷和清廷在天主教能否容纳儒家祭礼的问题上争执不下,康熙先后派遣多名耶稣会士前往罗马,希望与教廷沟通解释。其中一位使臣,是法国耶稣会士艾若瑟(Joseph-Antoine Provana)。随同艾若瑟赴欧的,有一位出生于山西平阳的中国天主教徒樊守义(1682—1753)。

他们一行1707年从澳门出发,先抵达葡萄牙占领的婆罗洲、马六甲、苏门答腊等,然后一路西航三四个月,跨越印度洋到达好望角。在驶向欧洲途中,由于缺水,停靠巴西的巴伊亚(萨尔瓦多)。樊守义在事后所写的游记中,描述了巴伊亚当时的物产、建筑和人文状况。虽然不算是首位随欧船到达美洲的中国人,但他的记录大概是中国最早的美洲文献了。随后,他们来到葡萄牙,受到国王若昂五世(John V)热情接待,又经西班牙和法国抵达意大利。

因为身负康熙使命,艾若瑟和樊守义得到教宗克莱孟十一世接见。樊守义的记述是:"见教王,承优待,命阅宫殿,内外房宇几万所,高大奇异,尤难拟议。"但他没有写的是,向教宗解释中国礼仪的使命,其实颇多坎坷。艾若瑟因携带的康熙书信没有加盖玺印而受到怀疑,被软禁于罗马两年多,又困在米兰和都灵各三年。直到多年后康熙寻找使者的消息传来,教宗才准许艾若瑟返回中国,并叮嘱他只说是因病迟滞。在此期间,樊守义倒是遍游意大利名城,修习神学,加入耶稣会,并在毕业后晋身司铎。

返程中，艾若瑟在好望角去世。樊守义一路护送遗体，于1720年登陆广州。康熙对艾若瑟出使十分重视，命人厚葬这位神父，并令樊守义随同教宗派出的嘉乐使团赴热河觐见，询问详情。诸多王公大臣也对樊守义的游历见闻很感兴趣，促成他撰写了篇幅不长的游记《身见录》，该书成为见证早期中欧交往的重要汉语文献。

支仓常长和樊守义，二人处身的时代，恰是天主教在两国命运逆转之时。从他们身上，很难看出东亚对外部世界的闭塞和排斥，反倒更多是主动沟通的努力。尽管如此，经由禁教而带来的交流中断，在19世纪以来的主流叙述中，仍然不断地被描述成东亚国家单方面"闭关锁国"。这种修辞究竟如何而来？

"锁国"一词起源于日本。自1633年起，德川幕府颁布一系列禁令，断绝与西班牙、葡萄牙的关系，只准许荷兰和中国的商船在长崎贸易。这些禁令一直维持到幕府后期。需要注意的是，除长崎之外，日本还通过对马岛、萨摩藩和松前藩，维持着和朝鲜、琉球及虾夷的往来，并连接起东亚与东南亚的贸易圈。欧洲国家里，除了荷兰（和一段时期的英国），俄罗斯人也在东扩到太平洋后多次造访日本。也就是说，禁令针对的，只是天主教以及其背后的西、葡两国，不论目的还是实质，都非自我封闭。但这些针对特定对象的政策，却被后人称为"锁国令"。

概念背后是意识形态。18世纪，德人肯普弗（Engelbert Kaempfer）根据自己参加荷兰东印度公司出访日本的经历，撰写了影响甚巨的三卷本《日本史》(The History of Japan)，后来在欧洲出版。他在其中断言，日本是一个与外国交通隔绝的国家。19世纪初，日本兰学者志筑忠雄在翻译这位欧洲人对日本的一知半解时，创制了"锁国"（さこく）一词。到了美国以坚船利炮迫使日本"开放"

后,"锁国"这个从未在任何政令中出现过的词,成了对江户时代日本"自我封闭"的固定认知,后来更扩展到对整个前近代东亚世界的"常识性"描述。

日本当然未曾"锁国"。断绝与特定国家的关系,是面对安全威胁时的惩罚手段。说日本"锁国",无法解释幕府对海外情报的强烈关注、对海外贸易的持续热衷,以及后来被称为"兰学"的西学兴起。但是,大概只有把"锁国"神话化、认定东亚世界以前是封闭的,才能够反衬出后来英美强行"打开"东亚的起点意义吧?东亚的历史,便以"锁国""开国"为基本逻辑,成了欧美主导的"现代"论述的附属部分。

可以反问的是:如果反对天主教就意味着自我封闭,那么历史上到底谁对异文化更缺乏容忍?执行禁教的雍正皇帝,面对传教士的恳求,曾反诘道:"如果朕派一队和尚喇嘛到你们国家传播他们的教义,你们该怎么说呢?你们如何接待他们呢?"20世纪英国史学家赫德逊(Geoffrey F. Hudson)在《欧洲与中国》中有一段评语,恰构成对此问的回答(引自李申等所译中文版):

> 传教士们在17世纪最终获得有限的容忍,这件事本身就证明中国比当时天主教的欧洲在宗教问题上更为自由;当时的西班牙、意大利或欧洲任何其他地区肯定都不会允许非基督教的传教会的。正当远东的天主教传教士在中国为他们的传教寻求容忍时,阿尔瓦却奋力血洗荷兰的新教徒,对异端的火刑在焚烧着由罗马教廷"移交给"世俗人手中的受害者。1692年法国耶稣会士得到康熙皇帝圣旨允许信仰基督教的自由,而只不过在此之前的几年,法国新教胡格诺派却遭到龙

骑兵的残酷迫害而被驱逐出法国。一直到了19世纪，天主教会从未停止宣称天主教国家的世俗当局的责任就是要在它们的领土之内破除异端。因此，天主教传教士根据什么原则要求对他们容忍是很不清楚的，但从他们的著述中看来，他们认为任何阻碍他们改宗的企图都是恶意的侵犯。

除了赫德逊所指出的这种欧洲人对待"异端"的普遍做法，另一个可以指出的例证是，英国信仰加尔文宗的清教徒，因为不堪在母国和荷兰的宗教迫害，而逃亡到新开发的北美，开拓他们的"应许之地"。作为美国立国神话之一的"五月花号"抵达弗吉尼亚，就发生在1620年，与日本禁教时间相仿佛。而美洲的开拓，则涉及本书下面一个部分的重要内容，即东亚与早期全球化的关系。

西周青铜器何尊上的铭文,为"中国"二字最早的实物出处(右起第七列)。此时的"中国"是"天下之中"的意思,指的是伊河、洛河流域的中原地区。

流水纹铜铎,东京国立博物馆藏。铜铎是日本弥生时代的祭祀用青铜器,从朝鲜半岛传入日本,其原型可能是中国的铃。

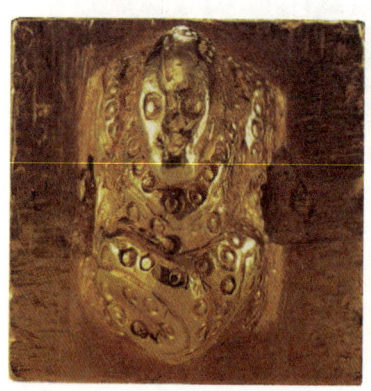

汉委(倭)奴国王印,福冈市博物馆藏。东汉光武帝赐给倭奴国的金印,《后汉书》有相关记载。该印标志着古代中原王朝与日本列岛政权之间宗藩关系的建立。

新罗君主的金冠。新罗先后攻灭百济和高句丽,朝鲜半岛进入统一新罗时代。

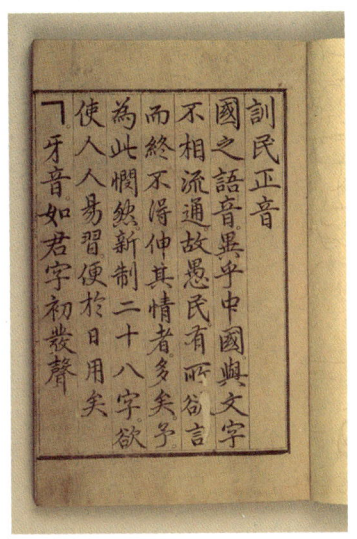

训民正音,朝鲜世宗组织学者创立的表音文字体系。

韩国海印寺藏经板殿,藏有高丽大藏经的八万余块刻板。佛教源于印度,经中国传入朝鲜半岛和日本,对东亚地区的历史和文化产生了深刻的影响。

《平壤城夺还图》(局部),韩国国立中央博物馆藏。1592年,丰臣秀吉发兵朝鲜,明朝应朝鲜请求派兵援朝,1593年收复被日军占领的平壤。壬辰战争将明朝、朝鲜和日本卷入其中,是一场开启东亚现代的"世界大战"。

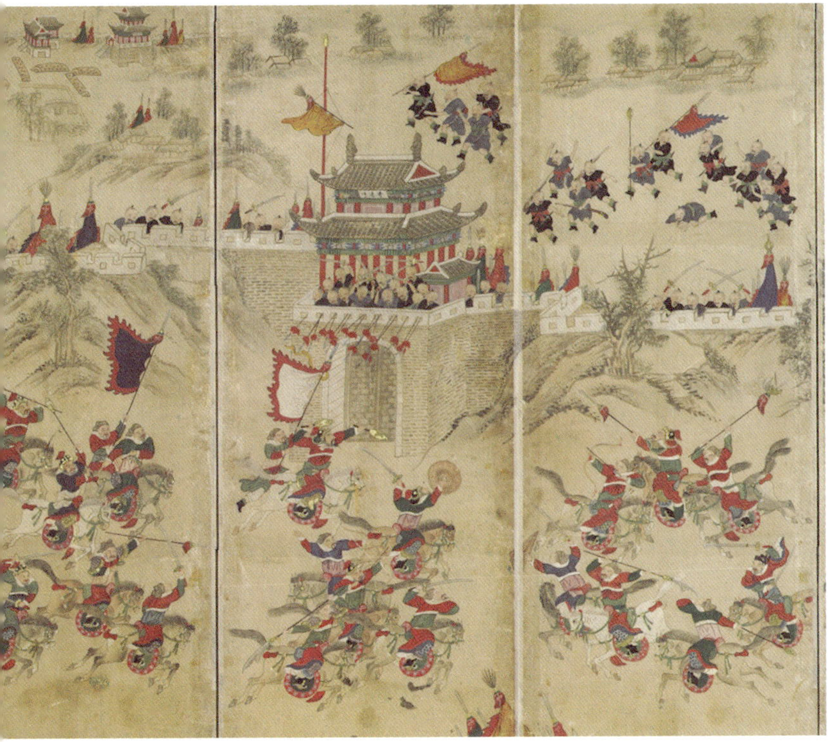

《釜山镇殉节图》,卞璞绘,韩国陆军士官学校陆军博物馆藏。日本入侵朝鲜釜山镇,为壬辰战争的开端。与此同时,努尔哈赤领导的女真部迅速崛起,受此二者影响,东亚的区域权力关系大大改变。

《奉使图》(第十四幅),中国民族图书馆藏。清代阿克敦为册封英祖奉使朝鲜,英祖率人于迎恩门迎接。迎恩门为明清两代中朝宗藩关系的象征,甲午战争后为"独立门"所取代。

《平定伊犁回部战图册·格登鄂拉斫营》,故宫博物院藏。图册描绘乾隆年间清军平定厄鲁特蒙古准噶尔部与天山南路回部的战争场景。经此一系列战役,天山南北俱归版图,新的"中华"逐渐成型。

《职贡图》(局部),谢遂绘,台北故宫博物院藏。图为"安南国夷官、官妇"与"琉球国夷官、官妇"。古代越南与琉球也在"天下"体系之中,与中国有朝贡往来,文化上也有诸多共通之处。

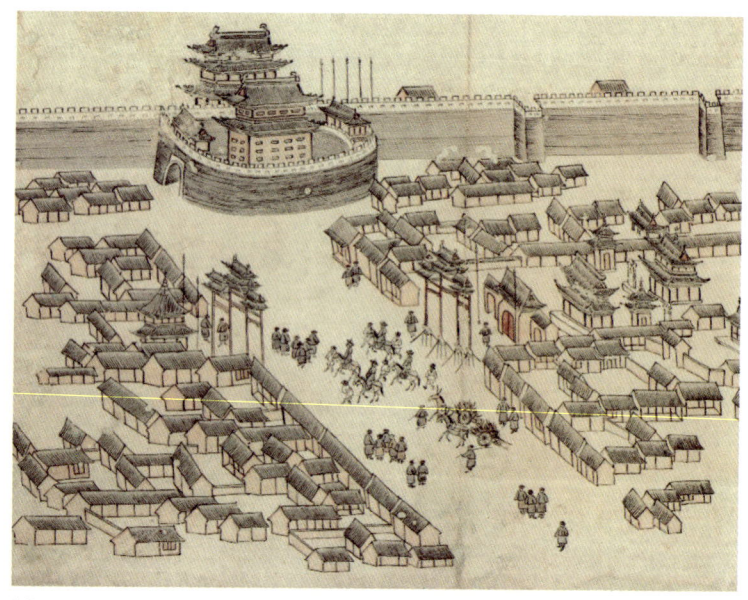

《燕行图》(第七幅),传金弘道绘,崇实大学韩国基督教博物馆藏。图为燕行使途经北京朝阳门。燕行使是朝鲜王朝派往清朝的使者,他们描绘旅途见闻的记录称为"燕行录",是研究中朝关系珍贵的史料。

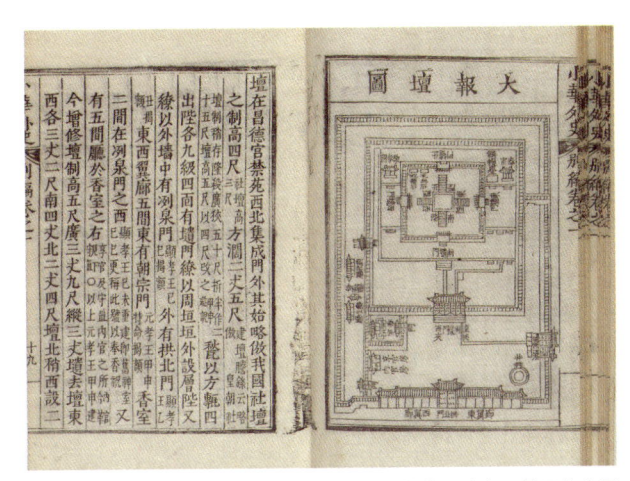

《小华外史》,朝鲜王朝学者吴庆元编写,韩国国立中央博物馆藏。此书记录了从高丽末期到朝鲜后期的中朝关系。书中凡例进一步明确了朝鲜作为"小中华""尊周攘夷"的态度。

《朝鲜通信使来朝图》,羽川藤永绘,神户市立博物馆藏。描绘朝鲜通信使觐见过将军后,返回使馆的情景。除向中国朝贡外,朝鲜还派遣通信使前往日本,并在釜山等地开设倭馆,供日商居住。

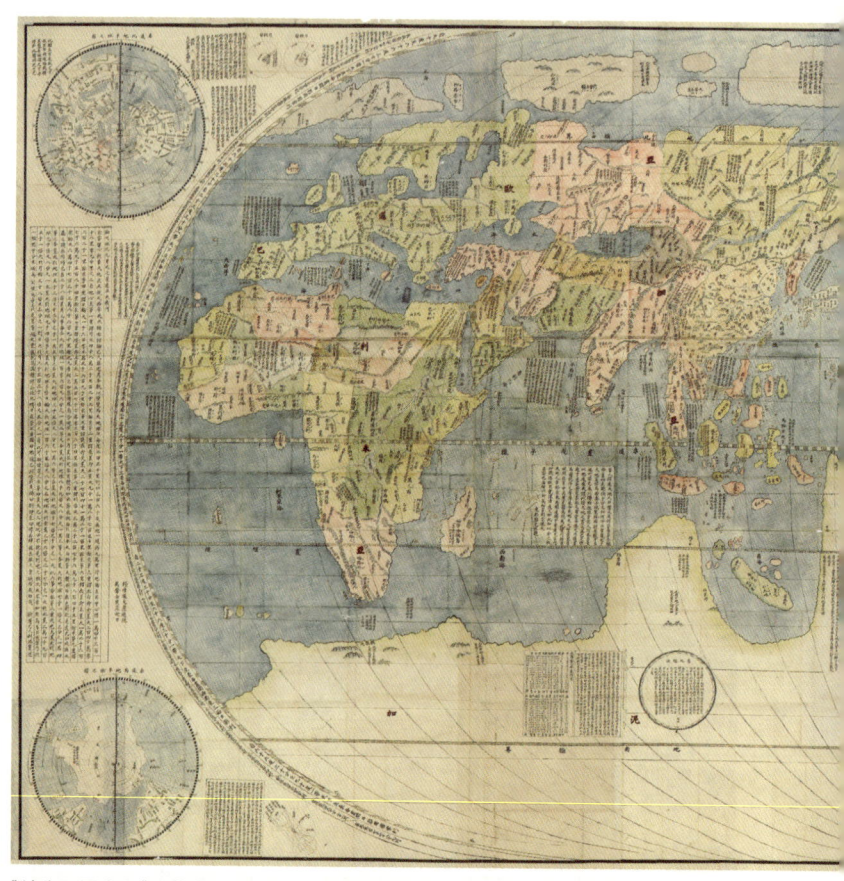

《坤舆万国全图》(摹本)，日本东北大学附属图书馆狩野文库藏。意大利传教士利玛窦与明朝光禄寺少卿李之藻合作刊刻的世界地图，为中国现存最早有完整经纬线的世界地图。这是"亚细亚"一词首次出现在中文世界地图中。

坤輿萬國全圖

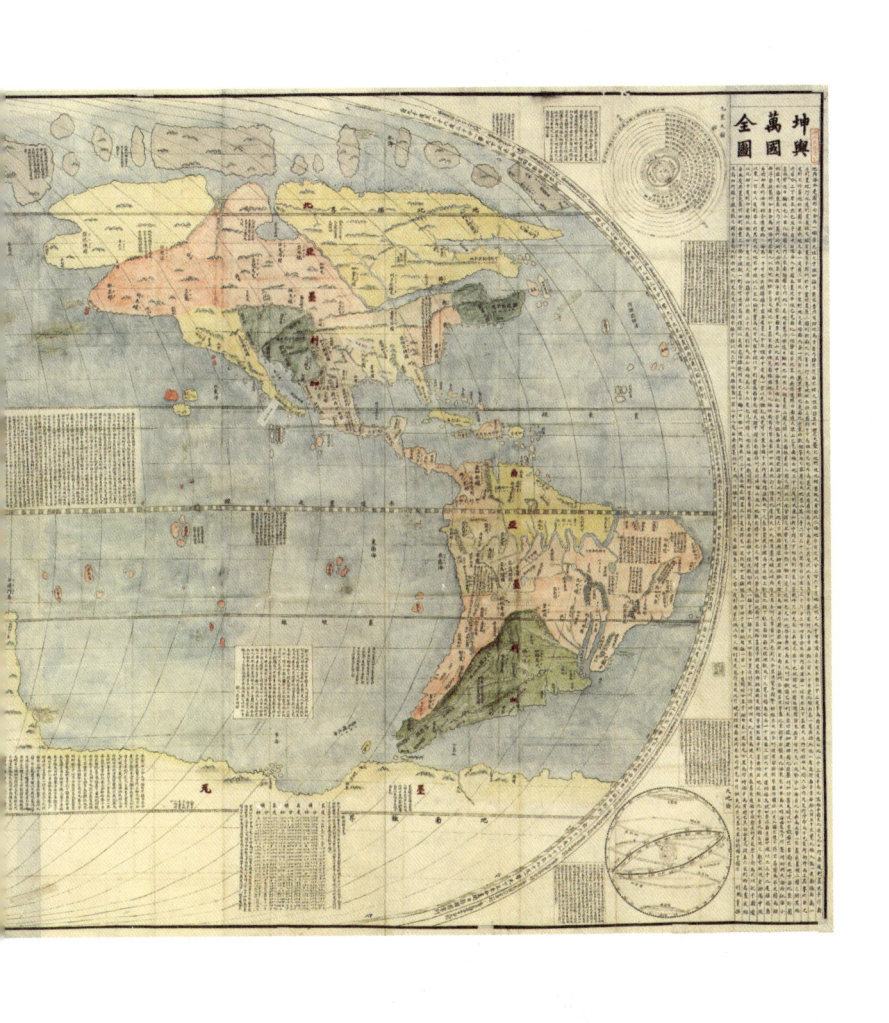

阿塔纳修斯·基歇尔《中国图说》扉页，手持东亚地图的汤若望与利玛窦。耶稣会士来华传教，也带来了西方天文、数学、地理知识。天主教与本地文化的交融和碰撞，初步奠定了欧洲和东亚的交往模式。

玑衡抚辰仪，按照浑仪的制度、西法的刻度铸造的天文仪器。由乾隆年间任职钦天监的传教士戴进贤和刘松龄设计监制。16—18世纪正是东亚历史上西学东渐、欧洲史上东学西渐的时代。

花鸟莳绘螺钿圣龛,九州国立博物馆藏。收纳基督教圣画的圣龛,为日本向西欧出口的教会仪式用漆器,是近世初期的日本与西欧文化交流的象征性作品。

元和大殉教,1622年,江户幕府在长崎处决了五十五名基督徒,为日本历史上最大规模的殉教事件。殉教者中不仅有欧洲传教士和日本信徒,还有朝鲜半岛出身的信徒。

支仓常长画像,克劳德·德鲁埃绘。庆长遣欧使节的正使,仙台藩大名伊达政宗的家臣。他是最早被派往欧洲的日本使节之一。

南蛮屏风(局部),狩野内膳绘,神户市立博物馆藏。16世纪中叶,欧洲人开始在日本传教、经商,"南蛮文化"兴起,影响了日本的语言、手工艺、建筑,以及审美意趣。

刘易斯·卡罗尔摄,施塔德尔博物馆藏。女孩身着中国传统风格服饰,坐在茶叶货箱上。茶叶是中国联结起世界贸易网络的重要方式之一。

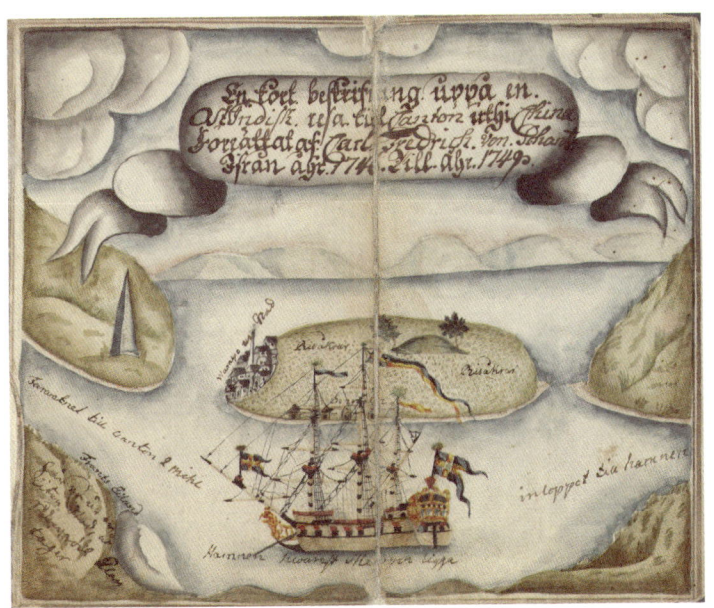

卡尔·弗雷德里克·冯·尚茨航海日记,美国国会图书馆藏。1746—1749 年,尚茨搭乘瑞典双桅船前往广州经商。广州代表财富与机遇,也象征着清代中国在世界贸易网络中的重要地位。

《黑船来航》，樋畑翁辅绘，大英博物馆藏。和鸦片战争对于中国的意义相似，"黑船来航"是教科书里日本近代史的开端。日本开始思考自救的方法，对西方文化的畏惧与崇尚，交织着对自身文化的怀疑与自守，日本社会开启了一场文明开化的变革。

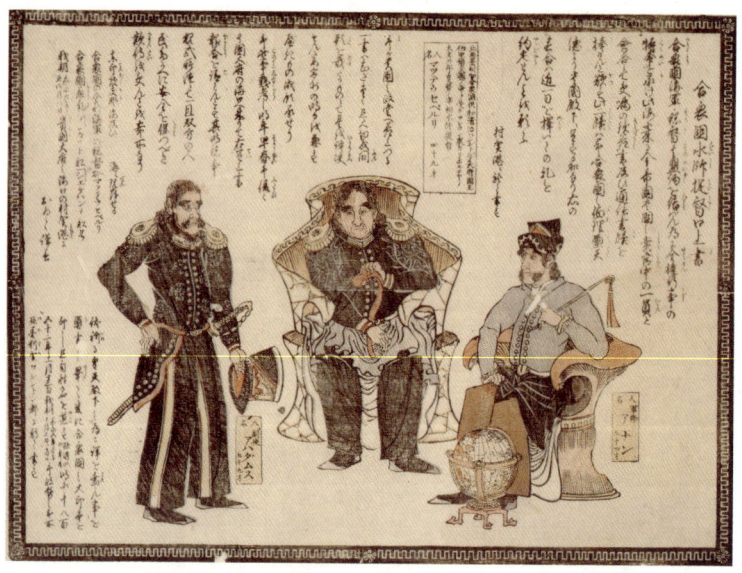

《合众国水师提督宣示开港要求》，美国国会图书馆藏。端坐中央的是佩里。浮世绘画家留下许多佩里肖像，最初多面目可怖，后来佩里与黑船的形象翻转。现在日本各地的佩里雕像造型高大英武，如古代的日本武士。

《进攻江华岛》,让·亨利·聚贝尔绘。江华岛位于首尔西北咽喉位置,曾是高丽、朝鲜两朝王室的避难之处。1866年,法国以朝鲜杀害法国神父为由,侵入江华岛,被朝鲜击退,史称"丙寅洋扰"。这次事件加深了朝鲜上下对西方国家的反感。

《云扬舰兵士袭击江华岛永宗城》,小林永濯绘。1875年,日本入侵朝鲜,随后两国签订《江华岛条约》,朝鲜被迫"开国"。

纽约且林广场的林则徐像,作者摄于2009年。主流历史叙述,常把鸦片战争当作中国"近代"的起点,林则徐则是最关键的人物。鸦片战争代表了一条现代与非现代的分水岭,无论怎样重新理解,其实都是对"什么是现代"的回答。

第六章

早期全球化：
东亚的重要角色

East Asia

白的银，黑的人

"中国一向是世界上最富的国家……然而，许久以来，它似乎就停滞于静止状态了"，英国古典经济学家亚当·斯密在《国富论》中如是说。他还特别提到中国完全不重视对外贸易："除了对日本，中国人很少或完全没有由自己或用自己船只经营国外贸易。允许外国船只出入的渔港，亦不过一两个。所以，在中国，国外贸易就被局限在狭窄的范围。"

历史从来不只是过去发生的事情，而是对过去的一种主观描述。兴起于现代的"锁国"论述，以欧洲条约体系的到来作为分水岭，把东亚历史按照"从封闭到开放"的逻辑拦腰切断。这套话语是殖民主义"文明"论述的重要组成部分，其中有两大支柱：一个是精神和信仰的"自由"——其本质是信仰基督教的自由；另一个是贸易和市场的"自由"。在西班牙和葡萄牙称霸欧洲的时代，这两个支柱高度重合。到了荷兰和英国争雄的时代，宗教因素隐藏到后台，开放贸易则走上前台，成了衡量一个地区"文明"的重要标准。这也是为什么，在很多历史叙述中，鸦片战争往往和清朝"拒绝自由贸易"紧密联系，构成因果链条。于是，和"锁国"并列，近代东亚又被贴上另外一个暗示文明等级的标签，叫作"闭关"。就像不提早期基督教在日本的恩怨、只用"锁国"来指责日本拒绝西洋文化一样,"闭关"也无视历史的长期性和变化性,用一个极简的概念来塑造中国和世界的对立。

在英美史学界,东亚"闭关锁国论"从20世纪七八十年代以来,日益受到质疑和批判。近年由西方史学界兴起的一个研究热点,是早期全球化:这一般指的是15世纪地理大发现之后,席卷全球的物质、文化流动。我们前面提到的耶稣会士的传教和文化交流活动,就是欧亚大陆两端早期全球化的一个重要的组成部分。这时候欧洲、亚洲、美洲以及非洲之间的互联互通,当然不只是人文层面。人文交流的基础,是物质层面的交流。对早期全球化的认识越深入,我们就越发现,东亚其实是这个现代发展极为重要的参与者——这就和18世纪晚期开始流行的东亚封闭说,产生了很大的分歧。

也因此,严肃学者早已质疑并拒绝东亚曾孤立、保守、停滞的说法。尽管如此,在社会舆论中,封闭、守旧的前近代东亚形象,仍有很大市场。按照这种逻辑,中国、日本和朝鲜半岛长期自外于大航海时代以来的全球化浪潮。囿于东亚根深蒂固的"传统文化"和"亚细亚生产方式",资本主义无法从内部生成,必须要等到欧洲文明的到来,东亚才被"纳入"世界,"历史"才会在这里开始。

就算我们把"全球化"的起始,定在(欧洲人主导的)大航海时代,把(欧洲)资本主义的铺垫和展开,看作是近代世界体系形成的主要动力,也无法回避一个问题:如果没有东亚(以及非洲、美洲)世界的参与,新的生产方式和交换方式,怎么可能在短时间内,在全球开疆拓土、所向披靡?实际上,这片后来被称为"东亚"的区域不但从未自外于世界,而且是贸易全球化的重要推手之一。16世纪以来全球贸易体系的快速扩展,恰和东亚区域政治格局的重组(包括日本统一和满洲崛起)同步。两者相互影响,在很大程度上塑造了全球化在本地区的面貌。

大航海时代的到来,受诸多因素影响:气候、环境、地缘政治、资源、技术等等。而人类社会对不同商品的需求,则是促成海外探险的主观动力。跨区域的商品交换和人员流动并不是什么现代现象:在欧亚大陆内部及印度洋地区,中国、日本、中亚、南亚、阿拉伯地区的商人早就开辟并主导了庞大的跨区域贸易网络。随着对美洲和非洲的拓殖,欧洲人建立起从大西洋到太平洋的贸易通途,使得人货往来在范围、途径和量级上大大提高。而欧洲殖民者来到东方海域贸易,在很大程度上不过是借助了早已存在的跨印度洋—太平洋贸易网。

早期全球化中最受欢迎的商品,包括枪支、酒类、丝绸、贵金属、皮毛、糖、香料、茶叶、陶瓷等等。其中对东亚现代历史产生特殊影响的"商品"是白银。学界对白银流动史的研究已经颇为深入,随之而来,东亚世界在早期全球化中的重要作用也被重新认知。

白银和上述其他商品都不同:它既是一种商品,又是一种货币,在16世纪前后逐渐成为东亚经济圈内部,以及欧洲与东亚之间最主要的贸易结算手段。它的生产、传播、消费,连接起美洲、欧洲、中亚、东亚等地,成为流淌在全球贸易机体中的血液。按照日本学者滨下武志的说法,白银供给在16世纪以来突然提高,结合了几个方面的历史演化,比如美洲、日本和欧洲银矿产地的增加,水银提纯法带来的产量扩大等等。白银供给还受到与黄金、铜和水银等其他金属比价的影响。而在需求一侧,宋元以来中原地区对银的消耗,随着白银从域外不断流入而持续增加。明代财政和赋税改革，更加速了其在中原的货币化。白银不但在商品经济相对发达的沿海和江南地区大量使用，甚至流入到边疆地带，在西南少数族群社会中成为重要的礼仪性物品。尽管对中国到底吸纳了多大份额的美洲白银，学界有着不同的估计，但中国是当时世界白银最大的流入地，应没有疑问。

中国自身并非产银国，整个东亚除日本外，产银能力也不强，而美洲白银却渗透到社会生活的各个层面，不可或缺。可见，16世纪以来中国及东亚社会的繁荣稳定，早就和域外产品的输入，特别是白银的输入密不可分，对外贸易的重要性毋庸讳言。仅从这一点出发，恐怕就不能简单断言，近代早期中国的对外贸易是被动和单向的。

斯密和他之后的黑格尔一样，是欧洲现代思想的缔造者。他们的历史解释突出欧洲在人类发展过程中的核心作用，让欧洲和非欧世界互为镜像，彼此隔绝。他们强调局部"文明"的主导性，忽视在形成"现代"的历史进程中，全球各个地区是一个互动的整体网络。在这样的叙事中，不但"亚洲"在文明谱系中是边缘性的，非洲和美洲也是如此。

除了美洲白银，早期全球化还有另一个远渡重洋的特殊商品：奴隶，特别是来自西非的黑奴。资本、商品和劳动力的全面流动，才构成近代意义上的全球化。而奴隶不但是劳力，还是商品，某种意义上也是资本。在跨大西洋的三角贸易网络中，欧洲商船将酒类、枪支等运到非洲，交换当地人俘获的黑奴。贩奴船从非洲起航，先后将数以千万计的人口输送到美洲的种植园，再将种植园中出产的棉花、蔗糖、烟草等运回欧洲。这种三角关系从15世纪开始维持了数百年，直至19世纪奴隶交易才终止。

把"人"与"奴隶"根本区隔，是自由主义经济逻辑和政治逻辑的重要基础。一提到奴隶，更多人可能是从"人身自由"这个角度去理解的。但是自由主义对奴隶是有一整套论证的，不是一个简单的历史概念。自由主义强调，自由市场条件下的劳动力，必须是对自己有充分支配能力的"自由人"。所以谈到各地的劳动力，首先要讨论的，就是他们算自由人还是奴隶。奴隶不享受为人的权利，没有对财产、土地甚至自身的支配权。在这套逻辑主导下，18、19世纪欧洲的文明论述里，不但非洲奴隶、美洲及大洋洲土著不算人，整个东方世界（包括中国）也多处于奴隶或半奴隶状态，因为那里的人不懂"自由"——这套话语打着种族主义烙印，以文明的外衣将掠夺、屠杀和压迫合理化，同时也深刻影响了近代东方知识分子对自身历史的认知。

白银和黑奴，来自欧洲人对美洲和非洲的拓殖，是早期全球化的重要催化剂。东亚世界和白银的联系更为紧密，但也不可避免地受到奴隶贸易的影响。当葡萄牙、西班牙的商船开进澳门、长崎等地，不但带来了非洲黑奴，也掳掠当地人为奴。当年丰臣秀吉突然驱逐天主教士，其中一条理由，就是葡萄牙人大肆贩卖日本人口到海外。但因为中国和日本奴隶在规模上无法和黑奴相比，对他们的关注相对不多。直至19世纪后半，中日大量苦力以契约劳工名义东渡美洲，仍引发他们是人还是奴的争论，成为日后排华风潮之滥觞。

对来到东亚的非洲黑奴，中日史料中都有记载。日本17世纪的绘画中，有黑人奴隶随"南蛮贸易"而来的图像，为我们提供了难得的视觉资料。而最传奇的故事，恐怕当属织田信长的一位黑人家臣，弥助（Yasuke，约1556—？）。

关于弥助到达日本前的经历，记载并不清晰。有人猜测他是来自莫桑比克的穆斯林，也有说法认为他可能是受雇于欧洲某王公的非洲雇佣兵。可以确知的是他人高马大，1579年作为耶稣会士范礼安的侍从抵达日本。前文曾提到过，范礼安是耶稣会负责远东事务的最高神职人员，也是沙勿略之后对天主教在日本传播起重要作用的人物。范礼安确定耶稣会在日本应以上层路线博得政治地位，并和当时最有势力的大名织田信长颇有私交。1581年3月，范礼安拜见信长，京都民众争睹他的黑人侍从，竟有踩踏致死者。织田信长听闻喧闹，便要求一见。日本史料记述，这位黑人二十六七岁，身高在一米八八左右，"体黑如牛""拥有十人之刚力"。信长十分惊讶，当场命他脱衣洗身，以确信其肤色是天生的。范礼安将他转让给信长，信长随即给他赐名弥助。

此时的弥助很可能已通晓日语，深获大名的信任。很快，他成为信长的贴身侍卫，并被赐予武士身份，这是历史记载中第一位非日本人武士。1582年，织田家臣明智光秀反叛，发动本能寺之变。弥助当时也在寺中，他在领主殒命之后，转投信长长子织田信忠，但最终不敌就缚。明智光秀说他如动物般无知，又非日本人，将他发落在京都的南蛮寺，后不知所终。

有学者认为，16世纪日本人对黑人并不歧视，因为当时还有其他受雇于大名的非洲人，地位高者甚至可拥有日本人为家奴。弥助的故事亦可视为早期全球化中，亚非交往的一段插曲。当然，随着日本禁教，这类交往也就逐渐消失了。

茶在西方，烟在东方

1773年12月16日，波士顿，格里芬码头。数千名英属马萨诸塞殖民地的民众，在自称"自由之子"的反英秘密组织领导下，已经连续二十天聚集于此，阻止英国东印度公司的运茶船"达特茅斯号"卸货。这天夜晚，数量不明的抗议者（估计在几十到一百五十人之间）分成三组，分别登上"达特茅斯号"，和后期抵达的"埃莉诺号""海狸号"三艘商船，将上面共约三百四十箱茶叶统统倾倒入海。为逃避惩罚，他们中一些人装扮成当地莫霍克印第安人的模样。当时31岁的鞋匠休斯（George Hewes）登上"达特茅斯号"，向船长索要打开茶箱的钥匙。据他后来回忆，将所有茶叶全部倒完，花了大约三个小时。其间，他还得阻止有人浑水摸鱼，私藏茶叶。

　　著名的波士顿倾茶事件，被后世称为"波士顿茶党"。它大大激化了伦敦和北美殖民地的对立，引发了美国独立战争。这次意义深远的抗议，按照一般说法，起因于殖民地人民不满英国在不给予政治权利的情况下征税（所谓"无代表，不纳税"）。不过，实际背景则复杂得多，涉及好几重矛盾：首先，英国东印度公司在欧洲的茶叶贸易中，受到本国税收、走私泛滥和对手荷兰东印度公司的冲击，导致大量积压；其次，为缓解东印度公司压力，英国国会重新对公司进口的茶叶全额退税，还首次允许它面向北美殖民地直接倾销；第三，伦敦在殖民地保留征收小额茶税，引起当地人不满（但其实由于少了中间商的环节，茶叶价格不会提高，反而会降低）；第四，北美茶叶原以走私为大宗，东印度公司有了退税、直销的政策优势，必将以低价形成垄断，直接动了走私商和分销商的奶酪。而北美十三个殖民地许多大商人都靠走私起家：茶党运动的领导者之一约翰·汉考克（John Hancock），就是波士顿著名的走私商，他也是后来美国《独立宣言》的第一位签署人。

而更为宏观的背景，则是欧洲与北美对饮茶的热衷，和早期全球化中激烈的茶叶贸易竞争。这就涉及中国及东亚在早期全球化中的核心地位，以及东西方贸易对历史走向的重大影响。可以说，美国的独立建国，以及荷兰海上称雄、英国全球称霸，并不是孤立发生的西方史事件，它们与东亚有着极密切的关系。

在波士顿倾倒的约三百四十箱茶叶，全部来自中国南方。其中占大头的，是当时比较廉价、销量也最好的福建武夷红茶，共约二百四十箱。同样产自福建的红茶，还有十五箱工夫红茶和十箱正山小种。此外还有两种产自安徽的绿茶，分别是十五箱熙春和六十箱松萝。相形之下，绿茶比重虽小，价值却高，尤其是被视为上品的熙春。东印度公司估计这些茶叶价值在 9 659 英镑左右，如果换成今天的币值，大概接近 200 万美元。

虽价值不菲，这批茶叶其实已是陈年老货。它们在两三年前就被采摘、焙制，经过长途跋涉来到广州，又漂洋过海几个月抵达伦敦，在库房里积压经年，终于在 1773 年 10 月运到波士顿。福建和安徽的茶农在 1770 或 1771 年摘下的这些普通的叶片，几年后竟在世界另一端，掀起革命的狂澜。

相比于丝绸和青花瓷，茶叶进入西方的时间较晚，它的全球流动是大航海时代的产物。16 世纪，耶稣会传教士在传回欧洲的文献中提到茶。葡萄牙和荷兰的商船从中国或日本出发，将茶叶输送到里斯本、阿姆斯特丹和巴黎，俄国也从陆路大量引入。跟进的英国后来居上，成为欧洲最大的茶消费国。最初传到欧洲时，茶是贵族专属饮品，一磅茶叶在英国的价格高达普通人数月的薪酬。到了 17 世纪，英国东印度公司崛起，挑战荷兰东印度公司在亚洲的贸易霸权，茶价随之大幅下降，饮茶成为普通人也能享受的时尚。欧洲人又将饮茶习惯带到北美殖民地，很快，茶叶在英属北美的消费量就超过了英国本土。

茶叶和随大航海时代流行的另一种饮料——原产北非的咖啡——有一点不同。欧洲人为打破阿拉伯世界对咖啡的垄断，在东南亚和南美试种咖啡苗，很快成功。但在中国以外试种茶叶的努力直到19世纪中才在印度成功。所以长期以来，中国牢牢垄断这一全球商品的生产和初售环节，茶叶亦成为中国联结起世界贸易网络的重要方式之一。

16世纪开始的欧亚、美洲和非洲间的物产大流动，极大地改变了人们的生活方式。比如我们比较熟悉的，原产美洲的土豆、玉米、番薯、花生、辣椒等，在明朝中后期通过欧洲人传到东亚。这些作物的逐渐普及，不但在一定程度上刺激了本地区的人口增长，使本来有限的耕地养活了更多劳动力，而且大大丰富了东亚人的食谱和味觉。今天的中国人大概很难想象一个没有番薯、花生和辣椒的世界了吧？

茶叶和这些食物不同。茶是经济作物，饮茶是一种休闲方式，直接跟消费者的社会属性、阶级属性挂钩。茶从开始的贵族饮品，到后来逐渐服务于新兴资产阶级和市民，并且带动瓷器乃至"中国风"的流行，它所带来的冲击更多是文化性、社会性和政治性的。茶叶在欧美的传播，也伴随着对它的批评。早期一些医生试图从病理学角度证明茶叶有害，其背景则是欧洲知识分子担心这种高价、"无用"的饮品造成道德败坏，国帑靡费。

在北美殖民地，尽管华盛顿、汉密尔顿等开国元勋都爱喝茶，但因为茶叶代表了宗主国对殖民地的压迫，所以在独立战争爆发前后，喝茶被贴上了"不爱国"的标签。激进独立人士抵制喝茶，而代之以咖啡，茶叶销量在北美一度锐减。直到美国建国，同广州有了直接贸易往来，饮茶才又"去政治化"。

自美洲输入东亚的作物中，也有一样东西可以和茶叶类比，那就是烟草。东亚人接触到烟草是在16世纪之后。西班牙人首先把美洲印第安人喜爱的烟草带到了菲律宾，经由东南亚传至东亚地区。历史学家吴晗认为，烟叶输入东亚大陆的途径有三：一路是由台湾而至福建，逐渐北上；一路是由越南而到广东；一路则由日本传入朝鲜，再进入辽东。烟草开始虽有药用，但很快仅作为休闲品使用。最普遍的用法，是鼻烟和以烟管抽烟。烟叶的栽培和贸易迅速在东亚各地普及，其商业价值大大超过普通作物。

和茶初到欧洲时一样，烟草在东亚也遭遇过不同程度的抵制。早期文献中，已有烟草有毒的记录，但各国政府禁止烟草的理由并不都是今天的吸烟有害健康，而是出于经济、社会，乃至政治的考虑。

最早颁布禁烟令的是日本德川幕府。据说二代将军德川秀忠，就因为吸烟既奢侈，又易引发火灾，于1609年颁布法令，不准种植、买卖烟草，违者查没财产。可屡次禁烟，效果却不理想。日本近代文学巨匠芥川龙之介曾写过一篇《烟草和魔鬼》的小说，提到德川时期的日本有一首世态讽刺诗："莫要说是禁烟令，一纸空文禁钱令，天皇御旨无人听，郎中诊病也不灵"（文洁若译文）。小说中，芥川把烟草和欧洲天主教的输入联系起来，说虽经丰臣、德川两氏禁教，随天主教而来的魔鬼最终离开了日本，但它留下的烟草却遍布全国。而明治以后，魔鬼再度来日。这当然体现了20世纪初，日本知识人面对西方现代性冲击的一种抵抗姿态。

明末崇祯皇帝曾两度禁烟，但亦很难执行。在辽东与后金作战的洪承畴就上书说,"辽东士卒,嗜此若命"。不但东北的明军将士烟瘾大,女真贵族也嗜好吸烟。辽东烟多为朝鲜进口,价格昂贵。据张存武先生研究,皇太极南侵朝鲜,俘虏大量人口,后允许朝方以财物赎人,朝鲜提供的最主要货品,就是烟草。鉴于吸烟过于耗费钱财,皇太极曾下令禁止平民和官员吸烟。其后康熙、雍正也都因经济考虑而禁烟。但是和德川幕府一样,禁令没有太大效果。

烟草在朝鲜称作"南灵草"或"南草",耕种普及之后,成为对外贸易的重要商品之一,在一段时间内,还是朝贡时的礼品。上至两班文人,下至妓馆妓生,许多人都一杆在握、吞云吐雾。1797年,朝鲜正祖(1776—1800年在位)曾动过禁烟的念头。正祖本人年轻时好吸烟,本对南草颇有好感。但在和大臣的讨论中,他一是觉得种烟的良田应该转植谷物,增加粮产;更主要的,则是觉得烟草有关国运气数。这位朝鲜国王认为,烟草是由西洋而来,就像西方之学一样,在(满人治下的)中国大行其道,这与"西方风气晚开"大概很有关系。须知正是在正祖时期,天主教经中国传入,一度冲击儒学正统。朝鲜王廷此时正大力禁绝这种蛮夷邪说,凡西方传来之物,都笼上了一层政治敏感。

尽管如此,烟草在东亚三国都深深嵌入社会生活中,就像茶叶深深嵌入欧美社会一般。两种作物的传播皆为资本利益驱动,从一个微小的方面,印证了16世纪以来在新兴资本主义经济体系下,东西方之间的密集互动。

烟草在东亚没有像茶叶在北美那样,直接引出政治革命。但是其吸食方式,却在某种机缘下,促成中国现代命运之转折。中国人吸烟,喜欢掺杂其他香料或药物。后来发现,有一种药掺在烟叶中吸食很过瘾，这就是鸦片。把本来口服的鸦片与吸烟相结合，逐渐发展用用专门的烟具"吸"鸦片，这既是中国人的独创，也是烟草全球传播的一个意外的副产品。鸦片由药品变成毒品后，英国东印度公司瞄准商机，一边在孟加拉量产鸦片，一边在阿萨姆垦殖茶园，不但把过去由进口茶叶等造成的对华贸易逆差用鸦片加倍找回，引爆了中英战争，也最终打破了中国对茶的垄断。当然，这是后话了。

海禁时代的东亚之海

由于大航海时代的开启，以及由此导引出的欧洲资本主义全球扩张，近世以来，不少学者把世界几大文明区域以"大陆"和"海洋"相区分。东亚被认为是典型的"大陆文明"，意思是说，东亚人更注重朝向内陆的经营，而不像15、16世纪的欧洲人那样，对拓殖海洋倾注极大力量。最典型的例证，就是明清以来中国的"海禁""闭关"，以及日本的"锁国"。但正像越来越多当代学人已经论证过的，所谓"锁国"有着具体的指向，绝非简单地背朝大海、闭目塞听，历史上中日的"海禁"政策也不能和"拒绝与外界沟通"画等号。

中国明清两朝都曾实施海禁。但从时间上说，明朝海禁的时间远长于清朝。两朝禁海，背后的动力相似，皆出于沿海地域安全考虑。一般说法是，明朝东南沿海长期受所谓"倭寇"侵扰，闽浙一带更是民寇不分，禁海一策是为防范内外勾结。但从成效来看，"尺板不得出海"的政策，打击了地方经济，切断了沿海百姓生计，反而迫使更多商、民铤而走险，加入武装海商集团，成为盗寇。汪直、颜思齐、李旦、郑芝龙等前后数代海商/海盗首领，从东亚多边贸易中聚集大量财富，又周旋于中、日、葡萄牙、西班牙、荷兰几大势力之间，成就从东海到南海最大的海上军事集团，控制着海禁时代从日本、中国、东南亚诸岛到暹罗的贸易通途。

清朝政府在顺治和康熙早期，亦施行过十分严厉的海禁。其目的主要是抵御郑成功、郑经的海上反清武装。不过这一政策随着郑氏退守台湾而逐渐松弛，终于在康熙平定台湾的第二年全面废除。开海虽稍有反复，但清政权对海外贸易的态度，总的来说要比明朝更为正面、灵活和开放。

从历史上看，中国的禁海与开海，体现的是国家与海商集团间力量博弈的此消彼长。背后的逻辑，与其说是拒绝海洋贸易，毋宁说是争夺海洋贸易的控制权。国家与商人之间并不总是对立的，海商集团是典型的跨国行为体，凡成功者，无不与周边的国家及非国家政权保持微妙复杂的联系。海禁时代的东亚海域，不但毫不萧条死寂，反而是热闹非凡的历史演剧场。

说到剧场，有一出戏不得不提。1715 年 11 月 15 日，日本大坂城内的竹本座剧场，人形净琉璃剧《国性爷合战》在此首演。这部剧由著名剧作家近松门左卫门创作，以郑成功的抗清故事为蓝本，虚构了一位中日混血的英雄"和藤内"，从日本渡海、收复南京、驱逐鞑靼的故事。该剧上演后大获成功，创下连续演出十七个月的纪录，成为江户日本"时代物"（历史剧）的经典作品。

郑成功的故事在东亚一带广为传颂，但若从国家视角出发，对他的理解则大异其趣。日本人赞颂他，正如《国性爷合战》所表现的，在于他大义忠君、坚守中华正绪，或许也因为他有一半日本血统。近代中国的抗争史观,则着重他赶走在台湾的荷兰殖民者的事迹,强调他是收复台湾的"民族英雄"。败退台湾后的国民党政权,表彰他效忠前朝,矢志恢复中原。而所谓"台独"史观,则将治台二十年的郑氏政权视为"事实独立的政权"。参差交错的历史阐释背后,当然都是当代意识形态的纠结不清。

若不从某一国家出发,也许倒更清楚些:郑氏海商集团,是海禁时代东亚最为成功的海上跨国贸易/军事集团,也是最后一个。其兴起和衰落,特别直接地体现了早期全球化和近代东亚格局重组,对本地区历史走向的巨大影响。

郑氏集团崛起于郑成功的父亲郑芝龙。郑芝龙1604年出生于福建泉州,乳名一官,西文文献多以Iquan记载。他早年在澳门学习经商,并接受天主教洗礼,教名尼古拉斯。后经马尼拉前往日本平户,成为大海商李旦的手下。

当时东亚海域移民频繁,平户、马尼拉、越南等处都有华人移民社会,日本人移民也遍及南洋诸岛及中南半岛。这些跨国活动与官方朝贡贸易一起,成为东亚海上贸易最重要的网络。葡萄牙、西班牙、荷兰和英国为白银、丝绸、香料、枪支及茶叶的贸易利润所吸引,也先后加入进来,使得东亚海域成为多方合作、角力的场所,利益关系错综复杂。由于明朝禁海,华商将基地移往日本、南洋等处。李旦与日本当局关系良好,获得特许海外贸易的朱印状,成为海商领袖,平户也成了中国海商活动的中心。这就是郑芝龙来到日本的背景。

长期周旋于各方之间,郑芝龙不但通晓多种语言(官话、闽南话、葡萄牙语、日语、西班牙语和荷兰语),也逐渐培植起自己的势力。李旦去世后,郑芝龙打败其他海商,继承了李旦创建的海上王国。他向德川幕府输诚,获得幕府的支持和信任,屡次利用平户的官府来打击荷兰等对手。1623 年,他娶日本人田川氏为妻,翌年得子福松,即后来的郑成功。此后,他又接受明朝招安,把自己的基地转移到福建,以强大的海军力量,牢牢控制了中、日、东南亚之间的贸易网。

郑成功 7 岁时才离开平户来到福建,系统接受儒家教育。他 14 岁中秀才,20 岁入南京国子监。是年清军入关,一路南下。郑芝龙等在福州拥戴朱聿键称帝,改元"隆武"。南明政权倚重握有军权的郑氏集团,遂赐国姓"朱"、名"成功"于芝龙之子。郑成功之名,及称号"国姓爷"即由此而来。西文文献中的郑成功是 Koxinga,即"国姓爷"的闽南语发音。

郑芝龙本是海商,对自己贸易王国的关心远超过对任何政权的效忠。在泉州同乡洪承畴的劝诱下,郑芝龙投降清朝。郑成功阻止不成,出走金门。郑芝龙本以为清廷会让他掌管南方三省,不料清军主帅背约,把他押解至北京,成功之母田川氏亦死于战乱。

此后郑成功逐渐继承了郑芝龙的家业,以反清复明为志,不断在广东、福建沿海一带与清军缠斗。此时的郑成功拥有东亚最强大的海军力量,他利用制海权管控商路,建立山海五商体系,从连接东西洋的贸易网络中获得巨额利润以供养军队,并利用和日本当局的良好关系招募武士、购买日制盔甲和武器。他还多次让平户的中国移民(其中不少是明亡后到来的遗民)向德川幕府求助。虽然幕府没有直接出兵,但他确实招募到不少日本人,此外也有不少欧洲及非洲雇佣兵。

1659 年,郑成功挥军北伐,沿长江而上,连克数镇,江南震动。翌年指挥厦门之战,重创清廷水师,从崇明岛到广东惠州的南方海岸线几乎无守备之力。在此情况下，清廷采纳郑军降将黄梧的建议，强令山东至广东沿海居民内迁数十里，坚壁清野，使郑军无法从沿海地区获得补给，切断郑氏集团与中国内地的贸易联系。这是清代海禁的顶点。

失去陆上基地，郑成功的商业和军事网络就失去根基。他急需在大海中寻找一块进可攻退可守的根据地。与福建隔海相望、地处东南亚与东亚海路枢纽的台湾，就成了首选。台湾当时由荷兰东印度公司占据。荷兰人1624年被明军从澎湖赶出后，就转而经营台湾西部，把它当作同日本贸易的重要据点。郑芝龙当年就被派到台湾为荷兰人做翻译，也是从台湾开始接管李旦的商贸网络。郑成功时代，郑氏船队曾多次与荷兰东印度公司的舰队冲突，争夺对日贸易特权。1661年，郑成功出兵台湾，鏖战数月，终于在1662年初驱逐了荷兰人。

占领台湾不久，郑成功即去世。其子郑经掌权，一边屯垦台湾，一边继续同日本及英国东印度公司做生意，使郑氏政商集团又维持了二十年。在此期间，清廷逐步巩固了对沿海地区的统治，中央集权日益强化，并逐步恢复海外贸易。1683年，清军攻台，郑经之子郑克塽无力抵抗，投降清朝。驰骋东亚海域半个多世纪的郑氏海商集团，终于湮没于历史中。此后清朝开海，和日本一样，海上贸易渐由国家管控。

值得注意的是，清代海禁时间不长。康熙开海之后，由于海疆巩固，不再有武装私商集团的侵扰，中国不论官方还是私人的对外贸易，都有了长足发展。从海商集团角度看，由于日本和中国先后完成了国家对海洋贸易的控制和垄断，过去留给私商游走的空间日益缩小。

回过头看所谓两种文明（大陆与海洋）的差异说，其实缺乏坚实的历史基础。早期现代的欧洲，碍于奥斯曼土耳其在东边的崛起，不得不以极大的投入，致力开辟海上新商路，并终于开启大航海时代，这是没有问题的。但由此便认定东亚世界自绝于海洋，缺乏海外贸易的动力，未免过度解释。东亚国家没有像西欧那样，举国家之力开拓海疆，恰恰因为16、17世纪东亚政治格局的重组，中日都走向长期统一稳定，国家强化了对海外贸易的管控，以消除安全隐患。欧亚两地对海洋的不同开拓，与其说是文明的差异，倒不如说是历史的偶然。

美利坚的广州：喧嚣的口岸

在美国马里兰州巴尔的摩市，有一个著名的旅游胜地Inner Harbor码头，其中有个街区叫作Canton，也就是英语中的广州。1785年，一位爱尔兰商人约翰·奥登纳（John O'Donnell）从广州、印度加尔各答，辗转来到刚刚独立的美国，在热闹的巴尔的摩港口买下这片土地，并且成立了从事中美贸易的公司。作为第一批从事对华贸易的美国商人，他把这块土地命名为广州，Canton，这透露出他对未来的巨大期许。奥登纳的雕像曾长期竖立在这里。不过，因为他的奴隶主身份，2021年4月，这座雕像被移除了。

在早期美国，广州几乎就是中国的代名词。我曾经试图查找，有多少美利坚地名叫作广州，结果在维基百科上列出的美利坚的广州，多达三十多条。"广州"不但坐落在最早被殖民的东北部地区，比如康涅狄格、马萨诸塞、新泽西、纽约、西弗吉尼亚、宾夕法尼亚,而且遍布南部和中西部,比如俄亥俄、伊利诺伊、北卡罗来纳、南卡罗来纳、得克萨斯、威斯康星、密西西比、艾奥瓦、印第安纳等等。这些还只是城市、村镇或者社区,恐怕还有无数的名叫广州的街道,并没有收录在内。

为什么美国有那么多的广州呢?其实,很多地方,并不像巴尔的摩的广州一样,和中国有着直接的联系。有的广州,是因为和其他广州交通相连而命名;有的,是希望成为像广州一样的工商业中心;有的,则声称是中国广州在地球的对面。这种命名倒也不难理解,想想我们中国今天,有多少新的住宅项目、商场、店铺,被冠以"曼哈顿""波士顿""加州",或者"巴黎""维也纳""伦敦",就明白了。在19世纪的美国,提到广州,就像20世纪90年代和21世纪初,我们提到这些西方城市一样。广州是一个符号,代表着世界财富、机遇的中心。在美国的不少博物馆里,可以看到一位广州商人、可能是当时世界首富的伍秉鉴身着清朝官服的油画像,它也提示着我们广州与美国特殊的渊源。

谈到18、19世纪全球史,特别是早期中美关系史,广州是绕不开的话题。它象征了清代中国在世界贸易网络中的重要地位。但要讲清广州的故事,我们还必须回到清朝初期。

1684年,清朝平定台湾的第二年,康熙皇帝全面解除了实施二十八年的海禁。同年,清廷在云台山、宁波、厦门和广州分设江、浙、闽、粤四海关(江海关后来移至上海),隶属户部,替代过去的市舶司,掌管海外贸易事宜。中国近代海关体系,自此建置。

如果海禁并非自我封闭的标志,那么清代统治者对待海洋贸易的真实态度和政策方向是什么?回答这个问题,传统的"闭关锁国"论肯定是不应再坚持了。但是，若为了指出过去观点的谬误，说清代中国全然拥抱自由贸易，又过于简单，是把反对的观点推导到极致。评价一项历史政策，最好回到当时的情境中去理解，而不是套用今天的意识形态断章取义，或者为了当代的焦虑去摘寻历史佐证。

开海前，康熙曾和大臣讨论。他问："先因海寇，故海禁不开为是。今海氛廓清，更何所待？"然后又批评边臣为私利而阻民生："边疆大臣，当以国计民生为念。向虽严海禁，其私自贸易者，何尝断绝？凡议海上贸易不行者，皆总督、巡抚自图射利故也。"其中透露出清帝的两点认知：第一，是否禁海，与边疆安全极为相关。若海氛不靖，则理应限制海上往来；第二，海洋贸易关涉国计民生，而且私商从来没有真正停止过，在边患消除的情况下，应尽快还利于民。正是这两重考虑，勾勒出有清一代海政之大概。实际上，鸦片战争前，清廷对海洋的态度，始终是在安全和利益之间调整。而且不独中国，德川幕府以长崎为唯一对欧贸易口岸，也是在安全和利益之间寻求一种平衡。

清代的对外贸易管理，比明朝要更为开放灵活。明朝虽曾断续设立几处市舶司，但大体还是将海外贸易纳入朝贡制度之下。到了明后期，更只有月港一处允许商民出海交易。而康熙的做法，则是东南沿海全面开放：亚洲和欧洲商船可以停泊在上海、宁波、定海、温州、泉州、潮州、广州或厦门。在制度方面，无论是对私人贸易的鼓励，还是对洋商的管理，都进一步超越了既有的朝贡体制，给对外交往加入新的内容。

也许因为满人重农轻商的色彩相对不那么浓厚，从努尔哈赤、皇太极开始，后金/清政权就不拒斥贸易。建州在女真各部中由弱而强，很大程度上是利用"敕书"特许制度强化对明的贸易特权。康熙本人对外界的开放心态，常常被当作清代皇帝中的一个特例。但是开海并非只是康熙个人意志的体现。他晚年曾下令禁止南洋贸易，但雍正即位仅四年后，就改弦更张，力行解禁。到了乾隆时代，又出现禁止南洋贸易的议论，乾隆亦坚持开海不变。除皇帝外，康雍乾时代一大批满汉官员，如姚启圣、慕天颜、靳辅、李卫、高其倬、陈宏谋、庆复、蓝鼎元等等，都强调海上贸易对国家及民生的积极作用，上书建言开海之重要。可见，当时政治意识的潮流，有很大一部分是倾向于鼓励贸易的。

因此清廷开辟海关制度，是因应新的形势。开关并非拥抱自由市场，而是强化国家对海上商事之管理。积极介入的结果，是海洋贸易全面振兴：赴日本的船只在四年之内增长七倍，对南洋的贸易也达到前所未有的高潮。西欧各国竞相加入东海、南海贸易网络的角逐，与之相比，中国民间的帆船贸易在数量和种类上也毫不逊色。中国东南海岸线成为早期全球化最为喧嚣热闹的场域。

而且不要忘了，海路之外，还有围绕中国的陆路贸易网络：传统的边市、贡使、商队贸易继续连通着从朝鲜半岛、中原、中亚、西南到东南亚的广大地域。拜1727年中俄《恰克图界约》所赐，恰克图/买卖城开通互市，刺激了华北经蒙古至俄罗斯的商道，张家口—库伦（今乌兰巴托）—买卖城一线商贾川流、市镇勃兴。18世纪初苏格兰医生约翰·贝尔（John Bell）随俄罗斯使团访华，在他看来，中国对外贸易的开放程度，完全不亚于英国或者荷兰。

说到这里，有几个容易误读的地方需要澄清。首先，康熙设立江、浙、闽、粤四个海关，并不等于对外通商口岸只有四个。

清代税关除海关之外还有河关和路关,所谓"四口通商"仅是针对海上贸易,并不代表全部对外通商。四大海关又只是四省之内大大小小所有海关关口的总称,每个总关下面,都另有十几到几十个口岸。所以西洋贸易的口岸绝不止四个,只是所有口岸的征税等事宜统归四大海关管理。

其二,开关之后的政策曾有变化,但这和重回海禁不同。1717年,康熙下令禁止中国商船前往南洋贸易,以防沿海居民往来由荷兰人占领的巴达维亚(今雅加达)和西班牙占领的吕宋。有学者认为,其中的考量,主要是怕内地与海外反清势力结合,在清廷北边用兵准噶尔部之时,滋扰南方。此令只针对南洋贸易,不涉其他;只禁华商出海,不阻洋商来船。且因实在影响地方经济,禁令在几年后就成了一纸空文。到1723年,实际前往巴达维亚的中国商船数量已经超过禁前的规模。雍正便在1727年下令解禁。

其三,也是最常见的误读,就是认为乾隆1757年改"四口通商"为"一口通商",体现了清朝彻底闭关。所谓"一口通商",并非裁撤其他三个海关、只留广州一处,而是把江、浙、闽三关的西洋业务,全部划归粤海关。本国进出口船只,仍可出入于江、浙、闽。与日本、朝鲜、琉球、安南、俄罗斯等国的公私贸易也不受影响。所以"一口通商"的说法是有误导性的。此项政令的最主要目的,是统一对西洋贸易的管理,职能更加集中,也避免粤、浙两关相互掣肘。

须知广州一向是对欧贸易的最大口岸,其他三个海关本来就少有洋船往来,业务机制远不如粤关完备。1755年后,有英国商人前往浙江,一为方便收购茶叶、生丝,二为浙关征税较少、手续简单。但乾隆担心洋船出入人口密集的宁波,致洋人、民人杂处,滋生事端,搞出另一个澳门来,这才有"将来止许在广东收泊交易"的谕令。需要说明的是,归并一处后,西洋贸易不降反升。从1757年到鸦片战争前的约八十年里,粤关年平均税收由42.6万余两增长至136.5万余两,提高至3.2倍多。其他三关本多从国内商船抽税,也没有因此项政策变化而受影响。

但是,英国东印度公司的一位船长洪任辉(James Flint)不服,竟不顾官员劝阻,驾船直抵天津,要进京请开宁波贸易,其中很重要的理由,是粤关官员索贿太甚。乾隆把索贿官员革职之后,以洪任辉违抗禁令、勾结奸民,判监禁澳门三年。为防止类似事件重演,乾隆批准《防范外夷条规》,对前来广州贸易的洋商实施诸多人身限制。

应该承认,粤海关滋生贪腐确是真实情况。主要因广州实行"十三行"制度,国家指定一定数量的行商垄断外贸,但各种税费繁多、对商人管理严苛。行商虽靠着特许经营权富甲一方,但承担极大的经济、政治和管理风险,也必须听命于朝廷。粤海关名义上属户部,而监督一职在改制后全由内务府官员充任,海关收入一部分直送内务府,号称"天子南库"。

历史地看,特许经营在当时是通行的外贸制度,对全球贸易网络的形成有很大推动作用。在广州交易的大主顾,比如荷兰和英国东印度公司,也都是国家特许垄断,其在全球的运营并不靠市场原则,而是类国家行为,包括战争、殖民、镇压、谈判和妥协合作。它们没有、也无意带来新的一套"自由市场机制"。反倒是清廷对十三行的严格管制,让洋商规避了大量风险,得益甚多。行商制度还启发过早期资本主义国家对金融扩张的干预。1829年美国通过"安全基金法案"(Safety Fund Act),要求纽约银行共同出资成立基金，以防因个别银行倒闭带来债务纠纷。这个做法正是源于广州行商的连坐互保机制。

以今天"自由贸易"的意识形态来看，国家对广州贸易的干预和垄断似乎问题很大。但从当时政治角度讲，东亚世界的内外关系是由"天下体制"这个大框架限定的，清朝皇帝居于这个礼法制度的中心，周边国家也从这套制度中获得利益。西洋贸易附属于这个框架，自然要在既有的结构内运行，不存在独立于或者超越该框架的可能。同理，19世纪中期之前的西欧，无论荷兰还是英国，也都以国家主导贸易，并没有奉抽象的"自由开放市场"为圭臬。也就是说，在具体商业理念上，欧亚在19世纪前差别不大。

开放贸易本身，并非独立的价值评判标准，它只是一项治国理民的政策。既然是政策，就会根据社会情况的变化而变化。海外贸易既是重要的惠民措施、国家利源，也会带来安全隐患。因此对外贸易，就不断在安全与利益的摇摆下时放时收。不错，清代曾禁海迁界、限制南洋贸易、以广州总管西洋商船……但所有这些看似限制性的措施，都只是中国对外贸易大发展中的插曲，并没有将中国排斥在全球化之外。广州作为重要的区域贸易节点，和澳门、长崎、巴达维亚、马尼拉、釜山、琉球、恰克图等一起，共同构筑起东亚早期现代的繁忙图景。也正是从16、17世纪开始，华人大量移居海外，逐渐形成了覆盖整个东亚和东南亚地区的海上贸易网络。到了20世纪，东南亚华人不但为孙中山革命和抗日战争提供巨大支援，华商网络还极大地保证了80年代改革开放的成功。

既然如此，所谓"中国闭关"的形象又是怎么流行起来的？它是如何和"日本锁国"一道，变成对东亚的一个刻板认知的呢？

作为象征的马戛尔尼使团

在写到郎世宁和耶稣会士时,我曾提到英国《经济学人》杂志 2013 年的一段历史叙事:"1793 年,英使马戛尔尼伯爵到访中国皇廷,希望开设使馆。马戛尔尼从新近工业化的英国挑选一些礼物带给皇帝。乾隆皇帝——他的国家当时的 GDP 约占全球三分之一——把他打发走了……英国人 19 世纪 30 年代回来了,用枪炮强行打开贸易,中国的改革努力以崩溃、耻辱……而告终。"

如果没有鸦片战争,1793 年英使访华或许不是特别特殊的事件。上年 9 月,马戛尔尼带着礼物和英王乔治三世的国书,从朴次茅斯出发,借给乾隆皇帝贺寿的名义来到中国,希望展示英国实力,并要求贸易特权。经过烦琐冗长的交涉(比如是否以跪拜礼觐见),马戛尔尼等终于在承德见到了乾隆,但清廷婉拒了他们要求的特权。使团在详尽收集中国情报之后回国。无论在英国还是中国,此事在当时都不算太引人注目。

但由于中国在鸦片战争以来的际遇,1793 年的这次中英相遇,在漫长的两百多年里,被不断重新解释、添枝加叶,成为具有全球史意义的重大事件。到了 20 世纪,欧美和中国都把它看作是一次失败的相遇:"保守封闭"的中国,因缺乏平等外交观念,而错失了"融入世界"的机会。通俗历史讲义,就像《经济学人》一样,把它和鸦片战争联系,构建出一个清晰的因果链条:中国因封闭而挨打;只有用战争,才能让中国接受自由贸易。不少论者即使对帝国主义和殖民主义持批判态度,也认为是清代中国的虚荣自大招致了国力衰微。

马戛尔尼使团,逐渐脱离实际的历史情境,成为一个为特定意识形态提供素材的象征和神话。对它的认知也从一次具体的中英间外交交涉,演绎成具有本质主义色彩的东西方文化冲突。1793年使团的"失败",被全数归咎于"东方"对于商业的忽视、虚妄的自我迷恋,以及专制主义传统——尽管清代中国开海之后并未闭关,对海上贸易的管理并不比当时的欧洲国家更保守,并且最重要的是,中欧贸易(包括中美贸易)实际上不断增长。也就是说,在对马戛尔尼使团的解释中,中国和英国当时具体的政治、社会、经济和外交状况被故意省略了:这些都不重要。重要的是:一个与"西方"相对的"东方"形象,通过这次接触被充分展现和印证。

这种对东方形象的认定,其实早就开始了。我们来看一幅著名的讽刺漫画:

《在北京朝廷接见外交使团》,詹姆斯·吉尔雷绘

这幅《在北京朝廷接见外交使团》，作者是英国著名的讽刺画家詹姆斯·吉尔雷（James Gillray，1756—1815）。在所有表现马戛尔尼觐见乾隆的图像中，它恐怕是最为知名的了。无数对1793年事件的介绍，都会引用它。这幅画代表了英国主流舆论对这段历史的认知，因为它生动地刻画出中国皇帝面对单膝跪地的马戛尔尼，那副高傲、自大、不屑的蠢样。

但最令人称奇的，并非画家的技巧，而是这幅画的出版时间：1792年9月14日。就是说，马戛尔尼使团尚有半个月才出发，画家就凭借他的想象，"预告"了整整一年之后的会面场景。对此事的阐释，在事件还没有发生之前，就已经结束了！"历史认知"，根本不需要"历史"的存在。

画家当然不是先知。作品的思想来源，一是他处身的现实，二是欧洲18世纪以来对亚洲的新态度。吉尔雷是英国政治讽刺画（caricatures）的开山鼻祖，他对欧洲、特别是英国时政的讥讽，体现着18世纪80到90年代公众政治思潮的变化。1783年美国取得独立战争胜利，极大打击了英国的海外殖民事业；1789年法国大革命，冲击着整个欧洲的王权体制。英国遂以强化殖民地管制来应对，但殖民地官员的作为亦饱受批评。与此同时，孟德斯鸠以来的欧洲人文主义知识分子，发明"东方专制主义"镜像，来重新定位欧洲在资本主义时代的文化、政治身份，对中国政体的态度由赞美转为大力批判。

吉尔雷反对法国革命，但对君权极尽嘲弄，常常把英王乔治三世作为讥讽对象。他的画面向伦敦公众销售，深知如何挖掘市场对于各类时事的观感。但我们应注意，对于即将出发的马戛尔尼使团，这幅画的挖苦其实是多方面的：既表现爵爷身后一众英国官员、商人的惶恐和贪婪，也把马戛尔尼所带的礼物说成是毫无用处的小孩玩具；当然最为突出的，还是东方君主的冷漠、傲慢、可笑和脑满肠肥。如果它是一则预言，那么它揭示的是这次出访包含了多个层面的矛盾冲突。

结果，这个预言真的"自我实现"了。在讨论中英首次官方往来失败的原因时，欧洲论者谈论得最多的，就是觐见礼仪问题，好像中国皇帝拒绝英国的通商要求，仅仅是为了马戛尔尼不肯行三跪九叩之礼。吉尔雷肯定不会预知磕头争执，他画中的马戛尔尼单膝跪地，不过是当时欧洲王宫标准的觐见礼。但当预言应验，"历史"就朝着人们认定的方向展开了：马戛尔尼的觐见礼，成了后人眼中画面的焦点，掩盖了其他。此外，另一个最引发兴趣的话题，则是乾隆给英王的回信，其中夸耀中国无所不有，完全不需要和英国贸易。这点也恰好通过对中国皇帝面对马戛尔尼带来的"小孩玩具"的不屑，而展现得淋漓尽致。

所以，这两个情节竟像是在马戛尔尼出访前就"设计"好了，"历史"不过是照这个套路表演一番，所有的理解都引向对"愚昧的东方"的抨击。对异己的定见左右了历史的走向。

这种解释思路，到法国政治家、学者阿兰·佩雷菲特（Alain Peyrefitte）的《停滞的帝国》一书达到顶峰。该书1989年出版后，很快成为畅销读物，并在1993年发行了中文版。其时冷战刚刚结束，无论西方还是东方，对"落后文明"的想象和批判，都颇迎合"历史终结"时代的口味。

近年来对马戛尔尼使团的新研究层出不穷。学者们把马戛尔尼事件还原到当时的社会、政治、文化情境中，从礼仪制度、科技、地缘政治、贸易状况、翻译等等许多新角度阐发了交流失败的原因，有效批驳了抽象的文化主义解读。毋庸在此赘述这些观点，我们只需注意特定解释产生的历史脉络。比如礼仪问题，美国学者何伟亚（James Hevia）就认为18世纪以来欧洲国际法对外交的重新规范，以及英国人把跪拜与臣服、阶层、奴役、性别等符号相连，是磕头问题显得敏感的原因。但觐见礼仪并没有成为1793年中英会面的阻碍，而是直到1816年阿美士德（William Amherst）使团来访时才有所激化。到了1840年，美国总统约翰·昆西·亚当斯（John Quincy Adams）把中英开战的主因说成是磕头问题，这个问题才被无限拔高。

亚当斯当然是以礼仪为借口，将殖民侵略合理化。即使我们顺着这种"文明人教训野蛮人"的逻辑，认定英国只是按照主权国家的新观念，要求中国承认其平等地位，那么也可以追问：英国全球殖民，从未以平等原则对待弱小，又凭什么要求中国实践主权平等呢？鸦片战争后，英国把"平等"的外交礼仪输入中国，是为了建立"平等"的对华关系吗？

其实正如黄一农先生指出，无论1793年马戛尔尼以什么礼仪觐见，乾隆都会拒绝英使的要求。这并不是因为中国拒绝贸易，而恰恰是因为中国早将外贸规范管理，对所有国家一视同仁，而英国的要求，本质是让中国推翻实施多年的定制。其要求包括：开放宁波、舟山等地为口岸；在北京常设使馆；划舟山附近一岛供英商居住、仓储；允英商常住广州；英船出入广州、澳门水道并减免课税；允许英国教士传教。首先，英国要的不是通商的"普遍权利"，而是针对英国一家的特殊待遇。其次，划岛而居这样的要求已和殖民无异。再次，将对欧贸易归并广州，对洋商出行加以限制，如前文所述，恰恰是乾隆出于社会安全考虑而做出的决策。而关于最后传教这一条,甚至并不是马戛尔尼提出的。根据最近牛津大学沈艾娣教授的研究,这其实是作为使团翻译的中国天主教徒李自标擅自加入的。换个人处在乾隆的位置上,恐怕也不会答应如此放肆的请求。

国内有很多学者,把马戛尔尼使团的访问,脱离了当时具体的历史情境去理解。像某著名经济学家认定,马戛尔尼是"希望按照市场的逻辑"而非"强盗的逻辑"从事商贸和交流,那么可以问一句:主导中英贸易并资助着马戛尔尼使团的英国东印度公司,遵循的是市场逻辑吗?

另外最近的一些研究也表明,清朝通过边疆地区传递来的情报,已经明确知道,此番前来的英国人,就是占领了印度、势力深入尼泊尔,并对西藏构成威胁的那批欧洲人。所以乾隆皇帝出于边疆安全的考虑,对于英国人、包括他们提出的要求,有着很大的警惕。综合上述几方面原因,清廷婉拒了马戛尔尼要求的特权。英国使团在详尽收集中国情报之后回国。而中英之间的贸易,也没有受到出使失败的影响,贸易额仍然持续不断地增长。

但是在后世的论述中,马戛尔尼的要求和背景往往被忽略或淡化,而乾隆给英王的回信,倒被反复提及,以证明中国可笑的自大。英文文献里引用最多的一句话,回译成白话,就是:"天朝无所不有……从不看重精巧制品,一点也不需要你们国家的制品。"其实,乾隆的回信迟至1896年才全部翻译成英文,这封信以及这一小段话在整个19世纪都没有引起什么重视,可以说完全是20世纪"后见之明"指导下的新发现。

更重要的是,这段话断章取义,扭曲原文。此话的语境,是特指马戛尔尼带来的礼物，而非早已持续多年的中英间贸易："天朝抚有四海，惟励精图治，办理政务，奇珍异宝，并不贵重。尔国王此次赍进各物，念其诚心远献，特谕该管衙门收纳。其实天朝德威远被，万国来王，种种贵重之物，梯航毕集，无所不有。尔之正使等所亲见。然从不贵奇巧，并无更需尔国制办物件。"但是只有把个别语句抽离、置换，中国皇帝才能够成为取乐的对象。这句话便同"磕头"一起，成为野蛮"东方"活该挨打的证据。把它和鸦片战争联系起来，殖民侵略看上去不但不那么难以接受，而且简直是带来文明曙光的义举了。

遗憾的是，即使很多学者早已否定了其层层叠加的意义，马戛尔尼事件还是顽固地扮演着（中国和其他地方的）东方主义者们希望它扮演的角色。《经济学人》们绝不会是最后一个抓住这个陈词滥调不放的。既然对历史的认知完全不需要历史的存在（像吉尔雷的漫画一样），那么这个神话怕是还会继续很长时间。

第七章

其命维新：
东亚现代思想的兴起

East
Asia

思想契机：姜沆与朱舜水

重思东亚在近世的命运，不但需破除制度上"闭关锁国"的神话，还需要反思另一层关于思想和文化的定论。和"闭锁论"一脉相承，20世纪以来成为主流的进步主义史观，假定在17到19世纪的东亚（清代中国、江户日本、晚期朝鲜王朝），学术和思维日趋停滞、僵化，以致无法抵御西欧工业化、新技术、新思想在现代的冲击。与西欧和北美同时期自由、民权思潮的汹涌澎湃相比，三个东亚社会则像是死水一潭。宋明儒学，特别是朱熹的理学系统，是三国一致的官方意识形态；礼教一统天下，压制异见与"人性"。清朝则更因满人大兴文字狱和刻板的科举制度，而"万马齐喑"。

站在19世纪末20世纪初，这种认识也许有一定道理。但是目睹东亚世界在20世纪后半期以来的巨大变化，特别是当发现它的内核并未按照"脱亚入欧"的逻辑延伸，而是很大程度上延续着思想的内在逻辑、从历史命题中找寻应对现代挑战的途径，我们就知道"停滞"一说并非全景，而且在相当程度上有失偏颇。清代中国、江户日本以及李氏朝鲜，都并不缺少新鲜思想的迸发。不论是否处于官方认可的主流学说之内，这些思想都未停止生长，而且对19、20世纪的东亚世界恰有极大的塑成作用。因此要查考东亚在现代的"发现",就需追根溯源,对早期现代的思想状况有所反省。

目光再次回到17世纪,我们先来看两位桥梁性的人物,他们是对日本近代思想影响深远的两位儒者:朝鲜的姜沆(1567—1618)和中国的朱舜水(1600—1682)。

1597年,姜沆在全罗道海上被二次侵朝的日军俘获。就在几天前,朝鲜名将李舜臣在鸣梁海战中阻击日本水师先锋,但终究寡不敌众,未能阻挡日军继续北上。姜沆本来在全罗道组织义兵抵抗,但队伍四散,他只好携家小,分乘两船投奔李舜臣,仓皇之中又和父亲失散。他后来自述,在寻父过程中,遭遇日船,全家蹈海而逃,结果不但自己被抓,而且家人死散无计。最惨的是刚出生的小儿子被弃之沙滩,"潮回浮出,呱呱满耳,良久而绝"。

姜沆的悲惨境遇却造就了一次重要的文化相遇。同不少朝鲜人一道,他被押送到日本,辗转几个地方。一个偶然的机会,他结识了著名学者藤原惺窝。藤原早年学习佛教,后来通过朝鲜通信使接触了朱子学,从此致力于儒学研读,还一度想到中国求学。通过和姜沆的接触,藤原惺窝系统学习了朝鲜儒学以及儒家礼仪制度。姜沆则在藤原的帮助下,最终回到朝鲜,并撰写了记述乱中见闻的《看羊录》。他在书中并没有提及和藤原的交往,倒是提到了日本与葡萄牙、中国等频繁的海上商贸往来。

姜沆的时代,朝鲜儒学已建立起自己的体系。李滉(退溪)和李珥(栗谷)在16世纪中后期双峰并峙,开创颇有特色的性理学派。姜沆深受李滉学说的影响,并把这种影响带给了藤原惺窝。藤原此时受聘于德川家康,专门讲授儒学,为后来江户幕府确立朱熹理学为官方政治理念，起到关键作用。在他的努力下，日本儒学得以摆脱佛教的影响，成为一门独立发展的学问。也因此，藤原被尊为日本近世儒学的开山鼻祖。

藤原的学生中，对后世影响最大的，当属林罗山。林罗山由藤原推荐，仕于德川家康，前后辅佐过四任将军，参与编写文书，制定制度法令，将所学与政治实践相结合。他继承老师对理学的阐释，希望调和儒教与本土神道思想，以此排斥基督教。林罗山对幕府官学影响巨大，整个江户时代的"大学头"一职，全部由林氏一族担任，林家成为世袭的官学领袖。林罗山创立的私塾，后来发展为幕府直辖的教学机构——昌平坂学问所，无数名儒出自林氏门下。朱熹的思想，经李滉阐发、姜沆传播、藤原惺窝与林氏的消化，成为德川时代日本思想主流。如果说，江户幕府奉朱子学为官学，是在此前长期变乱的历史条件下，一种权衡之选，那么姜沆与藤原惺窝的相遇，则极大地促成了这个选择。

丰臣侵朝让姜沆被俘日本，满洲崛起则促成朱舜水东渡扶桑，这对日本的影响同样巨大。朱舜水原名之瑜，"舜水"是60多岁后在日本用的号，但因为他的主要著作皆在日本完成、流传，所以"舜水"反而更为知名。他是浙江余姚人，1644年后致力于反清复明，奔走于闽浙沿海和日本、安南、暹罗一带达十五年。安南国王曾强留他入仕，但他不愿行臣子之礼，坚辞不就。1659年，他参加郑成功攻打江南的战役，失败后到日本求助，此后就在长崎定居下来，传授学问。

一开始，朱舜水在学生安东省庵的接济下生活。1665年，水户藩的第二代藩主、德川家康的孙子德川光圀，仰慕朱舜水的学识，聘他为宾师，执弟子礼。朱舜水于是移居江户，名声日隆。

他现存的著作,很大一部分是和日本士人的通信、问答,也可见日人对他的零星写作都十分珍视、详加整理。直接受他影响的著名学者,除了安东省庵、德川光圀外,还包括安积觉、山鹿素行、木下顺庵、伊藤仁斋等等。

明朝覆亡,过去被视为"蛮夷"的满洲居然成了新的"中华",这一政治巨变,给整个儒家世界带来极大的心理和文化震撼。朱舜水和他的同乡黄宗羲一样,一方面坚守明朝正统,另一方面深刻反思有明一代儒学的问题。他认为明亡之根本原因,在于内部的腐坏,尤其是读书人的腐坏,导致纲纪疲敝、民德沦丧。所以和姜沆不同,朱舜水虽然也尊奉程朱,但反对明朝后期朱子学堕入空理。对于朝鲜人厌恶的王阳明心学,他倒是有所吸纳,不过他也不满后期王学的虚空,强调学问应经世致用。这种实学思想,启发了日本"古学派"的兴起。

他带给日本的儒学,不是姜沆那种成体系的性理之学,而是带着沉痛的亡国之恨的批判性儒学。在他眼中,故国因内败外虏,已经彻底沉沦,反而是收留了他的日本,能够看到延续文明正脉的希望。此时的岛国,竟也成了某种理想寄托。在给安东省庵的信中,他说:"贵国山川降神、才贤秀出,恂恂儒雅、蔼蔼吉士,如此器识而进于学焉,岂孔、颜之独在于中华,而尧、舜之不生于绝域?"

须知在此之前,中国士大夫眼中的日本,一向是蛮夷倭种。因为明亡清兴,日本就从岛夷倭寇,一变而为域外尧舜了。这样一种思想,更加促发了日本重新认定自己在中华文明统绪中的地位。儒家本强调华夷秩序,但由于有了满洲这样一个夷狄,日本反倒从夷狄的身份中解脱出来了。朱舜水鼓励日本儒士认识到,自己也有可能成为"中华"。日本所谓"脱离中国的中国化",由此展开。

明末清初的浙东一派学者,极重治史,有所谓"言性命者必究于史"的传统。朱舜水尊王攘夷的史学思想,是日本近世史学的精神坐标。德川光圀在江户设彰考馆,编纂《大日本史》,朱舜水的得意门生安积觉担任了彰考馆的第六任总裁。《大日本史》是日本"水户学"的奠基之作,其思想主轴就是维护皇朝正统的"大义名分"。"大义名分"之论直接导引出19世纪倒幕、维新时"尊皇攘夷"的政治口号,也成为此后日本亚细亚主义的思想源头之一。

朱舜水与林氏一派幕府官学也有交集。林家第二代掌门是林春胜(鹅峰),其子春信便受学于舜水,可惜早夭。春胜的另一个儿子、后继任大学头的林凤冈,则和木下顺庵等朱门儒生常有往来。林春胜、林凤冈父子利用职务,收集整理了当时由到长崎的商船带来的中国情报,并以《华夷变态》命名这本口述资料汇编。很明显,这体现日本学者对中国"是华变于夷之态"的认定,与朱舜水的思想高度吻合。

17世纪以来有关"中华"和"夷狄"的身份重塑,是东亚思想开始走向现代的一大刺激因素。经过丰臣侵朝、满洲崛起和西学渐入,东亚的知识界因应时变,产生了一次集体震荡。面对时代冲击,中日韩的思想者重新解释自身、他者和历史,寻求解答。此震荡之所以会差不多同时发生,是因为海洋交流网络的扩展,人文碰撞在短期内突增。姜沆、朱舜水和日本的相遇,虽属偶然,却串联起本地早期现代的多重历史背景。他们的相遇能成为东亚现代思想兴起的契机,这些背景缺一不可。

江南风格与江户浮世

1759 年,乾隆二十四年。出身苏州的宫廷画家徐扬完成了《盛世滋生图》。这幅十二米多的长卷,详细描绘了乾隆二巡江南时,苏州城繁盛、热闹的场景,因此又称为《姑苏繁华图》。其画幅之巨大、人物之众多、场景之丰富、市肆内容之博杂,远超北宋张择端的《清明上河图》。画中各类商铺约二百六十家,其中不少专营书籍及字画生意;而演艺、课读场景之多,亦可知城市文化的发达。徐扬在题跋中描述:"三条烛焰,或抡才于童子之场;万卷书香,或受业于先生之席。""姑苏繁华",是研究当时江南城市空间和社会生活的百科全画;"盛世滋生",也是理解近代思想契机的一把钥匙。

谈到东亚 17、18 世纪的思想激荡,外在的刺激(丰臣侵朝、满洲崛起、基督教东渐、海上交通频密)是重要诱因,不过外来因素需要施之于内在环境,才会产生化学反应。以朱舜水为例:

《盛世滋生图》(局部)

他的思想兼收朱熹、王阳明，但反对两派的流于空谈，强调经世致用。这种创新性的思想在远离京师的江南地区形成，又在江户时期的日本广为传播，与这两个地区的经济社会状况有极为密切的关联。和欧洲文艺复兴时代的情形类似，城市的勃兴，特别是商贸都市的大发展，是近代东亚新思想、新文化的孵化器。反过来，新的思想文化和学术活动，也深刻改变了城市的面貌。

当代学者们一向特别关注明清时代的中国江南地区。各个学派从政治、经济、地理、产业、环境、社会、人文的角度出发，着力阐发这个历史空间在中国走向近世过程中的意义。本书的"江南"取广义概念，泛指长江下游流域的城市群。它既包括狭义上长江以南的苏、常、杭、湖等"八府"，也包括江北的扬州和溯流而上的南京等地。

江南空间的独立性和独特性，形成于自然和历史的双重作用。长江下游平原丰庶的物产，使这里很早就成为国家粮仓；人口不断增加，令手工业、制造业成为农业之外重要的收入来源；大运河贯通南北，一系列交通节点上逐渐形成商贸重镇；便利的河道沟通起内陆，帆船贸易连接起海外（特别是日本和南洋）；工商业的高度发达、信息交流的畅通，不但刺激城市化的进一步扩展，而且为思想文化的创新和传播提供了必要条件；而远离首都，又使得居于商业中心的文人群体能选择超脱于政治斗争核心，他们虽也受官方意识形态影响，但束缚相对较小。巨大的商业、交通、思想活力，孕育出独树一帜的"江南 Style"。

江南风格的一大特征，是与朝廷主流的分立。这种分立起于明代中叶，盛于清代；在根本上是学理思想的叛逆——即对流于刻板玄虚的宋明理学的反动，在表现形式上则涵盖从学术到艺术的各个方面。以至于后世谈论清代文化思想的发展，江南文人群体的影响要远远大于正统官学。

如果举书画为例，则可直观理解这种叛逆在视觉上的表达。对清代以来书法、绘画影响最大者，大概要数晚明松江人董其昌。董其昌将禅宗佛教中的南北宗之分引入画论，独崇南宗文人画一脉，贬低北宗宫廷画。他的思想后来受到清廷的推崇，文人书画则继续朝野分化。新的"在朝"一路，受到官方趣味影响，强调严格的笔墨规范，崇尚"无一笔无来处"的师古。而江南一带的书画家们以"在野"的姿态，拒绝刻板的审美趣味，注重个性张扬，开启新时代的画风。他们虽然也继承董其昌强调才情学问的一面，但更推崇陈淳、徐渭一路纵横恣肆、直抒胸臆的写意水墨，逐渐在民间成为主流。清初"四僧"（八大山人、石涛、髡残、弘仁）以及担当等人的野逸、狂怪、奇简，在与因循摹古、精致复杂的"四王"（王时敏、王鉴、王翚、王原祁）一路对比中，更凸显其惊世骇俗的革命意义。

"四僧"等画风的独具一格，当然与明亡的政治刺激有很大关系。但他们的美学取向能引领后世，成为中国现代美术之开端，则和明末以来南方商业社会的风气密不可分。白谦慎在其傅山研究中就指出，随着市民文化勃兴、思想多元开放，17世纪的江南城市形成一种"尚奇"的审美趣味，傅山"宁拙毋巧，宁丑毋媚，宁支离毋轻滑，宁直率毋安排"的追求，正是这种新趣味的宣言。

另外一个重要因素，是文化市场的发达，能够支撑文人把书画、诗文等过去只是修身养性的副业当作立身之本，不必非要走科举的道路。文人卖画当然不是从清代才开始的，但以卖画为生，并且形成职业文人画家群，则在清代江南这个繁荣的市场环境下才真正成型。郑板桥辞官后，给自己的书画标出润格："大幅六两，中幅四两，小幅二两，书条对联一两，扇子斗方五钱。凡送礼物、食物，总不如白银为妙……"并不耻于言商，这在之前是少有的。"扬州八怪"从风格上和身份上都继承"在野"的姿态，是以"怪"来抗拒媚俗。

文人创作的相对独立，与治学、出版的独立是相一致的。晚明以来，江南藏书刻书风气极盛，商业运作与文化创作相互刺激，不但新思想迅速传播，大量禁毁书籍也得以在市肆内悄悄流转。这一时期最激进叛逆的思想家要数李贽，他大力抨击程朱理学，甚至讥讽孔孟，自居异端，倒是对利玛窦其人评价甚高。他生前著有《焚书》，意谓此书必遭焚毁。明清两朝的确都将他的书列为禁书，可民间私刻者屡禁不止，"士大夫则相与重锓，且流传于日本"。如果没有发达而自成体系的书籍出版业，这种情况大概不会出现。

文化上的朝野之争，以后世影响来看，是在野的一方大获全胜。1773年，《盛世滋生图》完成十四年后，《四库全书》开始编纂。这是清代文化建设的最重大事件。九年后，《四库》编成。按照梁启超的说法，这标志着反宋明理学的江浙学派的胜利，"朝廷所提倡的学风，被民间自然发展的学风压倒"。书成之后总共抄写七部，北京、承德、盛京内廷收藏四部，其他三部则尽藏于江南。

对应江南在清代的发展，日本则有以江户（今东京）为代表的商业都市的出现。"盛世滋生"，同样也是近代日本思想兴起的时代背景。丰臣秀吉死后，德川家康最终完成了日本的统一，1603

年设幕府于江户。当时的江户还是一座小城，人口及规模远不及京都和大坂。1635年，第三代将军德川家光制定"武家诸法度"，明确规定各地藩主大名每年必须前往江户，正室和继承人则常居于此，这就是所谓"参勤交代"。（延聘朱舜水的水户德川家是例外，水户藩主长期留住江户，这也是为何朱舜水后来居于江户而非水户。）

"参勤交代"首先是幕府强化中央集权、防止国家再度分裂的一种制度。幕府强令各大名留妻儿为质，并且承担自己往返的花费，以削弱各藩的财力。这一政策的社会经济后果，是全国政治精英的生活和消费重心，向江户转移。随着交通畅达、城市空间的扩大，农民和商人也纷纷涌入，江户迅速成为人口繁盛、商贾云集的特大都市。

大名前往"参勤"，往往带着家臣随从，有时多达数千人。家臣一般单身赴任，因而江户的人口构成，不但武士阶层集中，而且男女比例非常不平衡。承平日久，武士阶层寻求消遣，促进演艺业、服务业和色情业的发达，歌舞伎、艺伎和游廓妓院等成为都市文化的重要组成部分。而都市的发展造就了一批富商阶层，他们是新兴市民文化重要的赞助人和消费者。这种文化最著名的代表形式，是出现于17世纪后期的"浮世绘"版画。

"浮世"一词来自佛教，意指现世的繁华和虚空。早期的浮世绘，表现的正是一种纵情声色、及时享乐的生活美学。被认为是浮世绘创始人的菱川师宣，就以江户吉原（游廓）为题材创作了大量风俗画和美人图。他作品中隐含的情色意味和对世俗生活的迷恋，是江户浮世最好的注脚。尽管浮世绘和江南文人画都是商业社会的文化产品，突出与宫廷文化相对的世俗个性，但浮世绘需要更复杂的分工：绘师画图、雕工刻版、摺师印色、商家出售，各自为政，资本主义色彩更为浓厚。文人画的收藏者既包括商人也包括士人，浮世绘的服务对象则主要是商人和一般大众。

江南和江户，都是东亚近世思想文化的策源地，代表了东亚新的社会经济状况的典型空间。两个空间又经民间海上贸易连缀，江南的书籍、书画不断流入东瀛，持续影响着江户日本的思想和审美。

即使在礼教制度最为严格的朝鲜，新的世俗文化风尚也破土而出，在18世纪后期出现了擅长表现妓馆风情、男女爱欲的画家申润福，以及以风俗画著称的金弘道。金弘道的代表作《檀园风俗图帖》，以二十五幅民间生产生活场景，勾勒出朝鲜时代各阶层人等的姿态，是难得的视觉史料。

新型市民文化的产生，其物质背景，是商品经济在朝鲜王朝时代的勃兴。朝鲜王朝建国之初，就模仿高丽时代的王都开城，在汉城建设常设商铺——市廛。壬辰战争和满洲崛起之后，朝鲜局势由动荡而渐趋稳定，人口大量增加，金属货币流通加速，商业再度在城市中繁盛起来。朝鲜王朝后期的实学大家朴齐家，在他吟咏汉城的诗中就提到："百工居业人摩肩，万货趋利车连轨。"不仅市廛商业，由于和清朝、日本的贸易日渐频密，以义州商人、开城商人、东莱商人为代表的朝鲜私商活动也繁荣起来。除了正规的贸易渠道，此时还存在大量的非正规贸易，比如走私等。陆路及海上频繁的走私贸易，亦成为朝鲜同清朝和日本交往的另一条重要途径。繁忙的官方与民间经贸往来，不但把朝鲜编织进东亚的区域商业网络，也把半岛接入到早期全球化时代的世界贸易体系中。

重建道统：清学的逻辑

满洲代明而兴，一方面是以边缘的身份入主中原，另一方面又继承、扩大了过去那个"天下"。这造成了中华道统与新的天下秩序不再严密对应。因此，对"中华"的重新定义，就成了整个近代东亚世界思想变革的起点。日韩的士人借由思考"华夷变态"重新定位自身，成为19世纪后两地民族主义思想的重要来源。同样，中原地区（特别是江南）的知识分子，也借危机而重思华夏，深入探讨危机的根源，以学术上的重塑道统，来表达政治上的介入现实。

对清朝学术与思想的评价，向来有两种相反的倾向。一种强调朝廷对士人的思想钳制，觉得在理学、科举、文字狱的重重"文网"压制下，文人只好遁入古籍，把精力都用来训诂考证，思想活力渐失、学术陷于僵硬，导致近代中国取辱于外；一种则突出明末清初思想者们的革命性，认为他们在变乱中提出了类似于同时代欧洲的民本、民权、民族等理念，直接影响了中国19世纪的现代化运动，其意义堪比文艺复兴或启蒙主义。在事实层面上，这两种评价都有一定道理。不过，其结论看似截然相反，其实都以西欧历史叙述为镜像，以"保守"对"进步"的二元谱系，来框定中国思想的历史逻辑。所不同者，一个认为满洲崛起带来的政治高压全然消极，另一个则认为"华夷变态"实际刺激了积极的变化。

理出这两极叙述内在的一致性，需要把清代中国思想的变化放在本土儒学自身的发展脉络中。首先要说明，一个社会但凡到了积弊丛生、矛盾重重的境地，必然会有新的思想出现，古今中外皆是如此。评价这种新思想,最好不要看它符合或不符合某种预先假定的"进步"轨迹,而要搞清楚它当时针对的问题是什么,谁是"敌人"。思想文化并非空中楼阁,而是发生在具体的历史情境中。

梁启超概括晚明以来的学术主潮,说是"厌倦主观的冥想而倾向于客观的考察""排斥理论,提倡实践"。但谁是"主观的冥想"和"理论"呢?显然不是清朝统治者,至少不直接是。明末清初的思想家如顾炎武、黄宗羲、王夫之、朱舜水等,他们所反对的,是当时占统治地位的宋明理学。他们认为朱熹到王阳明那一套道德学问,发展到当时,已经完全成了形而上的玄学,失去了对现实的指导意义,必须改革。这种痛切主要针对的是明代政治社会的堕落风气,后来因为国家覆亡,这痛切中又多了一份对江山易色的愤懑。他们把国变的根源,归结于学术脱离现实,认为是士林智识空虚的结果。顾炎武就批评这些知识精英"以明心见性之空言,代修己治人之实学。股肱惰而万事荒,爪牙亡而四国乱,神州荡覆,宗社丘墟",话说得够厉害了。到了颜元那里,对知识人的批判就更不留情面,讥讽他们是"平时袖手谈心性,临危一死报君王",除了那些虚头巴脑的道德理想和一腔热血上头,什么实际的本事都没有。

极强调在现实中践行学问的这批思想家,大都投身于反满抵抗运动中。但他们的抵抗其实是一种政治与文化的两线作战:像朱舜水这样的学者,虽投身复明之业,却不屑于接受南明的官职,明确表示文化立场与政治立场的分离。他们抗清,但更反礼教;眼前的、政治的敌人是满清,内心的、文化的敌人是理学。到了抵抗运动失败后,眼前的敌人打不倒了。他们并没有以一种简单的民族主义逻辑，把明亡的根源归咎于清，而是直指作为内心敌人的性理空谈。

怎么反性理空谈呢？政治方面的实践失败了，可学术研究仍然必须回到现实问题。所以当时的思想家们，从学习方法上，是主张走出书斋的。他们强调儒士的修身应该文武兼备；要周游山川、寻访田野；即使是读书，也不能仅仅满足于几部经典，而要兼考天文、地理、历算等等。顾炎武是非常典型的例子，他45岁以后行走大地，访古寻迹，"往来曲折二三万里"，从文献到碑版无所不读。其治学以问题为导向，强调解决社会积弊。再如黄宗羲，不但以极富批判性的思想重构理想社会的政治秩序、写出堪比卢梭《社会契约论》的奇书《明夷待访录》，而且在天文、数学、地理等方面也非常有造诣，这当然和晚明时期由耶稣会士带入的西学风气有很大关系。

具体到读书的理路，他们否定宋明以来的学术道统，主张舍宋学而追汉学。这点和文艺复兴的逻辑的确有些相像：欧洲当时的学者、艺术家主张要"回到"古希腊罗马时代的思想和审美"传统"，去重新认知文明"本来"的样貌。当然，所谓"传统"也在这一追寻过程中被发明创造了出来。历史上的回归运动屡见不鲜。回溯历史、正本清源其实是革新改制的另一种说法，重新解释过去，就是为了指向现实和未来。清初思想家厌恶宋学，认为朱熹王阳明以来的学术，受到禅、道的影响，使得两汉至唐以来的经学传统变成了抽象、空疏的性理之学。所以他们要做的，是重新"回到"经学传统中去找寻正解。

如何"回到"经典来重新解释？他们多采取历史主义态度，即把古典文本视为动态时间中的产物，而不是脱离具体语境的静态的形而上之学。即使是孔孟这样的"圣人",也是历史的一部分,而不是神学的一部分。既然"六经皆史",自然首要是辨析材料,判明真伪,否则对文本的解释就不能成立。而在经典漫长的继承流转过程中,语言、文字、意义等有了复杂的变化,更不要说伪作层出、鱼龙混杂。于是治学的第一要务,便自然是利用各种方法,特别是历史语言学的方法,来考校文本,去伪求真,深查文义。所以顾炎武才会强调,"读九经自考文始,考文自知音始"。

作为"清学之祖",顾炎武开辟了严格考据的风气。其后一大批受他影响的学者,如阎若璩、钱大昕、段玉裁、王念孙、惠栋等,把这套历史语言学方法发挥到了极致,引出所谓乾嘉学派的大兴。需要注意的是,即使是以考证闻名的大家,也很少抱着为了考订而考订的态度。考证训诂的背后,有着全面整理学术道统的雄心,而支持这种学术雄心的,则是鲜明的政治动机和强烈的社会关怀。

到了乾隆时期,反宋学的汉学一派,在学林中稳据主流。虽然其意识形态有明确的抗争色彩,但在理论前提上,恰与同样反对明末学风的官方朱子学有一致之处。清廷为了宣示自身的正统性,也需要对学术加以利用和收编。乾嘉考据一派渐趋僵化,在后世受到许多批评,成了埋首故纸、不问世事的代名词。为什么如此强调经世致用的清学,却收缩成了无关事功的考据,把方法当作学问本身、失去了对现实的关注和批判?通行的解释,还是考察学术与政治的关系。一种思路强调,文网过密造就"自我压抑"的社会气氛,所谓"权力的毛细管作用"(王汎森),导致思想失去冲击性。另一种思路则认为,康雍之后帝王与士林之间的对立关系也有了松动和变化,在争夺道统的过程中,两者思想逐渐"趋同与合流"

(杨念群)。说来也不奇怪，新的学派在推翻旧学统，达到顶峰，确立主导地位之后，大都会趋于守成，以理论代实践，变成一种新的僵化保守，在原本富于政治性的地方去政治化了。但我们不应因为后来的压抑和合流，而忘记它本性中的革命性。

儒家学说向来有"面向现实改造环境的外在性格"（李泽厚）。清学性格中的求实求真，在整个中国乃至东亚的现代思想史上都有着重要的作用，当然不能以"万马齐喑"来简单否定。同样，虽然它的兴起和欧洲走向现代之前的文艺复兴及启蒙运动有相似的地方（比如复归古典、重解经典），但因为双方社会政治结构的不同，我们也不该期待它像启蒙主义那样转化成彻底的政治变革。尽管如此，清学经世致用、实事求是的核心追求，在两三百年中不断滋润、渗透进士人的精神世界，不但在传统儒学中开辟新路，而且在19世纪以来的政治剧变和刺激下，爆发强大的实践冲动，成为中国现当代革命与改革的重要思想资源。

再造日本：江户思想之激荡

1771年春，一名老妇人在日本江户的小冢原刑场被正法。她的真名已经不确，只知人称"青茶婆"，犯了大罪，死时约50岁。罪囚受戮，本不值得载诸史籍。但她的死，却因一名好奇的医生，开启了江户时代一股影响深远的学术潮流。

那年杉田玄白38岁。他生于医官世家，已经接触到由长崎而来的阿兰陀（荷兰）医生。当时幕府出于禁止天主教的目的，限制与欧洲人接触，仅允许荷兰东印度公司在长崎贸易，荷兰便成为日欧间唯一的沟通渠道。杉田深为兰医折服，对被称为"阿兰陀流"的外科疗法尤其感兴趣。与传统的和医、汉医相比,这种新奇的医学不但方法独特,而且对人体构造的基本理解都不同。一些医者,包括杉田自己,已经开始收集西医书籍。可惜他们大多不通荷兰语,仅能看看书上的人体解剖图。图上脏器与传统医学的"五脏六腑"说大相径庭,他们只好猜测,也许东西洋人身体结构本就相异。但杉田觉得,还是应该对照实体,验证图画是否真确。

机会就在那年春天来临。阴历三月三日,他接到通知,说翌日可到小冢原刑场观看解尸,于是连忙约了几位同道:前野良泽、中川淳庵和桂川甫周,一起前往。其时,一位90岁的老屠领刀,剖开罪妇青茶婆的尸身,和他们指认脏器。几位观者结论一致:与荷兰书籍所载丝毫不差。虽然此前日本也有观察尸身记录内脏的医书(比如1759年出版的《藏志》),但这次实体考察,仍让杉田等人触目惊心:原来行医多年,竟不了解人体基本结构。这让杉田深以为耻,他决心以后必须"实证辨明人身真理,方可行医于世"。几个朋友还决定,要把手中那本荷兰文版的解剖学著作*Anatomische Tabellen*(原作者为普鲁士医学家 Johann Kulmus)翻译出来,供世人阅读。

问题是,这几位里,除了前野良泽稍有基础,其他人都没学过荷兰语。杉田玄白更是连字母都没认全。面对医书,只觉"如一叶无橹无舵之舟,驶入汪洋大海,茫然无措"。他们只好图文相照,一字一句对译。起初十分吃力:比如"眉"的解释"目上所生之毛",就费了一天气力,仍不知所云。又如"鼻,verheffende之物"一条,verheffende 一词不知何意,又无辞典。查对前野良泽的一本小册子,说是树断枝之后,及洒扫之后,就形成

verheffende。杉田苦思冥想才得破解：树枝折断后会隆起一个疙瘩，洒扫庭院后尘土聚集，所以这个词当是"堆积、凸起"之意。如此他们每月聚会六七次，积少成多，逐渐达到一日译十行而不觉累。历时两年，全书译成；1774 年，以"解体新书"为题出版。

《解体新书》不但是日本医学史上的里程碑，更是日本学术史上一件大事。杉田玄白由此首倡"兰学"之名，即由荷兰人传入的西洋科学。应该说，引入欧洲的科技，并非自《解体新书》始，但由于这批知识分子的提倡，日本士人利用仅有的荷兰这个媒介，在江户时代集中接触欧洲科学和思想，并由医学扩展至物理学、地理学、电学等多方面。到了 19 世纪，兰学者们更是推动日本急速向西方开放、学习。

1814 年，已经 81 岁的杉田玄白记录下亲历的兰学肇始的过程；到 1869 年，明治维新重要的思想家、出身兰学者的福泽谕吉刊行此稿，定名《兰学事始》。1921 年，作家菊池宽根据这份史料创作出同名小说，让杉田等人观尸译书的故事更加广为人知。读了小说的周作人 1933 年在《大公报》上发表同名杂文，提到清人王清任亦有亲验尸体后著成的《医林改错》(1830)。对比它与《解体新书》的不同际遇，周作人感叹："中国在学问上求智识的活动上早已经战败了，直在乾嘉时代，不必等到光绪甲午才知道。"这个比法当然可商榷，但兰学的兴盛，提醒我们正视江户日本思想的开放与活力，勿以"锁国"简单否定之。

兰学所代表的疑古与实证之风，其实也是清代学人所倡导的。在 17 到 19 世纪，这种风气波及整个东亚世界。日本近代思想的激荡，大体与中国清学的兴起同时。所不同者，清学的反动多在

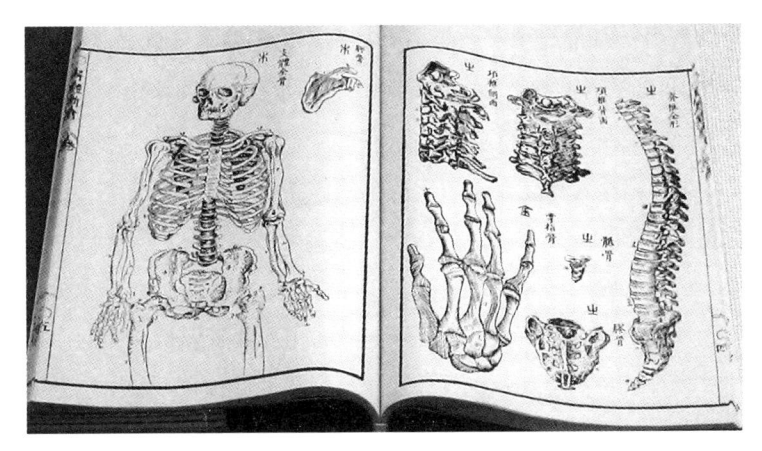

《解体新书》(复制品)

儒学系统之内;而日本的变革,有的在儒学之内(如水户学、阳明学、古学),有的则相对独立于外。体系之外者,一类是像兰学这样,向欧洲借鉴学问、修正本土知识;另一类则是借日本古代的典籍,求证日本之为日本的独特性,比如国学。江户时代的思想十分庞杂,如果非得总结出一个线索,则大致可以看成是沿着对中原儒学、日本儒学、本土神道和欧洲知识的不同处理而展开。归根结底,其核心追问是"日本是什么",或者说是以学术思辨再造一个主体独立的"日本"。

在儒学体系内,由藤原惺窝至林罗山家族的朱子学是官学,即使认识到中原已经"华夷变态",仍视明朝为"华"。而受到朱舜水思想影响的水户学,则以撰修《大日本史》,推行"大义名分""尊皇攘夷"的理论基调,已把日本的皇朝正统置于思考核心。和在中国的情况类似,朱子学在江户时代也有很多反对者,其中早期的中江藤树、熊泽蕃山等接受王阳明心学,强调知行合一、经世济民，对幕府现实政策多有批判。此阳明学一脉虽受抑制，但在19世纪倒幕维新时大放异彩，孕育出像佐久间象山、吉田松阴、西乡隆盛等一批革命性的实干家。

另一路反对朱子学、力求改革的儒者，认为儒学的本义已在后世解释中丧失殆尽，他们主张直溯先秦，以"复古"来求其本义。这一派被统称为"古学"，以山鹿素行、伊藤仁斋和荻生徂徕为代表。不过这三个人取径并不一致：山鹿比较强调从尧到周公的政教正统；伊藤注重以读孔孟原典阐释道德古义；荻生则主张从辩明古代文辞、文物制度上探究六经义理。和清学一样，"复古"的背后都有对现实的叛逆和强烈的政治诉求，既是儒学内在发展变化的结果，也受到明清鼎革的刺激。

山鹿素行（1622—1685）是日本思想史上的标志性人物。他最初跟随林罗山学习朱子学，也受益于与朱舜水的交往。40岁后则持反朱子学立场，被流放赤穗十年之久。在赤穗，他开始系统著书立说，并且传授兵学、倡导武士道。他以儒家的忠君思想切入武士阶级的道德原则，强调武士为社会秩序的基石。值得一提的是，他的学生中，就包括后来因"忠臣藏"而闻名于世的赤穗藩家老：大石良雄。1703年，为了给蒙冤的藩主复仇，四十七名原赤穗家臣在大石的率领下，攻入幕府旗本吉良义央的府邸，事成后集体切腹自杀。此事后来成了武士道忠义精神的典范，被无数文艺作品反复演绎。其中有的就虚构了"义士"们敲着山鹿兵法的鼓点进攻的情节，足见山鹿思想对武士道的巨大感召。

和同时代的山崎闇斋类似，山鹿素行尝试把儒学和本土神道结合起来，以宗教化的姿态论证日本在天下中的政治、道德、文明正统。他于1669年以汉文著成《中朝事实》一书，宣告日本才是"中华"或"中国",而称中国为"外朝"。身为儒学者的他,在序言中却表达了对日本人向往中原文化的不满,说"生中华文明之土,未知其美,专嗜外朝之经典,嘤嘤慕其人物。何其放心乎!何其丧志乎!"而日本之所以为"中国",在山鹿看来,乃是"天地自然之势"。他大段引用日本最早的史籍、混杂了神道神话和史实的《日本书纪》,说天照大神即言"苇原中国有保食神",本国"神神相生,圣皇连绵,文武事物之精秀,实以相应"。而与日本从未间断的"二百万岁"王化相比,"外朝"则封疆太广、连续四夷,常常被"削其国、易其姓,而天下左衽"。在山鹿素行这里,儒学的尊王攘夷、华夷之辩,融入了神道的天皇神统、万世一系,已隐隐有了日后"国体"思想的轮廓。而重新定义东亚文明版图,构建日本的中心性,不但轻视"蕞尔"朝鲜,更超越中国,则俨然预告了明治时代大日本主义的思维形态。

古学派的复古思路,启发了另一个影响巨大的思想流派:国学。古学仍求助于儒家经典,而国学的复古则更为极端:它排斥所有"非日本"的思想因素,包括儒学、佛教和基督教,主张回到儒佛传入之前的古籍中,探寻本土精神。国学派的代表人物,是荷田春满、贺茂真渊、本居宣长和平田笃胤。他们所依赖的文本,是日本最早的史书《古事记》《日本书纪》,以及文学作品《万叶集》《源氏物语》等。国学者们认为,纯粹属于日本的精神资源,就保留在这些古代文本里,他们的著作多是对这些文本的阐发。他们反对神道与佛教、儒学的混合,以"复古神道"标榜日本独一无二的神性。

本居宣长(1730—1801)对日本精神的阐发,以他从《源氏物语》里解读的"物哀"(もののあはれ)概念最有代表性。他否

定儒学者们以"劝善惩恶"的道德训诫来解释《源氏物语》,提出这部平安时代小说,表现的就是"物哀"。本居发明的这个词难以定义,后来通常用以描述目睹美好事物流逝时(如樱花飘落),内心对自然无常的感慨。在国学语境下,"物哀"是日本独有的审美情绪,代表日本精神与文化的本质。当然,当把隐匿的政治理想(追寻日本的独特性)诉诸审美,审美也就成了政治。国学思想中明显的神秘、神道色彩,以及强烈的文化本质论,不但直接影响了后来明治政府的废佛毁释和神道国家化,而且间接支持着对侵略战争的审美化和去道德化。

江户时代,不论儒学、古学还是国学,都刻意强调日本不同以往的自主性。这种对日本主体的再造,往往以他者(特别是中国)为镜像实现。但是,表面排他的、对纯粹主体的追求,实际恰恰不能脱离他者而存在,是所谓"去中国的中国化"。此种矛盾纠结,发展至19到20世纪的"亚细亚主义"论述中,则转化为"去西方的西方化"。从古学、国学到兰学,我们看到的现代日本种种思想与精神,在江户时代已经发端、成型。

经世:实学在东亚

欧洲传来的economy一词,在今天的汉、日、韩语中,都以"经济"对译。"经济"是"经世济民"的缩写,本意是对国家社会的管理、对民众的救助。和今天"经济"一词的含义不同,它并不专注于财富与市场,和只讨论供求盈亏、日趋数学化的economics(经济学)更是大异其趣。在17到19世纪的东亚语境中,"经世"代表了东亚政治思想朝向现代的内在转化。

1712年，58岁的康熙皇帝，宣布了一项新政："滋生人丁，永不加赋。"今后国家所收人头税，以上一年登记的人丁数为基准固定，不再增减。后来雍正皇帝把这项政策发展为"摊丁入地"，将丁银并入田赋中征收。从某种角度说，人口不再作为制定税赋的指标。这是中国这个千年农业帝国，在国家治理上的一项重大改革。

出台此政策的背景，是清帝国政权稳固、社会发展、市场繁荣。凡承平日久，人丁自然兴盛。但生齿日繁必然带来和有限耕地之间的紧张关系。康熙时代，大量人口隐而不报，流动不居。人地关系的松动，是农业国家治理的大挑战。而新政的实施，很大程度上缓解了由人丁滋生带来的社会政治问题。随后，在18世纪到19世纪的百多年里，中国人口规模急速扩大，从清初的九千多万，一跃而至19世纪初的三亿；到鸦片战争前，更超过四亿。

人口爆炸不惟清朝独有。由于丰臣侵朝、满洲崛起后，东亚世界整体上再无大规模战乱，日本和朝鲜在17到19世纪，也都达到前所未有的人口规模。江户幕府时代，日本人增加了一倍多，从17世纪初的大约1 200多万，达到幕末（19世纪中期）的2 600多万。朝鲜人口也由17世纪早期的约850多万增长到19世纪初的1 500多万。实际人口规模恐怕远大于这些数据，比如朝鲜社会中大量贱民是不纳入官方统计的，而同时期中、日都有大量沿海人口移居东南亚，这些人也不在计算之中。

人口增长虽是经济发展的表征，但也带来一系列新问题。在土地不变或有限增加的背景下，如何养活新增人口、置产就业、开发新的利源，不但是关系国家收入的（狭义的）经济问题，更是政治问题。朝向这些实际问题的思考，在东亚的士人中出现了一股务实研讨的风气，可统称为"实学"。所谓"实学"，又恰和儒学系统内对程朱理学的批判反思合拍，并且得到16世纪传来的欧洲科学技术的助力。在实学的语境中，"经世"超越过去的范畴，不但强调治学需以实践为检验标准，而且崇尚理性，重视商业、工业、科技、军事等知识，不再把它们与儒家道德及政治对立起来。

清中后期，"实学"精神在陈宏谋、洪亮吉、龚自珍、魏源等官僚学者身上得以突出体现。作为清中期的模范官员，陈宏谋足迹遍及边疆、江南和北京，著述丰富。他生前并不作为思想家被崇奉，死后其政治与治国理念才得到重视、整理。在贺长龄、魏源编辑的《皇朝经世文编》里，收录的陈宏谋著述，数量上仅次于顾炎武。陈强调学者要关注实务，反对烦琐考据，每到一处，皆修水利、劝农桑、查民风、兴学校，并格外强调对女性的教育。

在其著名的陈宏谋研究中，美国史学家罗威廉（William T. Rowe）概括说，"经世"不是一种知识分子的爱好，而是"一个特定的政治议程或政治风格"，其中要素包括"必须知行合一的信念；从具体时间和空间的脉络而非从经典教条思考问题的思路；对管理实践中细节的密切关注；对各个领域（主要在政治经济领域）技术专长的关心；对流行风俗习惯进行不断改革的信念"等等。陈宏谋的经世，代表了中国思想步入现代的内在理路。

对于日益突出的人口问题，洪亮吉可说是最早的察觉和论述者。1793年，他写作《意言》二十篇，其中《治平篇》专讲人口，指出天地"生人"与"养人"之间的矛盾。他认为除了自然灾荒会令人口减少外，国家则应"使野无闲田，民无剩力，疆土之新辟者，移种民以居之，赋税之繁重者，酌今昔而减之"，并且禁靡费、抑兼并、赈灾荒。总之，是从开发土地、劳动力和分配正义方面入手。

可资对比的是，五年后，英国人托马斯·马尔萨斯（Thomas

R. Malthus）发表《人口论》，同样提出"生人"与"养人"的困境。他从抽象的数学角度出发，认为出路只有从控制人口数量入手：要么提高死亡率，要么降低出生率。马尔萨斯主张以道德来抑制生殖行为，而反对建立扶贫济困的社会制度，因为贫困是人口多于资源的"自然"产物。洪亮吉和马尔萨斯的观点，非常典型地体现出"经世"与"economy"之间的思维差异。

在商业日趋发达、商人阶层地位逐渐松动的江户日本，"经世济民"思想最突出的表现之一，就是对商业原则、商业精神的正名和倡导。早在 17 世纪初，德川官学的鼻祖藤原惺窝就正面看待贸易，认为利润只要共享，就是有价值的。此后石田梅岩创立的石门心学，则大胆提出：武士之道与商人之道是一致的，只是各自职分不同。他大力倡导"町人"（即商人）伦理，提出"俭约"和"正直"两个基本原则。石田梅岩不遗余力地提倡教育面向平民、特别是处于"四民"底层的商人阶层。而对此实践最力者，当属成立于大坂的庶人学校：怀德堂。

大坂在丰臣时代曾是政治中心，自从德川家康设幕府于江户，它就转为重要的商业中心，连市政管理都由有实力的商人代替大名运作。1730 年大坂堂岛设立米会所，汇集全国贡米的交易，号称"天下粮仓"。大坂的町人文化和町人教育高度发达。1724 年，五位商人出资设立怀德堂，学校面向各个阶层，不论身份高低贵贱，都可来听讲。怀德堂既教授古典知识，也讨论商业伦理，培养出一大批对后世影响深远的思想者，如中井竹山、中井履轩、富永仲基、山片蟠桃等。出身商人的富永仲基拒斥宗教，强调真正的"道"一定是从个人日常生活中来，勤勉地从事每日的工作就是最重要的道德实践。这一主张，大概很容易让人联想到马克斯·韦伯提出的"新教伦理"。当然,我们不能简单说,怀德堂倡导的伦理教育一定是"资本主义"式的,但它的学问和实践的确深刻影响了日后日本在世界资本主义体系中的崛起。

在中晚期朝鲜,"实学"的兴起有着两个具体的历史机缘。首先,是丰臣侵朝战争后朝鲜经济凋敝,百废待兴,官员学者们开始集中关注恢复民生。柳馨远等提出改革土地制度,抑制兼并,并发展货币经济。金堉则力主实行"大同法",根据土地多寡,统一以米谷或布匹缴纳税赋。这样一来,无地或少地农民大大减轻了负担,也直接刺激了国内贸易的增长。18至19世纪的李瀷、朴齐家、丁若镛等,也在著述中提出改革农业技术、开放贸易等主张,和同时代中日的经世思想遥相呼应。

第二,则是清朝入主中原并达到鼎盛,促使一批朝鲜士人以务实的态度看待满人政权,从鄙视变为虚心学习。这批实学者中,有像洪大容、朴趾源、朴齐家这样的燕行使臣,因目睹清廷治下中国的繁荣昌盛而力主"北学",将中国的科技和制度引入朝鲜。也有像丁若镛这样的集大成者,不但大量吸纳李瀷和北学派的成果,更因接触天主教而吸收欧洲科学思想,在农学、天文、地理、建筑、兵学、医学等方面都有很大成就。

17到19世纪的东亚现实,不但促发对人口、殖产、技术等问题的思考,同时也带来对国家空间的新想象。中俄军事博弈激发对地图的需求,清帝平定准噶尔等使国家版图空前扩大,亟须引入对天下空间的新认知。1712年,康熙颁行新的丁税政策的同时,一项全国性地理考察工作也已进行了四年。在法国耶稣会士的帮助下,康熙主持了以三角测量法和经纬度实测全国的工程,并以梯形投影法,于1717年首次制成当时全世界最精准的地图——《皇舆全览图》。这次实测和绘图，不但为后世清朝的地图测绘奠定了基础，而且大大扩展了中原士人的疆域视野，边疆与内地被纳入同一个"版图"概念中。19世纪的思想先驱龚自珍和魏源，都强调经略西北，这与新地理观和天下观的确立有极大关系。此二人又都是林则徐的好友，晚清边疆思想的产生，便自他们始。

清朝政治地理实践更给整个东亚世界带来地理思想大发展。还是在1712年，作为全国测绘工作的一部分，清同朝鲜共同踏查了长白山，划定了鸭绿江和图们江之间的界址。这次划界刺激了朝鲜的领土意识，带动起前所未有的历史地理学热潮。朝鲜士人借地图和写作，重新建构和中原大陆的空间政治关系，国家认同空前高涨。一部分理学者从小中华意识出发，开始将高句丽等北方政权纳入朝鲜历史地理的研究范围；另一部分实学者（如李瀷、丁若镛）则采取现实主义态度，拒绝历史浪漫主义，将1712年划界视为朝鲜空间的最终完成。在地图学方面，郑尚骥等引入数学方法，将朝鲜地图朝精确化方向推进。到了19世纪，金正浩吸纳清人带来的经纬度测量成果，以汉城为坐标原点，制作出极为接近当代地图的《大东舆地图》，成为朝鲜实学在地理学方面的一座巅峰。

日本近代的国家思想也深受欧洲地理学影响。实学者借地图认清日本的地缘格局，开始面向海洋，构想日本和世界的关系。18世纪后期，林子平通过游历北海道及同荷兰商人接触，日益感受到俄罗斯南下的威胁，撰写并自费出版了《三国通览图说》《海国兵谈》等著作，力倡海防。这种由地缘政治认知而产生的焦虑，强化了经世派学者对拓殖海外的渴求。到了18世纪末和19世纪初，本多利明、佐藤信渊这样的激进思想家已明确提出，要学习欧洲，殖民海外，建立日本对世界的统治。他们共同的蓝图，是进取满洲、征服中国。与此同时，自学成才的地理学、地图学家伊能忠敬，以及他的学生间宫林藏，多次实地踏查北海道、千岛群岛以及库页岛地区，伊能忠敬还以经纬度实测，画出了包含北海道在内的日本全图《大日本沿海舆地全图》，成为日本舆图学的高峰。

所有这些，都发生在欧洲的坚船利炮到来之前。

强调东亚现代思想的内生性，并非否定向外的反应和借鉴。鸦片战争当然是近代极大的外在刺激，但外因必须内化才会起作用。而选择接受什么、如何嫁接，仍然由内在政治、经济和社会环境所决定。和其他方面一样，思想的演进不能被看作是指向特定目的的线性路径。东亚思想没有按照欧洲版本的"普遍"模式生发，恐怕不能就此否认它的活力，误认为它是停滞与封闭的。

反思东亚"闭关锁国"的历史叙事，并不是采取民族本位的态度，拒绝自我批判或者反省。实际上，不管我们对17到19世纪中国的判断是封闭的，还是开放的，都只能是一种后世根据特定价值观进行的选择性的历史判断。因为生活在当时的人们，并不会觉得自己到底是封闭的还是开放的，就像清朝前期的海禁，与康熙之后的开海，其实都是特定历史情境下的政策选择，政策始终跟随现实的变化而变化。后世人不应用今天的意识形态，去嵌套过去的政策选择。

也许长期以来，教科书式的叙事，不能准确地描述历史脉络，是因为历史本来就应该有不同的理解方式和可能。不同的观点相互碰撞、讨论，才能推动我们对历史本身更为深入、全面的理解。更何况，"你封闭，所以活该挨打"的逻辑，是一种典型的强盗逻辑。作为长期受到过这种逻辑侵害与侮辱的人，更不应该不加批判反思地接受这种逻辑。

第八章

文明与野蛮：
殖民"现代性"入侵

林则徐在纽约：毒品·战争·"现代"

1997年11月19日，"林则徐"来到纽约。这是一座高3.2米的铜像，林则徐身着清朝一品官服，背着手，眺望远方。红色花岗岩基座上，刻着中文"世界禁毒先驱"，和英文"禁毒战争先驱"（Pioneer in the War against Drugs）。《纽约时报》立刻觉察到其背后的政治含义，在第二天的报道中指出，"林则徐"来到纽约，标志着中国大陆新移民，特别是福建移民势力的上升（林的籍贯是福建）。主持此项目的民间组织"美国林则徐基金会"则说，树立铜像所要传达的信息只有一个：对毒品说"不"。

很多年后，在曼哈顿下城偶遇这尊铜像，我没法不着迷于"林则徐""纽约"和"1997"这几个意象间的复杂张力。在历史教科书中，林则徐是一座丰碑，象征着对殖民帝国主义悲壮的抵抗。如果说他是"禁毒战争先驱"，这场战争最终却是失败的，而且是中国百年失败的开始。林则徐铜像坐落在老中国城的且林广场（Chatham Square），距离全球金融帝国的心脏——华尔街——仅一步之遥。在帝国心脏植入抵抗符号，呈现出历史与今天、失败者与胜利者之间微妙的紧张。1997年，香港回归，标志着鸦片战争最重要的历史遗产的终结。但二十年来，对鸦片战争的讨论远未尘埃落定。在香港或台湾，为殖民主义招魂者大有人在。殖民主义并未在1997年终结，它只是换了一种形式继续存在。

主流历史叙述，常把鸦片战争当作中国"近代"的起点，林则徐则是最关键的人物。1840年后，东亚的"天下"解体，文化溃败；中国开始了痛苦而艰难的转型，屡经挫折后，终于拥抱"现代"文明、"融入世界"，成为"民族国家体系"中的一员。但在这种中外一致的单向度进步主义史观中，怎么看待殖民侵略的非道德、非正义性，和作为战败结果的"现代"到来？如果战争促使一个"闭关自守"的中国，从此走向"文明进步"，那么林则徐对鸦片和侵略必然失败的抵抗，到底算是"进步"的呢，还是面对"文明"的不自量力的挣扎呢？

换句话说，林则徐"现代"吗？林则徐"反现代"吗？

作为历史事件的鸦片战争，是个已经被无限意识形态化的话题。让它回归历史，实属不易。因为它代表了一条现代与非现代的分水岭，无论怎样重新理解，其实都是对"什么是现代"的回答：以"现代"为前提，以"现代"为目的。林则徐是民族英雄也好，是刚愎自用也罢，背后折射的都是传统中国的保守、落后。

这套逻辑的问题在于："现代"成了欧洲资本主义的专利，殖民主义、帝国主义带来的那一套"现代"，成了唯一可能的历史方向。殖民现代主义否定人类经验的多样化，把所有异质的他者都解释为"非现代"的，那么贩毒、扩张和压迫都带有了某种正当性。东方，特别是中国，正是这样一个他者。1840年以后绝大部分的历史书写，都建立在这样一个问题上：中国/东亚为何没有"现代"？实际的问题是，中国/东亚何以没有资本主义？一个最简单的解答思路，就是证明东方世界因封闭而停滞了，非要等到外来撞击,才不得不被动反应。也就是说,在殖民现代的眼光看来,中国是人类历史必然方向的阻碍者和反动者。

按照这套逻辑,鸦片战争的根本起因,是中国拒绝自由贸易,自居天下中心,排斥外来文化,敌视先进文明,不懂平等外交。这其中每一项,都是一项抽象化理想化的大帽子,缺乏历史依据。比如,如果中国真的是自我封闭,不参与全球资本体系,那么鸦片贸易又是哪儿来的,又为何会发展为一个攸关帝国命运的大问题呢?

前文已提及,吸食鸦片是中国介入全球贸易的产物。源自美洲的烟草经东南亚输入东亚,迅速得到普及。吸烟带动人们重新发现鸦片的享用方式,鸦片由吞服而至吸食,由药品而变为毒品。清廷很早就认识到吸食鸦片的危害,雍正皇帝就下达过最早的禁烟令,只是收效甚微。当时每年输入中国的鸦片还只有两百箱左右,以后逐渐增多,到乾隆时达到一千箱,至嘉庆时达四千箱。

但鸦片引发严重的社会政治危机,是19世纪初的事情。这既和清朝对外贸易,特别是对英贸易的角色相关,也受到英国商业、金融发展变化的直接影响。

18世纪中,英国发生工业革命,城市中产者和工人阶层迅速扩大,普通劳动者也需要饮茶解乏,刺激了垄断茶叶贸易的英国东印度公司的壮大。18世纪白银供给下降后,东印度公司需要其他商品来换取中国的茶叶,但找来找去,只有印度出产的鸦片在中国市场最受欢迎。1773年,在占领孟加拉后,公司独占了印度的鸦片经营。这样,就形成"英-印-中"三角贸易网络:英国依靠其工业能力,挤垮印度的手工棉纺织业,把大量棉织品倾销到印度；再把垄断经营的印度鸦片经加尔各答出口中国；又从中国进口茶叶，利用特许权将茶叶卖回英国。

到了19世纪初，出现了新的变化。经过最初的贸易保护和垄断后，英国经济实力独大，强调国家角色的重商主义思想被逐渐摒弃；自由贸易思想，经由亚当·斯密的理论化，成为流行的意识形态。过去国际贸易的主要形式——国家特许，遭到越来越多的诟病。在自由贸易的冲击下，东印度公司在印度的商业特权被逐步剥夺。到了1833年，东印度公司不再有商业职能，对华贸易垄断被打破。

在广州，由于清朝一再禁贩鸦片，东印度公司便把对华鸦片贸易，交给了由公司认证的、被称为"港脚商人"（country merchants）的散商。大量港脚商人与广州十三行及官府勾结，把鸦片走私入境，谋取暴利。为了把利润安全便捷地输送回印度，他们就地在广州换取东印度公司的汇票。而港脚商人提供的现金，则成为东印度公司购买茶叶的主要资金来源。这样一来，表面上中英两国间通过国家特许公司（东印度公司和十三行）的双边贸易，出现了港脚商人这种不从属于国家的利益集团。英资的怡和洋行、宝顺洋行，和美资的旗昌洋行等就是著名的代表。资本主义竞争，说到底是资本流动性的竞争。随着鸦片走私的猖獗，港脚贸易占据了中英贸易越来越大的份额，港脚商人同东印度公司及英国国家构成极密切的合作关系。

林则徐以强硬手段收缴鸦片，实在因为鸦片之患已经避无可避。东印度公司放弃对华贸易垄断后，散商的鸦片走私更加公开化，甚至武装化。虎门销烟前的十几年里，英美商人每年输入的鸦片提高了十倍，从四千多箱达到四万多箱。鸦片贸易给英国带来巨额利润,中国则是白银大量外流,社会风气腐坏,国家纲纪不振。但即便如此,这位禁烟派重臣,也并没有要关闭门户,而是用"利则与天下公之,害则为天下去之"的经世思想,苦口婆心地劝"英王"惩戒奸商、依法贸易。

虎门销烟极大打击了私商利益,他们以"自由贸易"为口实,把合法合理的禁毒描述为商业冲突,极力游说本国政府以武力解决。英国驻华商务代表义律(Charles Elliot)则向私商们承诺:女王政府会赔偿他们的损失,进一步将贩毒与禁毒拔高为国家利益冲突。毒贩就这样与国家合谋。这也是为什么,尽管英国上下很多人知道鸦片贸易不道德、在出兵问题上有激烈的争论,但议会下院仍然以271票对262票的微弱优势,通过了对华发动报复战争的决议。

中国被迫割让香港岛、支付赔款、五口通商,标志着过去国家控制下的贸易体系,在帝国主义冲击下的溃败。这并不是中国向世界"开放"的开始,而是中国无力把握这种"开放"的开始。随后法国、美国等国跟进,欧美工业生产深刻冲击传统农业社会的结构,造成本土社会对闯入者深深的对立、疑虑和敌视,这才有了种种"文明冲突"的假象。第一次鸦片战争十几年后,英法力图扩大贸易特权,借口亚罗号事件和马赖神父事件,发动第二次鸦片战争,占领北京,火烧圆明园。说起来,两个地方事件不过是英法期待的导火索,即使没有它们,殖民资本势力仍然会找到另外的导火索,这是当时的大背景决定的。

一群走私商人为了打破原有的贸易方式,在堂而皇之的意识形态支持下,挑起战争。资本一方面力图挣脱国家管制,另一方面把自己的利益与帝国利益捆绑,终于改变了历史进程。有趣的是，这一幕和美国独立战争的起源颇为相像，而且都和连接东西方的全球贸易网络、茶叶及东印度公司密切相关。

以虎门销烟为标志，历史被一条叫"（殖民）现代"的边界强行切割了。边界的一边，是文明、开放、先进；另一边是野蛮、落后、蒙昧。传统中国和东亚，被划在落后一边。智者们以后见之明，用教科书上的国际法概念、抽象的主权想象，来指责清朝拒绝与外国"平等"相交，缺乏近代国际关系观念。这里需要问的是：谁的"平等"，什么意义上的"平等"？是不平等条约带来的"平等"吗？不要说19世纪的世界纯然是帝国秩序，即便在20世纪，主权国家体系又实现过多长时间呢？

从外交、军事、法律角度讨论一时得失对错，当然有价值，但不看整个19世纪以来资本与殖民帝国相互勾结、肆意扩张的大背景，把连贯的历史切割为相互脱离的细节，这是以技术讨论规避政治判断。最可悲者，莫过于将殖民现代性等同于现代本身，把扩张侵略视为恩赐教化，不按照这套"文明"的标准而来，就是野蛮、是"义和团"。反抗性的历史书写，一不小心就成了"仇外建国美学"和"狼奶"。这恰恰完成了殖民现代性的整套教化过程：先以坚船利炮来惩罚，再以国际准则来规训，最后用"文明"来"说服"。

倒是纽约的华人移民，抛开加诸林则徐身上纠结不清的意识形态标签，回到历史本来的脉络中，给他一个最为朴素的评价："禁毒战争先驱"。既不是悲剧，也不是说教；没有民族主义的流露，不必担心被污为"义和团"。有时候，真的，毒品就是毒品，战争就是战争罢了。

黑船上的陌生人：日美相遇

一艘小渔船从日本伊豆半岛的下田驶出，在夜色和风浪掩护下，靠近了停泊在海上的美国东印度舰队的黑色蒸汽船。渔船上两位瘦弱的日本年轻人，费尽周折，爬上其中的波瓦坦号，求见美国海军准将马修·佩里（Matthew C. Perry）。那是 1854 年 4 月 25 日凌晨，大约 2 点。

二人说明来意：他们要跟舰队一起离开，看看外面的世界。此举触犯幕府禁令，如若回去，必遭杀身之祸，因此恳请美国人收留。佩里没有接见这两个陌生人，只派了翻译和他们交涉。他虽赞赏他们的勇气，却无法答应：就在几天前，他刚刚和德川幕府签订《日美和亲条约》（《神奈川条约》），此时正在敲定一些细节，若故意违反日本法律，于美国利益实在不符。他下令将他们送回下田，并承诺严守秘密。天亮时，两个失望的年轻人回到岸上，随即选择向官府自首。几天后舰队返美，佩里并没有记下他们的名字。

这两个人，是 24 岁的吉田松阴和 23 岁的金子重之辅。他们后来被押解至原籍长州藩服刑。翌年，金子死于狱中，吉田则获释。此后他兴办学堂、鼓吹倒幕，其政治理想影响了大批长州藩精英。29 岁那年，吉田被幕府处斩。明治时代许多政治家，如高杉晋作、木户孝允、伊藤博文、山县有朋、井上馨等，都曾投于其门下。因此，吉田松阴被誉为日本现代化的思想先驱。

和鸦片战争对于中国的意义相似，佩里来航（又称"黑船来航"），是教科书里日本近代史的开端。佩里于 1853 年 7 月率领炮舰逼近东京湾，以战争相威胁，要求日本通商修约。数月后再次造访，带来更多炮舰，迫使德川幕府签订条约，开放下田、箱馆两处口岸，给予美国片面最惠国待遇。中国和日本，面对侵略，先后"开国"。

后面的历史叙述，中日就分道扬镳了：中国一败再败，迟迟未能"现代"；日本则"奋发图强"，早早拥抱"文明"。中国与殖民现代惨烈冲撞，与之相比，日本与"现代"更像一次美丽的邂逅。长期以来，无论在美国还是日本，对于黑船事件的评价，大多很正面："黑船来航"把日本从"锁国"的黑暗中"解脱"了出来。横须贺有座佩里公园，每年都有纪念活动。佩里访日后，则盛赞日本人彬彬有礼、讲究卫生，"是所有东方民族中最有道德和最完善的"。他欣赏两位不速之客的好奇心，说他们代表了"其国人的品格……这个有趣的国家，未来多么充满希望！"英国文学家史蒂文森（Robert L. Stevenson），在听到吉田松阴的故事后，于1880年写下《吉田寅次郎》一文，评价说"我们只要看看他的国家，就知道他获得了多么大的成功。"

如果说，日本是个少有的例子，证明一个东方国家可在欧美的"教化"下走向"现代"，那么也许没有谁比吉田松阴更能代表"好学生"的勤勉求知了。但是，日本真的是因为好奇而学习的吗？真的是认同"现代"而改变自身吗？或许，我们应该把吉田松阴和马修·佩里的"相遇"，放置在19世纪各自国家的境遇中，重新检视由"（殖民）现代"联结起来的日美关系。

吉田松阴出身长州藩一个下级武士家庭，自幼学习儒家经典。受到江户后期实学风气的影响，他很早就关注兵学，曾向藩主进言整饬防务以御外患。21岁那年，他跟随藩主前往江户"参勤交代"，遇到了对他影响最大的老师：佐久间象山。二人相识时，第

第八章 文明与野蛮：殖民"现代性"入侵

一次鸦片战争刚结束不久，清朝惨败于英国的消息传来，日本朝野震动，有识之士无不为岛国的命运焦虑。这成为日本开启变革的一大刺激。

佐久间象山是位儒学者，醉心于兵学、实务。他曾向幕府上书《海防八策》，建言引进西洋军事。他还自学荷兰语，努力阅读有关军事、自然、科学的荷兰语著作，是当时最自觉了解西洋世界的知识分子。同时，中国也是他最重要的知识来源，佐久间仔细阅读过魏源的《圣武记》和《海国图志》，十分赞同"师夷长技以制夷"的观点，引魏源为同道。1853年，黑船来航，幕府无所措置。佐久间带着吉田松阴等，跑到舰队所在的浦贺实地观察。他们看到美国舰船之大，炮火之多，认识到日本根本无力抵抗。如要保国，必须强军，要到国外，向西洋人学习。

在当时的日本，出国是个激进的想法，需要有不怕死的勇气。受老师的鼓励，吉田松阴等决心涉险偷渡。当时有俄国舰船在长崎，师生先是策划闯俄船。不想因克里米亚战事吃紧，俄船提前开走了。到了1854年2月，佩里的舰队再次到达日本寻求答复，吉田松阴决定不再放过这次机会。

再来看美国：佩里为什么要"拿下"日本呢？美国独立后的历史，一个显著的主题就是"西进"：以十三州为起点，不断向中部和西部移民扩土。边疆和殖民为美国建国提供源源不断的物质和精神动力。1830年，吉田松阴出生的那一年，安德鲁·杰克逊（Andrew Jackson）总统签署《印第安人迁移法案》，实质上否认原住民的土地所有权，大量印第安人被强行迁移，西进之路成为印第安人的血泪之路。

到了19世纪中期，西进更成了盎格鲁美国人口中的"昭昭天命"（Manifest Destiny），不但是美国的权利，更是其使命。这种意识形态混合了种族、宗教、政治、文明上的优越感，推动美国逐步走向对外战争和帝国主义。1846年，美国兼并俄勒冈，领土拓展至太平洋。两年后，又从墨西哥手中夺得加利福尼亚。眼前浩瀚的大海是美国的新边疆、新机遇。

和欧洲资本一样，美国资本对东亚市场有着极大的渴求。美国独立后不久，"中国皇后号"商船就从纽约出发，插上"花旗"，远渡重洋来到广州。中美贸易给商人们带来巨大利润。在广州，美国只用了十年，便成为仅次于英国的第二大对华贸易国。到19世纪30年代，美资商行亦加入到鸦片交易当中。中英战争后的1844年，美国与清政府签署《望厦条约》，获得与英国相似的在华贸易和司法特权。

以前，美国商船大都只能从东岸出发，跨大西洋，绕非洲，经印度洋、马六甲，最后抵达中国。但在获得加州后，美国商船可穿过太平洋直达东亚，较此前大为便利。唯一的问题是，以当时蒸汽船的技术，若要横跨太平洋，必须要找到可以停靠的岛屿，补充淡水和燃料。正是在这个背景下，美国总统米勒德·菲尔莫尔（Millard Fillmore）任命佩里为东印度舰队司令官，前往日本要求开港通商，并授权必要时使用武力。菲尔莫尔还给"日本皇帝"修书一封，其中把美国的"天命"和诉求说得非常明白：

> 美利坚合众国现已纵横两洋（reach from ocean to ocean），俄勒冈和加利福尼亚两大领地正对着陛下的疆域，吾国汽船可在十八天内从加州抵达日本……现在从加州到中国，每年都会有许多船只往返……日本帝国盛产煤炭及补给之物，吾国汽船

在跨越大洋时大量烧煤，如从美国携带颇为不便。希望吾国汽船及其他船只可以停靠日本，以获得煤、补给及水……

虽然信中也谈到美日通商的好处，但主旨很清楚：美国最终的目标，并非日本，而是中国。《神奈川条约》中，最重要的几项条款都是有关补给、救助，其侵略性比中英《南京条约》要弱得多。换句话说，中日两国当日面对的殖民压力完全不同。与日本修好，是美国西进建国的继续，是将"昭昭天命"连同资本一道，拓展到东亚，特别是中国的必经环节。

回到吉田松阴。为了接近美国人，吉田等人用典雅的汉文写了封信，在准备偷渡的前一日，偷偷摸摸地塞给了一位美国军官。这封《投夷书》，由佩里的翻译官卫三畏（Samuel Wells Williams，后成为美国第一位汉学教授）译成英文，成为美国理解日本的一个窗口。信中，吉田等以极谦恭的口气，说自己通过中国书籍了解到欧美世界："生等禀赋薄弱，躯干矮小，固自耻列士籍，未能精刀枪刺击之技，未能讲兵马斗争之法……及读支那书，稍闻知欧罗巴、米理驾（美利坚）风教。"而之所以不顾国家禁令，甘愿"百般使役、惟命是听"，只为能"驾长风、凌巨涛，电走千万里，邻交五大洲"。

当然，吉田松阴可不是因为"世界那么大"所以想去看看。对于吉田而言，黑船上的这些陌生人是不得不学习的对象，正因为他们是日本的敌人。师夷的目的，最终是为了攘夷。骨子里，吉田是一位深受江户儒学和国学派影响的思想者，"尊皇攘夷"才是他最大的政治抱负。他也不像信中所展现的那样"拥抱开放"。黑船来航之后，日本国门洞开，俄英等国纷至沓来，争相订约。

吉田松阴强烈抨击幕府外交软弱，鼓吹推翻幕府、强化皇权。他认为日本应该采取对外扩张，抗衡俄美的政策。在著名的《复久坂玄瑞书》中，他勾画出日本强国之策：

> 今也德川氏，已与二虏和亲……为今之计，不若谨疆域，严条约，以羁縻二虏，乘间垦虾夷（即北海道），收琉球，取朝鲜，拉满洲，压支那，临印度，以张进取之势，以固退守之基，遂神功（指神功皇后）之所未遂，果丰国（指丰臣秀吉）之所未果也。

可以看到，从丰臣秀吉、佐藤信渊到吉田松阴，日本扩张蓝图一脉相承。维新后的日本，基本采纳了这张蓝图，借着殖民性的"现代化"，一步步滑向军国主义。19世纪中期，中日都在应对外部威胁。如果说林则徐是以防御的姿态维护、修复着一个老大帝国，吉田松阴则是以一个积极进取的姿态希图建立一个新帝国。

黑船来航，是美国正式拓殖东亚的一环，也标志着日本受"殖民现代"洗礼的开始。对美国而言，此后的大多数时间里，日本是它在东亚谦卑的伙伴，就像吉田松阴对佩里的追随。尽管两国在20世纪也曾有你死我活的战争，但经过美国占领、改造，日本又以好学生的姿态重归"文明"。直到今天，美日双边同盟，仍然是美国在亚太最倚重的关系，框定着东亚地缘战略的基本格局。日本对这种亲密的关系的认知，恐怕会比较暧昧吧。这也像是吉田松阴和佩里之间的机缘：两个陌生人相互表达仰慕，却各怀天职使命，不曾真正谋面。

从"天下"到"区域":东亚秩序的重组

"中国认明朝鲜国确为完全无缺之独立自主。故凡有亏损独立自主体制,即如该国向中国所修贡献典礼等,嗣后全行废绝。"上述文字是中日《马关条约》的第一款。1895年4月17日,清政府代表李鸿章、李经方,与日本代表伊藤博文、陆奥宗光,在条约上签字。经过甲午战争的惨败,清朝的最后一个朝贡国朝鲜,从此脱离了与中原的宗藩关系,退出了东亚"天下"秩序。

"天下"体系解体的起点,常被认为是第一次鸦片战争和《南京条约》。但严格说起来,《南京条约》本身并未试图动摇既有的区域秩序。当然,欧美的殖民侵略,以及随之而来的不平等条约,是制度崩溃的大背景。以欧洲国际法原则重新界定区域内部关系,始自1871年的《中日修好条规》。日本以此确立了与清朝对等的国家地位,并在这个基础之上,挑战清朝主导的区域关系。1874年日本借口牡丹社事件出兵台湾;1876年与朝鲜签订《江华岛条约》,迫使朝鲜"开国";1879年吞并琉球,改冲绳县;直到1894年起衅中日战争。从《中日修好条规》到《马关条约》,天下秩序的崩溃,只用了二十四年。

一般认为,东亚的"现代"历程,在国家形态上,是由帝国转变到"民族国家";在国际关系上,是由"朝贡体系"转为"条约体系"。照此看来,所谓的现代化,就是东亚以欧洲国家和国际关系为模板,把传统的中国中心主义的等级结构,改造成主权国家的平等结构:中国由一个世界国家(a world country)变成了世界之一国(one country in the world)。

这种认知正日益受到质疑。首先,帝国与民族国家、朝贡与条约,并不是对立的概念。不要说主导 19 世纪至 20 世纪初全球秩序的英国,本身就不是民族国家,就是直至二战结束前,世界上都没有几个真正意义上的民族国家。同样,细读历史就可知,所谓朝贡体制和条约体制,在实践中常有相互容纳甚至确认,并不必然排斥。且条约体系本身就是矛盾体:其前提假定是主权平等,但不平等条约又否定了主权平等。

其次,塑造出这种对立,本质是塑造所谓西方现代性和东方传统性的对立。传统向现代的转变,就成了东方向西方的转变。这里不但"东方""西方"这对概念是固化、可疑的,而且把 19 世纪以来东亚复杂的历史演变,简化成了对一个(想象的)"西方"的模拟和附从。这就像是柯文(Paul Cohen)对 20 世纪中期美国的中国研究界"冲击-反应"模式的批评:它的问题不在于它是多么"错误"的,而是其解释层面有限,不能涵盖整体变化。

第三,与此相关的是,这套逻辑过于强调变化的外部因素。外因固然重要,但内部挑战更具决定性。这里的内部,既包括东亚各国国内的动乱,也包括域内国家对区域秩序的改造。国内、域内和域外的冲击相互交织,内乱与外患共同作用,才造成经由一个多世纪共同建立、又经过一个多世纪共同维持的天下格局,在短短几十年里迅速塌陷。

把内部和外部危机放在一起,也许更能理解中日韩当时面对的挑战及其应对。我们知道,1840 年第一次鸦片战争,并没有给清朝带来根本性的震动。更沉重的打击是十年后发生的、持续了十数年的太平天国运动。洪秀全创立的拜上帝会虽借用基督教,但本质上是种民间宗教。太平天国攻陷富庶的江南地区,重创清廷原有的军事和财政体系。持续内战亦对当地的经济、社会和人口结构造成极大破坏。与太平军遥相呼应的还有活跃在长江以北达十六年的捻军。太平天国失败后，捻军持续搅扰北方，甚至在1865年斩杀僧格林沁，清廷传统军事力量不断受挫，打仗只能倚重曾国藩、左宗棠、李鸿章等的地方练军。第二次鸦片战争就发生在动荡的1856至1860年，清朝国力因内战而极大消耗，无法内外兼顾，任由英法联军攻陷北京，火烧圆明园，并签下《天津条约》《北京条约》，进一步丧失主权。俄罗斯也趁火打劫，以调停英法有功为名，占去乌苏里江以东大片领土，势力拓展至与朝鲜接壤的图们江口。

此时，西部边疆也出了大问题。1856年，云南官府激发穆斯林民变，杜文秀领导起义，在大理建立平南国，一度占去半个云南。清朝花了十七年时间，才将变乱镇压。云南回变影响到周边省份。1862年，正在清军与太平军和捻军激战、西北防务空虚之际，陕西、甘肃发生回变。动荡持续十余年，至1873年才由左宗棠平定。战争、仇杀、饥荒，导致西北两省人口锐减，地方经济凋敝。

陕甘变乱又进一步波及新疆。1864年，新疆叛乱蜂起，地方割据。这次变乱与云南、陕甘的不同之处，在于外部势力深度介入。同年，喀什噶尔的叛乱领袖向中亚的浩罕汗国求援，浩罕汗国派阿古柏前往。后者反客为主，占领了喀什等地，于翌年建立政教合一的哲德沙尔汗国。此时俄罗斯再次乘虚而入，强迫清朝签订《中俄勘分西北界约记》，割让巴尔喀什湖以东领土，又于1871年出兵侵占了伊犁。

阿古柏吞并新疆各地的割据势力，不但吸纳了陕甘回军残部，还接收了浩罕汗国投来的军队，一路攻伐，几乎占领新疆全境。此时英国和俄国正在进行争夺中亚的大博弈，两国先后承认阿古柏政权。伊斯兰世界领袖、奥斯曼帝国苏丹还赐予他"埃米尔"头衔。天山南北俨然已成外国。

清廷的"海防"与"塞防"争论在此背景下发生。在财政捉襟见肘、东南沿海与西北内陆的防务难以兼顾的情况下，如何判定主敌、认知国本，是争论的焦点。力主海防的李鸿章，视欧美日本为主要威胁，而西域内亚则是可以损失的藩属；主张塞防的左宗棠，则认定俄国为大敌，不但不能放弃新疆，而且要强化对西域的直接管理。结果，左宗棠于1877年成功收复新疆，四年后又收回伊犁。新疆于1884年建省，实现了龚自珍、魏源等经世派学者在19世纪初期提出的西域行省化的构想。可以说，内在危机和内生性思想，主导了现代中国形态的塑造。

换个角度看，海防还是塞防，讨论的也是宗藩关系的优先次序。清代"天下"的两大支柱，一是由礼部主持的与朝贡国的关系，一是理藩院主持的与内亚边疆的关系。究竟如何判别内外、分清缓急，在当时并不是一目了然的。从今天看，内亚边疆在清代结束前大体保留在版图内，后为当代中国所继承，这不能不说是晚清国家建设在内外交困中的一大成就。它避免了中国像奥斯曼帝国那样被殖民势力彻底分裂。当然，也许其代价，就是传统的礼部"外交"被欧洲式的国际法外交完全改造。

这就要谈到日韩所应对的挑战。日本当年面对的外部压力虽与中国类似，但程度要轻得多。同样，它的内部挑战，解决得也比中国顺利、彻底。明治维新前后的日本，最大的变乱来自两场内战，一是1868年的戊辰战争，主张王政复古的西南藩阀成功倒幕；二是1877年的西南战争，明治政府平定了西乡隆盛领导的旧士族反叛。两场内战，阵亡者加在一起不过1.4万余人，其破坏性远远小于同时期中国的内乱。在萨摩、长州等藩的倒幕精英主持下，明治政府得以专注革新，强化国家能力，从话语到实践效法欧洲，对外殖民扩张。

朝鲜面对的外部压力，最早也来自欧美。掌握实权的大院君坚持"卫正斥邪"，暂时保全。此后最大的挑战，外是日本，内是党争。《江华岛条约》将朝鲜拽到殖民帝国体系和天下体系之间，内外矛盾同时升级，终于在1882年和1884年发生壬午军乱和甲申政变。清政府和日本的竞相介入，激化了新旧两个帝国对朝鲜半岛的争夺，也激化了朝鲜国内的阶级矛盾。1894年的中日之战，起因于朝鲜爆发的东学党农民起义，清朝应朝鲜之请出兵平乱，日军则对清军不宣而战。

朝鲜在天下体系中位置至关重要，不但是宗藩关系的模板，而且其国王地位与蒙古藩王相仿，几乎"视同内服"。在殖民压力下，清与朝鲜都曾积极调整，试图调和"朝贡-宗藩"原则与"条约-国际法"原则。清设立总理各国事务衙门，朝鲜亦设立统理交涉通商事务衙门，两国交往中一些非仪式性事务便从礼部转到这些新设的外交部门。1882年，在李鸿章主持下，朝鲜与美国签订修好通商条约，成为朝鲜与欧美建交首例。签约前，李鸿章指示朝鲜以照会形式，向美国说明"朝鲜素为中国属邦"，朝中的藩属关系，无碍于朝美的平等关系。此后朝鲜与英、德、意、俄、法等国先后订约，皆援此例。与美订约同年，朝鲜国王亦向中国提出通商请求，清廷允准，两国签订了历史上第一份国际法意义的条约——《中朝商民水陆贸易章程》。其中指明："朝鲜久列藩封，典礼所关。一切均有定制，毋庸更议……此次所订水陆贸易章程系中国优待属邦之意，不在各与国一体均沾之列。"

很明显，李鸿章的意图，是利用条约原则进一步确认宗藩原则，两者非但不对立，而且相互肯定、彼此平行。日本史家滨下武志分析贸易章程时更进一步认为，中朝贸易，体现的既非朝贡原则，亦非条约原则，而是一种双方共同遵循的"区域"原则。可惜在强大的殖民压力下，这种调和的努力并不成功。1885年中法战争后，越南变为法国殖民地，从此脱离宗藩体系。1895年，朝鲜也结束了几个世纪的中原藩属，成为独立之国。但独立后的朝鲜，主权却更不完整。十年后，日本变朝鲜为保护国，进而在1910年正式将其吞并。

在全球范围内，国际法服务的都是殖民帝国体系。东亚"天下"格局消解，在外部压迫和内部变乱双重作用下成为一个"区域"。但是，旧秩序解体后，到来的并不是一个民族国家体系，而是以日本为中心的帝国主义秩序。新秩序借用国际法话语，却继承了"中华－天下"秩序的诸多样貌——比如以天皇、神道的宗法制度替代中原礼教的宗法制度。所以从某种角度也可以说，东亚由中国治下的"天下"（Pax Sinica）变成了日本治下的"天下"（Pax Japonica）。"国际法－殖民帝国"否认"礼部外交"，不过是以一种等级秩序颠覆了另一种等级秩序。

"体""用"之间："文明开化"下的东方

19世纪后半叶，受到鸦片战争、黑船来航的刺激，以及国内动荡的压力，中日两国分别兴起了自强图存的改革，朝鲜随后也被裹挟进这一浪潮中。日本知识人率先以"文明开化"来翻译、引介 civilization and enlightenment，这组概念后来成为东亚三国普遍接受的时代主题。我们后来称之为"东亚"的这个区域,在"千年未有之变局"下引入新学新制。

人们多用"现代化"描述这个过程,这里的"现代"指向欧洲工业文明和政教制度。但是这个描述是什么意思呢?是说作为"现代"之外的东亚,拥抱这个"必然的"时间性趋势,将自身"化"于其中;还是说把"现代"这种异质因素,调和进自身的历史脉络中,从而"化"之了呢?长期以来的主导意见,采取的是前一种解释。那么当时的精英群体是否也这样理解?

1890年10月30日,明治天皇颁行《教育敕语》,为日本的国民教育定下基调:

> 朕惟我皇祖皇宗,肇国宏远,树德深厚。我臣民,克忠克孝,亿兆一心,世济其美。此我国体之精华,而教育之渊源,亦实存乎此。尔臣民,孝于父母,友于兄弟,夫妇相和,朋友相信,恭俭持己,博爱及众,修学习业,以启发智能,成就德器。进广公益,开世务,常重国宪,遵国法,一旦缓急,则义勇奉公,以扶翼天壤无穷之皇运。……

《教育敕语》是日本(及其殖民地)在二战结束前奉行的至高教育原则,曾要求所有学生全文背诵。日本是东亚"现代化"的标志性国家;而教育又是所有国家"现代化"的重要手段。《教育敕语》出台于明治盛期,是维新时代政治家担忧知识日趋欧化、传统道德丧失的产物。在这篇极重要的政治文本中,我们看不到欧风美雨的洗礼,反而是日本国家糅合了传统儒学与神道的价值系统,强化了天皇的超越性地位。教育的目的,在于彰显皇运宏远的"国体"。

认定"国体",或者说国家的独特性质和根本制度,是东亚三国在工业、资本、殖民主义冲击下,寻求改革出路的核心命题之一。越是需要倚重外来文化,则界定自我("体")的工作就越显迫切。所谓"文明开化",从字面上理解,是启蒙、脱离愚昧的意思,指通过教育、教化,走向心智的开放。但从《教育敕语》看来,这种启蒙和开放,面向的似乎更多是向内确认自我,而非向外"拥抱世界"。

不光是日本,在晚清和朝鲜,开化派人士也不约而同地强调,在学习西方时要以守护"自我"为目的。三国将"东""西"对举:日本呼吁"和魂洋才",清朝提倡"中体西用",朝鲜强调"东道西器"。各国的知识人对"文明开化"的取径自有差异,但总的来说,都大致落实在体用、他我的辩证关系中,这与我们通常理解的"现代化=学习西方"相去甚远。

19世纪后半叶,东亚倡导学习西方最力者,恐怕无过于日本的福泽谕吉了。出身兰学者的福泽曾几度游历欧美,他目睹西方科技人文的兴盛,大力批判儒学,拥抱洋学。在1875年出版的《文明论概略》中,他引入了进化史观,将"文明"定义为"人类智德的进步",指出人类发展是一个由野蛮、半开化到开化的过程:"前进还是后退,问题只在进退两字。"在这个结构中,欧洲国家和美国是最文明国家,土耳其、中国、日本等亚洲国家是半开化国家,而非洲和大洋洲的国家算是野蛮国家。这非常容易让人联想到黑格尔在《历史哲学》中提出的、人类精神由亚洲向欧洲进化的阶梯。

也许福泽的确受到过黑格尔的间接影响,但两者的差别却相当大。黑格尔认定人类的历史有固定的逻辑和终极目的(绝对精神的自我实现），福泽则否定文明有终点。他认为文明等级是相对概念，今天虽然西洋是最文明的，但如果其他国家迎头超越，西洋也可以退为半开化。这就像是中国曾经站在文明前端，如今则被欧美超越一样。

更重要的是，福泽在书中花了大量篇幅强调日本的"国体"。国体"就是指同一种族的人民在一起同安乐而共患难，而与外国人形成彼此的区别……西洋人所谓 nationality 就是这个意思。世界上的一切国家，各有其国体"。而日本的国体在人类历史上绝无仅有："我国的皇统是和国体共同绵延到现在的……这也可以叫作一种国体。"他指出日本人当前的"唯一任务"就是"保卫国体"。而"唯有汲取西洋文明才能巩固我国国体，为我皇统增光"。

国体即皇统，这解释竟与十五年后保守的《教育敕语》如出一辙。可以说，即使崇尚西洋文明的福泽谕吉，也是将文明当作"用"来对待。之所以要学习西洋，并不是让自己变成西洋，反而是为了自己不成为西洋。所以他说："号召日本人向文明进军，是为了保卫我们国家的独立。国家独立是目的，现阶段我们的文明就是达到目的的手段……君臣之义，祖宗传统，上下的名分和贵贱的差别……都是手段，要看如何运用。"

尽管福泽本人大力倡导民权、立宪，但他的原则仍是实用主义的，他没有把特定体制与文明等级挂钩。"君主政治未必良好，共和政治也未必妥善，不管政治的名义如何，只能是人与人关系上的一个方面，所以不能光看一个方面的体制如何，就判断文明的实质。"因此他对学习的意见是：西洋不必全学，必须适应本国人情风俗。

福泽谕吉代表的，是日本明治变革后的时代风气。明治时代的"维新",始于"王政复古"的政治纲领,"维新"倒像是"复古"的一个手段。说起来"文明开化"与"尊皇攘夷",一开放一保守,应该是一对不相容的矛盾体,但两者最终统一于对日本"国体"的弘扬上。

"体"与"用"、目的与手段的辩证,贯穿着资本主义、殖民主义冲击下,东亚士人的抵抗历程。从魏源、林则徐、冯桂芬、郑观应等开始,晚清的思想先驱就大力提倡以新知识捍卫旧身份、抵御内外危机。曾国藩、奕䜣、李鸿章等领衔洋务运动,以实业、外交和教育实践相呼应。到了张之洞总结出"中体西用"(实际是"旧学为体西学为用"),类似的思想激荡早已持续了数十年。张之洞明确提出哪些是学习的对象,哪些不是:"夫不可变者,伦纪也,非法制也;圣道也,非器械也;心术也,非工艺也。"而"中国"之"国",则与"教""种"合为一心,构成他所谓的"体"。

受魏源影响,日本的佐久间象山、横井小楠等力主开放通商、引入西学。他们的理想,是实现"东洋道德"与"西洋艺"的结合。同理,受到中日两国新思想的冲击,朝鲜的朴珪寿、尹善学、金玉均等力主"开化"改革,同时亦坚持礼教人伦是不可变之"道"。尹善学在1882年向朝鲜高宗上疏,提倡新学,但他强调:"臣之欲变者,是器也,非道也。"他们固然没有像福泽谕吉那样力倡文明论意义上的"智德的进步",但在手段与目的的辩证关系上,差异并不那么大。

在冲击下调整自身定位,不是近代东亚的新现象。某种角度上说,由满洲崛起刺激出的"华夷变态"说,已经为这种调整做过预演和铺垫。19世纪倡导开化、洋务的人物,更多是在传统儒学、清学、兰学、国学,以及实学脉络中找寻思想资源,以论证吸取西学的合法性。对"体"的强调，是为了重申新的知识不撼动道统。而实现"文明开化"，则可以看作是"经世致用"这一原则的延伸，是东亚17世纪以来内在逻辑的演进。

但另一方面，东亚世界观的确有了重大变化。"体""用"的辩证，表面上是调和差异，背后则无形中强化了自我和他者的区别。过去的华夷之辨，体现的是"天下"体系内部的相对性差异，是一体中的多元。而"东""西"之别却不同，它是把原来那个包含华夷的一体，视作二元对立中的一极。西洋是新的他者（"夷"），因为区域权力结构的崩坏，西洋不再是天下传统的一部分，而是它的对面（"洋"）。由一体多元变为二元对立，这是对世界格局的新想象。

东亚的自我身份就在"体""用"以及"东""西"的对立中逐渐塑成。原有的知识体系、政教制度和价值系统，都不得不在这种"东""西"（或者"国""洋"）的二元结构中重新定位。比如梁启超说的中国人"不知有国"，这在天下结构中本不成为问题，但在东西二元结构中就成了问题。很多似是而非的论断，如"东洋道德西洋艺""西画写实国画写意"或者"西医重实验中医重经验"等等，逐渐成了流行的认知方式。当东亚知识精英以西洋为镜像重新打量、定义自我，那么这个"我"，恐怕很难说是历史事实，而更多是一种主观塑造。当"西"成了实现"我"的方法，作为本体的"东方"也就成了发明出来的传统。东或是西，愈来愈成为为了印证差异而选择出来的概念。

二元结构的世界观，构成的当然是不完整的世界。首先，17到20世纪欧美资本主义建构的殖民现代体系里，东亚作为一个认知场域，从来不是对立于"西方"的一元。不错，东亚是"殖民现代"的对象之一，但它在欧美帝国眼中，不过是"非文明"世界的一个组成部分，如此而已。所以，把"我"拿来和抽象的"西方"相对，是东亚人在殖民体系下的认知偏差。其次，二元的认知方式也造成不少国人眼里的"世界"，就只有欧美和中国，似乎世界上也只有东西两个文明体。20世纪反殖高潮退去后，我们的日常语汇中，"国外""海外"往往指向发达资本主义国家，而不自觉地忽视了同属非西方世界的南亚、中亚、东南亚、中东、非洲和拉美。

第九章

民族国家、亚洲主义与国际

种族进化：殖民与抵抗的逻辑

经过一个月的海陆颠簸，九名日本北海道的阿伊努原住民，于1904年4月抵达美国密苏里州的圣路易斯，加入在这里举行的世界博览会。他们不是来观展的，而是和其他二百多名来自世界各地的原住民一起，作为展品供游客参观。

自1851年在英国伦敦举办以来，世博会一直是集中展示现代工业文明、前沿科学、商贸新品以及文化景观的重要场所。圣路易斯世博会也一样：它为了纪念"路易斯安那收购"百年（美国1803年购买法属北美殖民地，领土面积翻番）而举办。美国借此机会，展示其强大的科技、工业和经济实力，并炫耀刚刚获得的菲律宾。贝尔发明的无线电话系统和X光机等，在此亮相。世博会历时七个月，吸引了超过1 900万人参观。同地还举办了第三届奥运会，当时不过是世博会的附属活动。六十多个参会国家中，有二十一个建造了自己的展馆，包括中国和日本。

日清两国都很重视这次自我宣传的机会，分别派出以农商务大臣清浦奎吾、贝子溥伦为总裁的参展团。日本馆设计成一座皇家花园，小桥流水，主建筑仿照京都金阁寺，又糅合了美国南方建筑式样。此外还有一处竹制茶室，展示甲午战争后获得的新殖民地台湾。1904年是清朝首次以官方身份参与世博会。中国馆由两位英国建筑师设计，以牌坊、门楼、亭台等构成，充分表现本土建筑风格和特色。门口几位少年身着戏装欢迎游客。慈禧太后还恩准送展一幅自己的画像，以表达庚子事变后中国接纳四方的新风气。

除了国家馆外，世博会还组织了其他主题展，以构建工业国家心目中的世界图景。其中重要一环是"人类学馆"，汇集了包括阿伊努人在内的世界二十多个土著部族人群及其生活面貌。这是整个世博会史上规模最大的"人类动物园"，由当时美国民族学局负责人麦吉（William John McGee）主持，不少知名人类学家参与。麦基明确表示，要用"生活在原生环境中的活人"表现"人类由黑暗原始到高等启蒙、野蛮到文明……的历程"。这非常符合当时的"科学常识"：人类的发展是个由低到高的阶梯，不同种族、民族则代表着不同阶段。右页这幅插图来自世博会发行的宣传书籍，它生动地展示了这个阶梯。

在这张"人的类型与发展"（Types and Development of Man）图中，"史前人"位于最底端，之后依次是布须曼人、阿伊努人、尼格罗人、印第安人、阿拉伯人、中国人、土耳其人、印度人、日本人、俄罗斯人，最高等则是欧美人。画面正中，智慧女神高举火把，照亮黑暗洞穴中蒙昧的原始人，政治含义很明确。人类学馆中，所有"野人及半野人"不但向游客展现他们的日常生活，而且还要接受人类学教授们的现场教学。他们被拍照、观察、测量和比较。世博会还在同时举办的奥运会中，特设由这些展览人种参加的"人类学日"比赛，称为"野人奥运会"。

九名阿伊努人中，有三对夫妇和两个孩子（另有一人只身前

第九章　民族国家、亚洲主义与国际　255

《人的类型与发展》

往），他们由芝加哥大学人类学教授斯塔尔（Frederick Starr）亲赴北海道，在当地官员和传教士的帮助下招募。这些须发浓密的阿伊努人在世博会上引发极大兴趣。有观者称他们是"神秘的日本小原始人"，惊讶于其干净礼貌、信基督教，但有点可惜他们"不是食人族、食狗族或野人"。四名阿伊努人还参加了奥运会"人类学日"比赛，得到了射箭奖牌。

展出阿伊努人并非日本国家行为，但得到日本官员的协助。明治政府自 1869 年拓殖虾夷（后改名"北海道"）以来，便对世居于此的阿伊努人实施同化、歧视政策。日本长期以单一民族国

圣路易斯世博会上被展出的阿伊努人

家自居，迟至 2008 年才正式承认阿伊努人的原住民身份。那么为什么在 1904 年还默许、鼓励对自己"国民"的奇观化呢？我们要从当时流行的种族、民族话语中理解。

19 世纪殖民现代性的冲击，不但加速东亚区域秩序崩溃，而且彻底颠覆了东亚人理解自己的方式。以社会达尔文主义为理论基础，一种杂糅了政治、文化、血缘、语言、宗教的民族主义，由欧美输入，为东亚人改造并接受。根据这个新的国家原则，"国"与"族"不可分割。历史则按照这个"科学"原则重写，用以参照现实。

20 世纪初的欧美人眼中，日本人是亚洲最"文明"的种族，他们讲究卫生、彬彬有礼，在急速西方化的同时又坚守东方传统。

1900年，新渡户稻造以英语在美国出版《武士道：日本的灵魂》(*Bushido: The Soul of Japan*)一书，回应欧美人对日本宗教与道德的疑惑。这本书迎合了美国读者对东方的想象和口味，得到西奥多·罗斯福（Theodore Roosevelt）总统的热捧，长销不衰（但日译本出版后，在日本国内评价并不高）。在圣路易斯世博会的人类进化阶梯图中，日本人是非欧人种中最高等的，仅次于俄罗斯人，而且所有形象中唯智慧女神和日本人为女性，亦显示对日本的另眼相看。

世博会上，日本一方面极力展现自己的文明先进不输于欧美，一方面把"文明"的日本与"蛮荒"的日本做种族主义的切割。以当时的体质人类学观点，阿伊努人高鼻深目，眼型近欧洲人，很像是高加索人种。那么在和大和民族的长期争斗中，"黄种"的大和族比（可能是）"白种"的阿伊努人更"进化""文明"，这不正暗示出日本人在种族进化上的独特性吗？其政治象征不言而喻。

和日本介入对自身的积极奇观化相比，中国则无奈地被奇观化。同在这个"族化"的世界，中日际遇不同，反应各异。1904年的美国，排华法案已通过多年，借助对亚裔移民的排斥性政策，北美和大洋洲的殖民政府建立了现代边境管控机制，并且以所谓"自由"为名，塑造了"自由的欧洲"与"非自由的亚洲"的种族等级。也就是因为这种系统性歧视的存在，中国虽然是世博会参展国之一，但连赴美布展的人员，都遭遇重重阻挠。

具体策展，主要由掌控清朝海关的欧美官员负责。据张伟先生的《西风东渐：晚清民初上海艺文界》一书，主办方曾委托海关官员找一名缠足女性，欲放到人类学馆中，后因中方抵制而作罢。但在世博会另一边的"游戏园"里,商家竟租来一位随夫赴美的缠足女子,在中国茶园中奉茶。此举引来华文舆论抨击,经几位中国留学生长时间抗议,园方经理才同意撤去。活人虽然免于展览,物品却仍是猎奇的对象。一处中国展室,内有泥塑人偶一组,包括裹脚妇女、兵丁、乞丐、烟鬼、娼妓等等,还有烟枪、烟灯、刑具。大清海关的英国官员甚至带来三百双小脚弓鞋前来售卖。中方官员多次交涉,却没有结果。

没有资料显示中国人对种族进化图的观感,想来应该是不快的。但对本国形象表现的不满,并不是对种族分类和进化观本身的质疑。实际上,当时最具影响力的一批思想者是接受种族话语的,康有为甚至在《大同书》中主张灭绝黑人,让黄种与白种通婚以达至"去种界同人类"。如果世博会展出的不是小脚,而是中国某个边缘少数族群,也把他们和"中国人"作进化论意义上的切割,留学生和官员们是否也会强烈抗议呢?不清楚。

今天的学者大多同意,种族主义,以及在此基础上的政治民族主义,是现代产物。当然,对人群差异的认知和偏见是普遍存在的,这种认知通常比较随意:比如中原历代都有《职贡图》,记录异族图像;首位到日本的耶稣会士沙勿略,认为日本人和中国人都是白人;而美国主流在很长一段时间内,并不把非盎格鲁欧洲人(比如日耳曼人)看作白人。但种族/民族主义不一样,它是一套以科学话语包装,并与资本主义、殖民主义结为一体的现代意识形态。把人类按照"科学"方法区分人种,始自18世纪瑞典自然学家卡尔·林奈(Carl Linnaeus)。而人类学,特别是体质人类学的兴起,又以种种测量术强化了种族理论的"生物学依据"。到了19世纪,达尔文生物进化论被用来解释人类社会的差异。于是,种族与文明、进化紧紧联系,用以合理化殖民压迫。这些理论在今天当然已经被否弃,但在一百多年前,则被奉为真理。

民族主义在东亚,是当时知识人的选择性接受和创造。在日本,福泽谕吉改造了进化主义观念,以"种族"区分"国体",以"文明"为新道统。而接受德意志法学理论的加藤弘之、穗积八束等,则把国民、民族、国家作同一性解读。王柯先生指出,后二者对于梁启超影响至深:梁启超根据瑞士法学家伯伦知理的国家理论,提出中国最早的"民族主义"论述。他对伯伦知理的理解,即主要参考加藤弘之。"民族"一词,直接来自日本人对 nation 的汉译,本来它兼有政治意义上的"国民",和语言、文化、血缘意义上的"族群"之意。但此后中国国内使用"民族主义",常带有很强的种族性,典型的如以章太炎、邹容等为代表的排满革命主张。

种族／民族主义在中国兴起的另一条线索,是严复对社会达尔文主义的译介。《天演论》号称翻译赫胥黎,实际带有很多严复自己的创作。特别是,达尔文本人从未试图用他的生物进化论分析人类社会。但"物竞天择,适者生存"的口号实在符合当时国人救亡图存、富国强兵的急迫需求,以致很多人误以为这就是达尔文的科学主张,并把物种竞争的逻辑,曲解成近乎弱肉强食。

中国和日本又影响着朝鲜民族主义者。启蒙史学重要人物申采浩便深受梁启超启发。他不但全盘借用梁重写中国史的三阶段理论(古代—中世—近代),而且特别突出历史书写的民族主体性。他认为"历史"记录的是"人类社会'我'与'非我'斗争在时空中展开的精神活动状态"。朝鲜历史记录的就是"韩民族"

斗争的精神状态。申采浩这种对主体性的想象和对主观性的强调，极大影响了20世纪半岛的民族主义史学。

东亚以民族主义改造自身，一个主要的刺激当然是殖民主义在话语和实践两方面的威胁。但殖民主义和民族主义看似一对敌人，其实是一个硬币的两面。被殖民者建构了一套反抗性民族主义，可依赖的仍是殖民者带来的那套文明、进化逻辑。殖民者发明的这套压迫理论，被反抗者用来求存图强。问题是，独立、富强之后怎么办？如果"物竞天择，适者生存"是文明准则，我们是否要将它施用于更弱的他者，包括国界内的与国界外的？

回到1904年的圣路易斯。世博会举办之时，日俄战争正酣。俄国推辞参会，日本就势把为俄国预留的展区要了过来。日本不但在世博会展示自己的文明高度，不久又在战场上击败了一个欧洲大国。在他们看来，这场战争是"黄种人"对"白种人"的历史性胜利。人类学的进化阶梯要更新了：日本人超越了俄国人，朝着"最文明种族"，又进了一步。

合法与非法的亚洲

1907年7月14日，朝鲜志士李儁客死于荷兰海牙。半个多月前，他和同伴李相卨、李玮锺，带着大韩帝国高宗皇帝的密信抵达荷兰，想要参加正在举行的"万国和平会议"。他们本想借此国际场合，抗议日本剥夺韩国外交主权，宣告韩国为完全独立国家。但会议主办国拒绝他们列席，理由是韩国已是日本的"保护国"，不具备国际法承认的主权国家的资格。这个他们寄予希望的国际社会，却公开宣告韩国独立"不合法"。李儁不久忧愤而亡，关于他是否是自杀殉国,至今有不同说法。三位密使中,李儁曾任法部主事,又在日本修习过法律,对于这个由法律规范的国际社会,他恐怕是最感绝望的吧。

宗藩礼制在内外交困中解体后,东亚国家间交往规则被欧洲传来的一套新机制取代。表面上看,这套规则以主权平等为核心,强调国与国之间以法制精神、平等协商解决纠纷。韩国密使希图参与的海牙和平会议,就是这种协商平台。它最初由俄国沙皇尼古拉二世(Nicholas Ⅱ)提议,主要目的是对战争行为加以约束。1899年召开的第一次会议,有二十六国参加。当日取得的一些协定,大都在后来的一战中被抛弃。值得一提的是,就是在那次会议上,设立了一个不具实体性质、由各国仲裁员组成的"常设仲裁法院"。2016年的所谓"南海仲裁案",就是由这个法院的临时仲裁庭做出的。

受布尔战争和日俄战争耽延,第二次海牙会议迟至1907年才召开。欧洲有二十国、美洲有十九国、亚洲有四国(日本、中国、波斯、暹罗)参加,非洲则无任何国家获得承认。在韩国问题上,除了俄国因与日本敌对而表示同情外,其他欧美国家,连同日本一起,拒绝承认韩国是一个"国家"。要知道,当时日本尚未正式吞并韩国。这个国际法体制,晚至1945年二战结束,才正式认可朝鲜半岛上有独立国家。即便如此,直到今天,半岛南北两个政治体的法律关系,都是个不易说清的问题。

国际法体系,并不是个开放的机制,它只承认"主权国家"具备主体资质。那么怎么认定主权国家呢?这又和上文提到的"文明"序列相关。和早期人类学等现代社会科学一样,社会达尔文主义是国际法体系判定"文明"的逻辑基础。基督教世界的殖民国家，当然是"文明国家"，很自然就是主权体。中国、日本这样的非基督教"半开化"国家，也可以勉强列入。而被殖民地区的政治体，无论是否具有国家性质，都得不到国际法的承认。

起源于 17 世纪的现代国际法，在随殖民主义逐步扩张到世界的过程中，创制了一整套修辞，来为殖民活动提供理论支持。比如"保护国"（protectorate）这个概念，它来自于 1884 至 1885 年欧洲国家为瓜分非洲召开的柏林会议，比属刚果在此次会议中被定义为比利时的"保护国"。名义上，"保护国"不像"殖民地"那样由宗主国直接统治，但实质与殖民地差异不大，无非是有没有一个形式上的本土政府而已。此后，它也被法国用来定义其占领的北圻（越南北部）、安南（越南中部）、柬埔寨和老挝。日本在 1905 年通过《乙巳保护条约》，剥夺韩国的外交权，即参照欧美之例，将韩国变为"保护国"，从法律上否定其本有的独立地位。

现代殖民掠夺，必须披上合法的外衣，才符合"文明"的旗号。这就好像英法联军火烧圆明园，劫掠了大量器物文玩，又把抢来的文物拿到市场流通，将本来的赃物洗白成了合法商品。对土地的抢占也一样。19 世纪的殖民占领，很多在后来以堂皇的国际法原则合理化。最典型的如所谓"无主地"（terra nullius）原则。无主地不是指无人居住的土地，而是原住民不具备主权资格的土地。这个概念的律法化，也与瓜分非洲有关：1888 年，在瑞士洛桑召开的国际法研究院大会上，德意志法学家费迪南德·马提兹（Ferdinand de Martitz）出于保障德国在非利益的需要，提议如此定义"无主领土"："不被构成国际法共同体的主权国或保护国有效管治的任何地域,不论其是否有人居住。"这个提议当时引发很大争议,但其基本逻辑成为日后"无主地"论述之滥觞。现代法学家认为,无主地原则可追溯到欧洲自然法传统对土地"使用"的认定,比如开垦才是有效使用,采集或游牧则不算。但重要的是,现代无主地原则,强调的不只是土地是否被利用、如何利用,而且是被谁利用。按照马提兹的说法,如果使用者不是"构成国际法共同体"的成员,则即使土地已被开发,也仍然可被殖民者占有。

早在无主地原则被律法化之前,其逻辑就被日本拿来了。日本1869年拓殖北海道,1874年借牡丹社事件出兵台湾,都以此地属化外无主为由,否定原住民的土地权利。实际上,日本在殖民扩张的过程中,特别在意欧美国家的观感,其每一步都力图证明自己遵守国际法制,符合"文明"规范。比如1894年,日本在丰岛海面不宣而战,击沉清朝租用的英国运兵船高升号,起衅中日战争,事后就以此举符合"战时国际法"辩解,争取英国舆论支持。到了日俄战争,日本更是在每一个集团军中都配备国际法专家,还广泛邀请欧美各国武官、记者随军观战,彰显日军"文明之师"的形象。

日本努力向化,得到英美的积极回馈。英国和美国为鼓励日本与俄国缠斗,视之为东方盟友。在日俄战争中,英国对日本多有资助;美国总统西奥多·罗斯福则出面调停,促成日俄签署《朴次茅斯和约》,重新划分势力范围。日俄在朝鲜和中国东北激战,无数无辜的中、韩百姓死难。美国则与日本密谈,相互承认对方在亚洲的势力范围。罗斯福总统还因调停有功,获得1906年的诺贝尔和平奖,成为第一位获此奖的美国人。自然,跻身文明国家行列，就意味着有"野蛮或半野蛮"者被凌辱和损害。套用《动物庄园》里的话：在国际法体制下，所有国家平等，但有的国家比别的国家更平等。

从1875年江华岛事件以来，日本一步步把朝鲜拉出传统的宗藩礼制，先用条约认定朝鲜"保有与日本国平等之权"，继而以甲午战争迫使中国承认朝鲜为"完全无缺之独立自主"。朝鲜1897年改国号为大韩帝国，日本强化对半岛的控制和争夺，并在日俄战争爆发后，逼迫韩国签订一系列条约，用同样的国际法修辞，逐步把"平等独立"的圭臬改造成不平等独立。1905年的《乙巳保护条约》，由韩国外部大臣朴齐纯等五位亲日派内阁成员签署，韩国统监府据此设立，伊藤博文就任第一任统监，成为韩国实际的掌权者。高宗名为皇帝，实为傀儡。

当时的欧美舆论，纷纷祝贺日本为蛮荒的韩国带去现代文明的曙光。日本1907年在海牙极力阻止韩国密使参会，此举得到大部分国际法共同体成员的"理解"。伦敦《泰晤士报》在7月20日评论说："和这些野蛮或半野蛮君主打交道，我们自己就有很长的经验，所以我们很容易赞赏日本对韩国的态度。说白了，就是一个非常聪明勤勉的人对一个始终老朽懒惰者的态度。"此时，英国人已经将日本视为"文明"的一分子，殖民帝国俱乐部的新贵。给其他国家贴标签，显示其"非法性"，在殖民和后殖民帝国是一致的。过去是"野蛮国家"和"落后国家"，今天则有"失败国家""流氓国家"或者"邪恶轴心"等等。

东亚国家最早吸收现代国际法者，要算林则徐，他为禁烟而命人编选《各国律例》以备交涉。但欧美国际法被系统译介，还是从美国传教士丁韪良（W. A. P. Martin）19世纪60年代翻译《万国公法》等开始的。丁韪良后任同文馆总教习,他的志向是以国际法为突破口传播福音,让中国人了解、接受基督教文明。和当年的利玛窦类似,他想要弥合中国传统文化与现代国际法之间的差异,宣称国际法原则早在中国的春秋战国时期就已产生,因此并不是什么异类。清廷引公法为工具与西洋各国谈判,但无意用它改造已实行数百年的东亚宗藩礼制。到了危机重重的19世纪80年代,李鸿章等试图调和两种体制,以国际法修辞包装宗藩制度,仍希冀西洋各国承认东亚传统秩序。甲午战后,宗藩制度解体。随即在1900年义和团事件中,中国和"国际社会"的冲突达到顶峰。在八国联军的武力惩罚、外交使团的"文明"规训下,中国最终被改造成国际法共同体中"遵纪守法"的一员,没有像印度、越南或朝鲜一样,被直接剥夺国家资格。

日本从汉译《万国公法》开始系统学习国际法。但不同于中国,它很早就开始运用其原则重新定义、改造东亚区域秩序。在1874年牡丹社事件中,日本聘用美国顾问李仙得(Charles Le Gendre),抓住中国官员说出台湾生番是"化外之民"的把柄,以此为据向"无主番界"出兵。两年后,日本又以主权平等原则与朝鲜签下《江华岛条约》,间接否认朝清间的宗藩关系。1879年,日本以国内法原则吞并了琉球,改置冲绳县,否定琉清间的朝贡关系。直至甲午战后,最终完成了对东亚传统宗藩制度的颠覆。这个过程同时也是它建立帝国殖民体系的过程。和种族/民族主义逻辑类似,国际法既可用来确认自身的独立,也可用来推行帝国主义扩张。

1907年,当三位韩国密使到访海牙的消息传来,身为韩国统监的伊藤博文大怒。他强迫高宗退位,由其子接任,是为纯宗。

随后又迫韩签署《丁未七条约》，进一步控制了韩国内政。最终，日本在1910年吞并韩国，把它正式变成自己的殖民地。

日本成为殖民帝国，但自己又曾面临被殖民的危机，对这个体系的两面性有充分认知。即使在国际法共同体中获得高于中国和朝鲜的承认，日本也常抱怨自己未得到应有的对待。比如甲午战后，俄、德、法三国为自身利益，逼迫日本退回已经通过《马关条约》到手的辽东半岛，就被日本人视为奇耻大辱，埋下日后日俄开战的伏笔。更何况自黑船来航以来，日本自身也一直受到不平等条约的损害。直到吞并韩国之后第二年，日本才最终完成了对所有不平等条约的改正，取得了与欧美列强形式上的平等。所以尽管日本成长为东方新帝国，但在这个过程中，部分知识精英对欧美殖民压迫的不满也与日俱增。

黑龙会的朋友们：1912年的"亚洲"想象

1912年7月，明治天皇驾崩。明治时代的终结，标志着日本来到了"现代"的转折点。就在前一年，日本终于完成对所有不平等条约的改正，成为名义上与欧美殖民帝国完全平等的国家。国内方面，大正民主亦初露曙光。在此前后，一种原本在野的、抵抗性的意识形态开始走上前台，提出日本应有不同于欧美的历史使命。这就是"亚细亚主义"（或称泛亚主义），它提倡所有亚洲民族应团结一致、反抗欧美殖民霸权，同时也标榜日本在区域的领导地位。亚细亚主义最具代表性的团体是黑龙会。1912年前后，黑龙会的朋友圈遍及东亚，深度介入日、中、韩三国的政治走向。

反思日本曲折的现代化道路，人们常常提到的一个词是"脱亚入欧"，并把其思想源头归于1885年发表在《时事新报》上的《脱亚论》。不过，认为日本殖民扩张是出于对亚洲的唾弃而与欧洲为伍，这种说法需要商榷。首先，《脱亚论》并没有提过"入欧"。这篇小文被认为是福泽谕吉所写，可福泽一生都没有使用过"入欧"一词。其次，直到二战后被重新发现、解读，《脱亚论》并未产生过特别的历史影响。再者，文章发表的背景，是朝鲜金玉均领导的申申政变的失败。而福泽谕吉本人，则是金玉均的支持者和同情者。就算福泽倡导"脱亚"，他眼中的亚洲也是一个复杂的符号，其中失望与希望交织。在整个明治时期，日本精英群体都处在一种复杂纠结的心态中，借定义亚洲来重新定义自己。

明治时代的政治方针，大致是内政上强化集权，外交上（对欧美国家）韬光养晦。但融入殖民现代体系的同时，社会精英对这套体系带来的内外弊病也日益不满。从19世纪70年代开始，呼吁改革的声音逐渐汇集成一股强大的社会政治潮流，称为"自由民权运动"。其主旨，是强调引入宪政机制、创制宪法和国会、保证言论和集会自由、减轻地租，以及修改不平等条约。早期自由民权运动，参与者十分多元，既包括一些对政府政策不满的官员大臣，也包括前藩阀武士、农民、记者和知识分子。政府对自由民权运动采取强硬镇压的态度，致双方矛盾激化，在19世纪80年代出现了像静冈事件、大阪事件那种暴力革命的苗头。到了19世纪90年代，运动逐渐走入低潮，参与者后来分化出自由主义者、民粹主义者、社会主义者以及无政府主义者等。

其中也包括亚细亚主义者。他们主张日本应当协助朝鲜和中国的改革，合力抵御欧美的扩张。其代表性理论家，是樽井藤吉。樽井出身商人家庭，早年修习国学，后因组党从事政治活动，遭明治政府逮捕入狱。出狱后的1892年，他出版了《大东合邦论》。此书接受种族竞争理论，认为日本、中国、朝鲜是"单一种族"，在和欧洲那样的异种族社会竞争时，必须团结亲和。其基本诉求，就是日本与朝鲜平等合并为一"大东国"，与清朝"合纵"抵抗白种人："今日白人所以逞毒爪锐牙者，欲为宇内之嬴秦也，我黄人甘为六国乎？余复何言哉！不甘为六国乎？征秦之策不可不讲也。"《大东合邦论》以汉文写成，目的是要影响朝鲜和中国的士人。它发表后，在东亚地区引起很大反响。

东亚亲和的思想在日本一直有市场，军界、政界、媒体都有人鼓动。比如1880年成立的兴亚会，以及1898年成立的东亚同文会，都由和政府关系密切的上层人士牵头，以设立学校、研究机构的方式，增强东亚三国之间的相互学习和了解。这些组织得到外务省等官方机构的资助。到了20世纪初，思想界也出现形而上的亚洲论述，比如美术家冈仓天心在美国发表的《东洋的理想》。其开篇即声称："亚洲为一"（Asia is one）。冈仓认为"亚洲种族"的最大特性，在于对"终极、普世"的热爱，这种精神让亚洲成为世界主要宗教的发源地。而地中海和波罗的海地区的"海洋民族"，则更强调特殊性，强调生命的践行方式而非终极结果。日本就是亚洲所有文明的集大成者。这篇发表于日俄战争前的论著，成为亚细亚主义最著名的美学、哲学源头。

也有一批民间行动者，不满足于调查学习或坐而论道，积极介入东亚国家的内部事务，推动革命和改革。在自由民权运动高潮期，平冈浩太郎、头山满等成立了以旧福冈藩士为骨干的玄洋社，宣扬"敬爱皇室、爱戴本国、固守人民主权"。三国干涉还辽之后，玄洋社一批国家主义者出于对列强（特别是俄罗斯）的不满，又以内田良平为核心，成立了黑龙会。

内田良平是平冈浩太郎的侄子、头山满的得意弟子，也是樽井藤吉"合邦"理念的拥趸。以他为主干的黑龙会汇集了一批想法接近、能力超强的活动家，自诩"东亚先觉志士"。黑龙会名称来自于中俄界河黑龙江，其早期的政治主张就是日俄开战、将俄国逐出东亚。为准备战争，内田良平修习俄语，并只身赴俄远东及西伯利亚探查，回国后在会刊和媒体上详细介绍当地情况。1904年战争爆发，黑龙会在韩国和中国东北发动民间力量，修铁路、探军情，援日反俄，终于实现了其战略构想的第一步。黑龙会同时也收集中国东北和韩国的情报，并联络清、韩异见人士，谋划推翻清政府、策动满蒙独立以及日韩合并。在内田的努力下，黑龙会影响力渗透到军方、政界，开始从在野走向前台，影响日本大陆政策。亚细亚主义从理念变成实践之时，也由国际主义变为极端民族主义。

在中国，1912年是清帝逊位、民国肇始之年。孙中山、黄兴领导的革命，终于推翻了中国实行了两千年的帝制，创立了东亚第一个共和国。革命的领导机构，是成立于1905年的中国同盟会。同盟会成立前，孙、黄等的活动各自为政，影响力都相当有限，而促成他们联合者，就是内田良平。头山、内田等人一直关注中国内部改革，也救助过康有为、梁启超等维新领袖。但看到清政府实在无力领导中国对抗西方，他们转而支持当时无钱无枪、又遭外国政府驱赶的革命者。中国同盟会整合了兴中会、华兴会和光复会等海外反清组织，它的成立大会，就是在内田良平位于东京的家中举行的。

此后,日本亚细亚主义者,包括黑龙会以及宫崎滔天、北一辉等人,成了孙黄革命最重要的赞助人和后援队,帮助他们借款、运送武器。在袁世凯谋取政权后,也是他们积极支持孙中山的二次革命。亚细亚主义者对中国的期待不尽一致。黑龙会的战略考虑,是促成"支那"与满、蒙、藏各自独立,加入到日本领导的东亚同盟中。孙中山提出的"驱除鞑虏、恢复中华"口号,让他们看到某种希望,冀图以支援革命,换取孙许诺满蒙自治。当然,这个计划最后落空了。

在20世纪初的中国,反殖民的新亚洲想象有着很大的号召力,孙中山本人就深受影响。辛亥革命后成立的临时政府,聘请包括内田良平在内的多位日本人为顾问。虽然孙中山在20年代清醒地认识到"日本民族既有欧美霸道文化,又有亚洲王道文化之本质",提醒日本勿作"西方霸道之鹰犬",但他提出的"大亚洲主义"思想,亦高度肯定"东方道德"的优越性、强调欧亚竞争的种族色彩。这在逻辑上与日本亚细亚主义极为一致。

1912年,韩国已被兼并两年。著名的"亲日派"人物李容九在5月郁郁而终。李容九出身两班阶层,早年加入东学党。读过樽井藤吉的《大东合邦论》后,李深为折服,从此把振兴韩国的希望,寄托在崛起的日本身上。1904年,李容九与宋秉畯联合组织了当时韩国最大的民间团体"一进会",并在日俄战争中动员数万会员为日军提供帮助。1905年,日本设立韩国统监府,内田良平被时任韩国统监的伊藤博文聘为顾问,随即又成为"一进会"的顾问。对于内田而言,这是实现日韩合邦最好的契机,而李容九则是他重要的盟友。李曾公开表达,平生最大志向,就是实现樽井藤吉的合邦理想，他甚至给自己的儿子取了一个日本名——"大东国男"。

但伊藤博文反对马上吞并韩国。对他来说，一进会不过是巩固日本殖民韩国的"民意招牌"。1909 年，伊藤在哈尔滨被安重根刺杀，导致合邦进程加快。在内田良平鼓动下，一进会于 1910 年发起请愿，要求日韩"政合邦"。日本顺水推舟吞并了韩国——这当然不是樽井当年提倡的平等联合。失去了利用价值的一进会，很快就被解散了——即使是日本，也担心这个标榜"进步"、动员力颇强的亲日团体，有朝一日成为殖民韩国的障碍。李容九深感失望：请愿合邦本是他复兴韩国的希望，却成为定义他一生的污点。他不久即住院、病亡。

值得一提的是，刺杀了伊藤博文、被韩国人奉为民族英雄的安重根，其思想也带有深深的亚洲主义烙印。安重根在狱中撰写《东洋和平论》，其核心理念是倡导东亚国家团结一致抵抗西方。他赞赏日本打败俄国、甚至感激日本对韩国皇太子的教育。刺杀伊藤博文，是因为伊藤博文背叛了亚洲国家应当平等共进的理想。也因此，安重根在当时的日本有很多同情者。

黑龙会的朋友们不限于东亚。1912 年 12 月，英属印度迁都新德里。仪仗行进中，一枚自制炸弹扔进了英国总督查尔斯·哈丁（Charles Hardinge）的坐轿，致其重伤。策划刺杀的，是印度民族主义革命家拉什·贝哈里·鲍斯（Rash Behari Bose）。为了躲避英国追捕，鲍斯逃到日本，经孙中山介绍，结识了头山满和内田良平。内田一边游说日本政府撤销对鲍斯的追捕，一边协助他在日本各处躲藏。最后，鲍斯为新宿中村屋的相马爱藏、相马黑光夫妇收留，还娶了他们的女儿为妻。鲍斯长期在日本从事印度独立运动。二战中，他参与建立反英的印度国民军，为日本用来对抗英军。

20世纪早期，黑龙会的势力还拓展至菲律宾、土耳其、埃塞俄比亚及摩洛哥等处。以"日本人和黑人同属有色人种"为由，他们甚至从30年代开始就在美国资助黑人民族主义运动，这对战后的黑人平权运动也产生了影响。

黑龙会当然不代表亚细亚主义全部的理念和实践，在它之外，日本还有很多受"兴亚"感召投身"帝国洪业"的人，比如策划九一八事变的石原莞尔、东洋史学家内藤湖南、哲学家西田几多郎等。在近卫文麿政府提出"大东亚共荣"纲领后，"亚洲"成了法西斯主义的新修辞。1946年，驻日盟军总司令部解散了黑龙会。这个风云一时的社团，连同其代表的亚细亚主义意识形态一起，随着日本战败退出了历史舞台。

站在战后立场，亚细亚主义常常和帝国主义、殖民主义、军国主义、极端民族主义、种族主义，以及法西斯主义这些标签归于一类。可是，想象我们站在1912年：大正时代开启、中华民国成立、李容九抱恨而亡、鲍斯行刺哈丁……在那年前后，亚细亚主义看上去更像一个矛盾体，挣扎在殖民与反殖民、帝国与反帝、现实主义与理想主义、国家主义与国际主义、种族主义与族裔平等之间，并不像战后看上去的那样简单。吊诡之处在于：它虽然批判殖民现代性，自身却植根于其中，无法从根本上超越，只能以新压迫来反旧压迫，以新霸权对抗旧霸权。在这个意义上，亚细亚主义的失败不可避免：它的亚洲振兴必须以殖民亚洲为手段。尽管如此，它仍是亚洲人主动塑造"亚洲"身份的一次尝试，它的困境和失败也为今后的"亚洲"想象提供深刻的镜鉴。

脱亚自救：转折 1919

从1月开始，1919年就不平静。12日，北洋政府外交总长陆徵祥抵达法国，率中国代表团参加巴黎和会。代表团的核心人物是先期到达的驻美公使顾维钧。在历时十天的跨大西洋航程中，顾精心准备了七项谈判计划，包括归还租借地、取消在华领事裁判权、归还租界、撤出外国军队等等。但其中最重要，也是国人最为关心的，是中日二十一条和归还德国在山东的权益问题。

与此同时，日本代表团也已到了巴黎。团长是前首相西园寺公望，实际负责人则是全权代表牧野伸显男爵。和顾维钧不同，牧野并不太担心山东问题：在此之前，日本已同英法等私下交易，他们将支持日本继承德国在山东的特权。牧野的重要使命，是要促请国际联盟通过日本提出的《人种差别撤废提案》。提案背景，是日本不满于欧美殖民国家歧视有色人种，也反对美国、加拿大等国限制日本移民。

数日后，京城（首尔）传出一个令人不安的消息：已退位的高宗皇帝于21日暴亡。日本朝鲜总督长谷川好道声称死因是脑溢血。但很快有传言说，这位曾向海牙和会派出密使、被逼退位的皇帝，是遭日人投毒致死。韩国独立运动人士开始联络，打算借葬礼期间举事，再度表达独立诉求。

几件事彼此相关，逐渐发酵，令1919成为东亚转折之年。几个社会都希望借大战重创欧洲、世界秩序重组之际，重新划定与"国际"的关系，但在不同程度上都遭遇失败。之后，东亚内化了这一挫折，将它转换成革旧辟新、自我救助的动力。

19世纪，威斯特伐利亚体系扩张至全球，一战是此体系下国际矛盾的一次总爆发。德奥与英法两败俱伤。美国趁机介入,打破了欧洲强国在国际格局中的垄断地位。战胜国们制定了凡尔赛和约体系,以国际联盟为协调机构,暂时缓解了冲突。英法美等协约国瓜分了奥斯曼土耳其的中东领土,迫使德国割让部分领土,并托管其海外殖民地(包括山东)。

美国第一次站到了世界政治舞台的中心。威尔逊(Woodrow Wilson)总统认为,动荡的根源在于传统欧洲奉行的、强调权势平衡的现实政治(Realpolitik)。他提出了十四点和平原则,作为新国际体系的基本理念。这十四点理想主义原则本针对欧洲,但因包含"平等对待殖民地人民"及"(奥匈及奥斯曼帝国内)民族自决"的精神,让处于殖民或半殖民统治下的民众倍受鼓舞。

但理想主义在现实政治面前遭遇尴尬。和会本来就只邀请了协约国一方参加,美英法三国又是实际的主导者。英国首相劳合·乔治(David Lloyd George)与法国总理克列孟梭(Georges Clemenceau)一心想要削弱德国、攫取战争红利,把亚洲盟国的诉求当作交换利益、妥协折中的筹码。

1月27、28日两天,日本和中国分别在"十人会"上阐述对山东问题的立场。牧野伸显发言简短,强调山东问题应在中日条约基础上解决。顾维钧即席演讲三十分钟,据理力争。他的精彩论辩获得欧美国家的一致赞扬,令他对山东问题前景一度乐观。

2月13日,牧野伸显在国联委员会会议上提交了对国联盟约的修正案,主张加入各成员国对不同种族、国籍的人不得差别对待的条款。此举激起巨大反响。英联邦内的澳大利亚跳起来反对。澳国内奉行白人至上,总理比利·休斯(Billy Hughes)声称"九成五的澳大利亚人反对平等"。种族平等虽与威尔逊十四点原则相符,但讽刺的是,美国本身就在执行种族隔离政策。威尔逊担心此条款在国会遭到南方州民主党议员的抵制,使美国无法加入国联,遂以该提案干涉内政为由反对。

4月11日,国联委员会表决日本提案,十七位代表中的十一位(包括法国、意大利、巴西、中国等国)投票赞成,英美等阻挠。威尔逊作为会议主席,以事关重大必须一致通过为由,强行否决了提案。于是,日本转而在山东问题上向威尔逊施压,并以退出会议相威胁。十一天后,威尔逊、克列孟梭和劳合·乔治约见陆徵祥和顾维钧,通知他们:最高会议大体同意日本的要求。

1919年,巴黎牵动着整个东亚世界。韩国独立运动人士密切关注和会,受威尔逊主义的感召,他们重燃对"国际社会"的希望。3月1日,三十三名宗教界人士(基督教十六名、天道教十五名、佛教二名)聚集在京城塔洞公园,宣读了由作家崔南善撰写的《独立宣言书》。宣言以民族自决、国家平等为旗,向世界宣告朝鲜为独立国家,朝鲜人为自由民族,强烈抨击日本的殖民政策。三一运动席卷韩国,中国东北和俄罗斯的朝鲜移民也纷纷响应。就在牧野伸显在巴黎大谈种族平等之时,日本殖民政府却强力镇压韩国民众的和平抗议,至少7 500人被杀,数万人受伤和被捕。

三一运动的消息在中国广为报道,加深了民众对朝鲜的同情和对日本的反感。两个月后,当巴黎和会处理山东问题的方案传来,北京的学生和民众掀起了声势浩大的五四运动,全国民意沸腾。1919年由此成为教科书中"现代史"的起始之年。

对日本而言,1919年是它跻身世界五强、同时与英美冲突开始加剧的年份。它提出"种族平等"的提案,为的是在殖民体系中争取道德优势。种族差序是殖民主义时代国际法的一个理论基础,不论日本当时的实际动机为何,这都算是釜底抽薪。某种程度上,日本开了"人权外交"的先河。但那时欧洲殖民帝国最反对提人权,即使是理想主义笼罩下的威尔逊的美国,也不敢接招。日本精英对欧美主导的国际体系再次大失所望。此后,因为战略利益的变化,日本和英美渐行渐远。最终,日本以保护黄种人为道义借口,发动了"大东亚圣战"。

面对日本的压迫,中韩寻求国际支持的努力,也同样遭遇挫败。新一代知识分子痛定思痛,认定持续失败的根源不在器物或制度,而在朽坏落后的文化;必须从根本入手,抛弃传统,才能自救。面对外在危机,将批判矛头内转,这在清初顾炎武、黄宗羲那批学人那里也是一样。所不同的是,1919年前后,激进思想者眼中的大敌,是以儒学为代表的整个东亚传统,甚至包括承载此传统的语言文字。"启蒙"、言文一致、揭批"国民性"成了共同的文化、政治选择。

在中国,新文化运动在五四运动中达到高潮。新生代知识精英以《新青年》为阵地,全盘否定传统,甚至提出为废孔学须废汉文、汉字罗马化的主张。胡适倡导文学革命,明言:"我们必须承认我们……不但物质机械上不如人,不但政治制度不如人,并且道德不如人,知识不如人,文学不如人,音乐不如人,艺术不如人,身体不如人。"1918年,鲁迅发表了第一篇白话小说《狂人日记》,大声宣告礼教"吃人"。

将挫折内化,也体现在把个体际遇置换为国家民族的整体际遇。郁达夫《沉沦》的主人公,由性苦闷而生发"中国呀中国,你怎么不强大起来"的呼喊。鲁迅留学日本时经历的"幻灯片事件"也是如此。看到国人围观处决充当俄国间谍的东北土匪，他的理解是："凡是愚弱的国民，即使体格如何健全，如何茁壮，也只能做毫无意义的示众的材料和看客，病死多少是不必以为不幸的。所以我们的第一要著，是在改变他们的精神……"这种强烈的焦虑，正来自于对被欺凌的民族身份（"支那人"）的新发现。

自强的民族身份需要自强的民众，为此必须推翻旧道统，改造"国民性"。鲁迅等对此问题的思考，源自美国传教士明恩溥（Arthur Smith）所写的《中国人的性格》。但"性格说"说到底，无非是指中国人如何不能符合"现代"的要求。如果1904年的圣路易斯世博会展现的是他者对"东方"的种族主义奇观化，那么《阿Q正传》对"国民性"的刻画，则是自我奇观化。所谓"国民性"与其说是需要改造的对象，不如说是被殖民现代性发明出来的想象。

韩国方面，启蒙知识分子倡导用谚文（15世纪创制的表音文字）取代汉文写作。史学家申采浩等痛批"事大主义"史观遮蔽了"韩民族"的主体性，力图把韩国历史从儒家叙述传统中分离出来。韩国史不再是"中华"史的一个区域分支，而是以扶余-高丽人种为中心的族裔斗争史。民族主义者在现实中抵抗日本，在历史文化构建中则以"中国"为抽象的敌人。申采浩同时寄希望于塑造新国民，要他们学习白种人，发挥政治能力。1917年，韩国现代文学之父李光洙发表了长篇小说《无情》，借对家庭与爱情的反思，抨击儒家传统价值观对国人的束缚，直指民族文化中的劣性。

三一运动后，日本改变在韩统治策略，允许有限言论自由，培植文化亲日派。韩国独立运动走向分化：一部分人坚持抵抗，或在上海成立流亡政府，或在东北开展游击战争；而另一部分人则逐渐由反日民族主义变为现实主义，走上同日本合作的道路。崔南善和李光洙就属于后者。

在1919一代激进知识人看来，殖民主义当然是大问题，但随殖民主义而来的"现代"却无疑是历史的必然方向。如何使自己"现代"，有时是在摆脱殖民压迫之上更重大、更本质的问题。加速"现代"，就要比西方的东方主义者更为坚定彻底地批判东方，不能有一点温情脉脉。在这一点上，殖民者和被殖民者达到一致。

那一代中韩新知识人的民族、国家观念，很多来源于福泽谕吉对国民国家改造和现代性的阐述。福泽的所谓"脱亚"，本质是对（相对于西欧文明的）儒学礼制的扬弃。如果"脱亚"曾经成为某种时代主题的话，这个主题在20世纪一二十年代才真正成型，且最为激进的实践者还不在日本，而在急求自救的中韩。

建设与失序：步入"现代时间"的东亚

"现代"不是某个时间段，而是一个特定的历史情境和脉络。在东亚，进入"现代"的过程复杂曲折，且与殖民主义相伴始终。一直到20世纪20年代前后，我们所熟知的"现代"生活图景：工业化、城市化、金融资本崛起、公共舆论日兴……才变得日益明显。这种强势到来的殖民现代也破坏了原有的自然经济和社会结构，令国家政治整体失序。

假想一下，你站在1925年的首尔。此时这座朝鲜都城叫"京城",是日本殖民者起的新名字。这一年,新建的京城火车站刚刚落成:红色砖墙,配以灰白色条饰,绿色拱顶,气派非凡。在这个既古老又新兴的城市里,它是最"现代"的一道风景。朝鲜时代的宫殿,有的被拆除,有的被迁移。城市的新地标,是前所未有的富丽堂皇的欧式建筑——包括总督府、银行、百货大楼、饭店、医院、公园等等。白天,宽敞的马路上跑着有轨电车,到了晚上,东亚最早的路灯系统点亮了街市。一年前,京城帝国大学成立,成为日本帝国大学系统中的新成员。它是朝鲜半岛上第一所综合性大学,也是后来首尔大学的前身之一。京城居住人口不断增加。这里不但是殖民地的交通、文化和资本中心,更是工业中心。除了日本财阀开设的企业,几年前民族实业家金性洙也在这里创办了"京城纺织"。借助殖民者的资本、技术和新涌入的城市劳动者,京纺逐渐崛起,成为日后韩国民族资本主义的起源之一。

19到20世纪,殖民主义背景下的这一轮资本扩张,靠着新的运输系统——特别是铁路——打通沿海与内陆。京城火车站作为朝鲜半岛的交通枢纽,连接着南到釜山、北至新义州的铁路网络。它落成这年,朝鲜铁路刚刚转为由总督府直营。此前,总督府委托日本在中国东北的殖民机构——南满铁道株式会社来经营鲜铁。由满铁掌握东北和朝鲜的铁路系统,极为方便地打通了资本、资源、商品和人员在殖民地间的流动,强化着帝国对新拓疆土的控制。

从京城乘火车北上,可以抵达京义铁路的终点新义州。从那里跨过鸭绿江铁路桥到对岸的安东(今丹东),就进入了日本在中国东北经营的南满铁路。满铁最早由俄国人修筑,目的是把辽东

鲜铁京城站

半岛南端的旅大港同纵贯东北的中东铁路相连，再由中东铁路接入跨西伯利亚铁路，沟通俄罗斯帝国的腹地与边疆。日俄战争后，日本获得满铁经营权，并在铁路周围开辟附属地，掠夺矿产，蚕食主权。满铁总部设在大连，而最大的车站，则是在奉天，也就是今天的沈阳。

　　日本著名记者、历史学家和政治评论家德富苏峰在1917年就曾乘火车，用不到两天的时间，由京城而至奉天。他眼中的鸭绿江铁路桥"像一条巨龙一样把大陆和半岛连接起来"。如果你在1925年，也像他一样，由京城站一路北上，跨鸭绿江接南满铁路，至奉天站下车，那么在出站的一刹那，你可能会有些恍惚：怎么奉天火车站也是红砖绿顶，从结构到样式像极了你动身出发的京城站？这不奇怪：满铁奉天站的设计师是太田毅（以及接替他的吉田宗太郎），鲜铁京城站的设计师是冢本靖，他们共同的老师是

满铁奉天站

日本第一代留洋的建筑师辰野金吾。奉天站和京城站都和老师设计的东京火车站风格接近。随着日本军事和资本拓殖东亚,"辰野风格"建筑也遍及朝鲜、中国东北和台湾,有着极鲜明的时代和政治烙印。

在奉天,满铁株式会社在火车站附近划出附属地,成为独立王国。铁路以东是市街区:和在京城一样,你可以看到新规划的齐整的马路、电车、欧风建筑、饭店、公园、百货大楼和银行。铁路以西是工业区:日资开设工厂,后来这里就成为共和国重要的工业基地——铁西区。附属地由满铁及日本军警管理,中国政府无权插手。

其实在1925年,谁是"中国政府"本身就是问题。山海关内,军阀厮杀混战;孙中山当年3月逝世后,南方的国民革命政府于7月宣布成立,其时尚无力北伐统一。东北相对动荡较小;从袁世凯时期开始，张作霖就持续控制着东北，政治经济秩序稳定。但张作霖也很警惕日本对东北的觊觎，他一面和日本保持一定合作，一面着力发展殖产、积累实力，希图摆脱日本的束缚。

其中一项关键举措，就是自主兴建铁路，以抗衡满铁。也是在1925年，张作霖开始修建从奉天到海龙再到吉林的铁路。沈海、吉海铁路连接清末建成的京奉铁路，不但平行于途经长春的满铁，且直通关内，客运价格也较低廉。两年以后，他开始在沈阳另建一座属于京奉路系统的火车站，称为奉天总站，也就是沈阳人说的老北站，其规模和容量大大超过满铁奉天站。与此同时，他在靠近车站的位置开辟商埠区，吸纳欧美资本的注入。商埠区南北两市场紧围满铁附属地，同样展开大规模的城市基础设施建设，柏油路、下水道、电灯、洋楼、公园、市集涌现，城市风貌一新。

于是沈阳的城市现代化，就在张氏帅府和满铁的复杂互动中开端。它的背景，是由铁路串联起的两种资本形态的争夺：殖民帝国资本和军阀－民族资本。日本当然不能容忍这种公然挑衅，关东军在1928年策划皇姑屯事件，炸死了坐火车回奉天的张作霖。安放炸药的地点在三洞桥，正是南满铁路和京奉铁路的交叉点。但日本没有料到，此事促使少帅张学良改旗易帜，加入蒋介石领导的南京国民政府，推动了中国名义上的政治统一。

京城和奉天，以及在殖民现代性中崛起的其他大型都市：上海、台北、天津、南京等等，代表了第一次世界大战后，东亚被纳入了殖民帝国主导的资本主义世界。看看高楼、工厂、霓虹灯、有轨电车、现代通讯、大众传媒、电影院和商场，我们或许觉得，发展与建设是当时的时代潮流，东亚已经越来越"现代"。不错，

第九章　民族国家、亚洲主义与国际　283

如果仅以经济数据看，20世纪二三十年代是东亚高速发展的时期。大正到昭和时期，日本本土的GDP年增长率超过3%。沦为殖民地的朝鲜半岛，GDP年增长率在4%以上，超过日本，更远超欧洲的1%。中国也是一样，年增长约3.9%，所以有人用"黄金十年"来形容南京国民政府从1927年到1937年的建设成就。东亚经济的急进，都市的脉动与欧美都会渐趋一致；随着资本和资讯的联合，东亚进入了全球性的"现代时间"序列。

但是，表面繁荣掩盖了背后巨大的社会政治动荡。东亚进入"现代"有其契机，那就是第一次世界大战对欧洲经济社会的破坏。资本永远寻求新的增长点，未受战火摧残的东亚世界成为新的应许之地。但资本又要冲破国家对它的控制，因此它的扩张必须辅之以殖民的深化。殖民势力深度介入，使本就孱弱的国家政治能力更为弱化。

在朝鲜，以总督府、东洋拓殖会社为代表的日本殖民机构，以土地调查为名，大规模兼并农田，以挤压传统农业经济的方式刺激城市工商业。大量失地的朝鲜农民或进入城市成为工人，或背井离乡，远赴中国东北、苏俄和日本寻求机会。到二战结束前，超过10%的朝鲜人口移出半岛、谋生海外。这批人的政治选择，极大影响了战后半岛的政治状况。朝鲜领导人金日成、金正日，韩国总统李承晚、朴正熙、李明博，都是1945年后由国外回到朝鲜半岛的。

在中国，外国资本扶植在东北、江浙、华南、华北的地方势力，相互勾结竞争，寻求政治上的代理。现代金融业在上海、天津兴起，外资银行开始将中国市场与国际市场对接，与军阀混战、国家政治能力衰微正相一致。各个地方的农村经济都遭到工商业、金融业的侵入,传统乡村政治、社会结构开始松动、垮塌。但分裂的国家又没有能力深入到农村基层建设新的秩序,只能任由金融资本的代理人左右其间,造成许多地区农村矛盾激化,这成为中国革命一个最核心的问题。

而在地方政权建设相对自主有序的地方,比如东北,殖民资本采取政治、经济,甚至军事上的压制手段,防止本地国家能力过强。关东军策划的皇姑屯事件,就是这种压制的表现。同理,民族资本和工人阶级如不选择合作,也被殖民资本抑制,以杜绝威胁。

即使是新兴殖民帝国日本,国家能力也被削弱。大正时代,主导了明治政治的藩阀领袖逐步退场,代之而起的是政党政治。后世学者称这个时代为"大正民主"。可所谓"民主"的表象下,是毫无制约的金融资本挤压农村和城市贫民,是大财阀左右国家权力、扶植利益代表,是政府能力的空洞化。由于政党竞争架构,政治家行为能力有限,甚至由于暗杀事件频繁,连自身安全都难保。而军界人士,特别是强硬派军人得以一步步摆脱国家控制,恶性膨胀。1931年石原莞尔等策划九一八事变,侵占东北,强行绑架了日本政府的对外政策。

20世纪20和30年代,是一个建设与动荡、发展与颓败、秩序与失序并存的时代。不独东亚,全世界几乎都挣扎在这种矛盾和混乱之中:这是爱德华·卡尔(Edward H. Carr)称之为"二十年危机"的时代。欧洲现代性危机在一战第一次总爆发,它的政治和文化震荡经由1917年苏维埃革命和1919年巴黎和会波及东亚,催生出韩国和中国知识精英们彻底告别儒家礼教、革新自救的巨大动力。在这之后,"破旧"的意识深入人心,但"破"之后"立"什么,却是一个更大的难题。本来,拥抱"现代"是个必然的选择,可东亚进入"现代时间"之时,恰恰也是这个现代性暴露巨大危机之时。20到30年代,经济萧条和金融灾难接踵而至,国际机制缺乏约束能力,欧美工人运动风起云涌,社会批判思潮层出不穷,文学艺术领域的反叛浪潮(被冠以"现代派"之名)前赴后继。本以为"现代文明"是解药,可"现代"和"文明"本身失序了;本以为是民族的危机,原来是全球性危机的一个组成部分。

于是,东亚的思想者和实践者提出了各种替代性的思路、方法和论述。他们面对的困境相似,但对问题的理解和解释则大异其趣,从左翼的共产主义、社会主义,到右翼的国家主义、法西斯主义;从倡导个体解放,到重建乡村社会,思想光谱异常复杂多元。东亚成为各种社会理论的试验场。众多思想都在诉诸实践,很多直接失败了,也有的在艰难摸索。在中国,以国共两党竞争为主线的历史叙事,虽然简化了当时情境的复杂性,但两种不同的社会改造道路:以蒋介石为代表的国家主义,和以毛泽东为代表的共产主义,的确可以说是当时最具代表性的对"现代"的探索。

在统一的时间序列中,东亚和欧洲面对的冲突和危机几乎合拍:一战后试图规范、约束战争行为的国际努力最后都归于失败;经济衰退,宣扬民族主义、种族主义的政治势力在遭受重创的意大利和中部欧洲获得中下层民众的支持。1933年,希特勒经选举上台,随即建立独裁统治,德国由一个弱势的民主共和国一变而为强势的"第三帝国"。宣扬反共、国家至上、极端民族主义的法西斯主义迅速传播到东亚,在日本和中国的青年军官中颇有拥趸。

1936年2月26日，日本皇道派军官发动兵变，要清除元老、财阀、官僚、政党这些"破坏国体之元凶"。二二六兵变虽被镇压，但导致日后日本政治更受军方把持，无可逆转地倒向军国主义。

第十章

从二战到冷战

East
Asia

用什么"超克近代"?

"超克"是日语词,对应英语中的 overcome 一词。可以理解为超越、克服,甚至是征服。在 20 世纪三四十年代,对殖民现代(所谓"近代")的不满,在日本的知识精英群体中日益增长,"超克近代"成为当时试图挣脱西方束缚、寻找日本主体性的思想口号。

1941 年 12 月 7 日,当地时间清晨,日本联合舰队在山本五十六的精心策划下,成功偷袭了美国在夏威夷珍珠港的海军基地,重创美军太平洋舰队,"大东亚战争"爆发。此时距离马修·佩里率领美国军舰首次"叩开"日本国门,将近九十年。

在中国人的历史认知中,珍珠港事件是抗日战争及第二次世界大战中的一个节点,它具有重要的转折意义,但并不是历史的起点。但在当时乃至今天许多日本人的认知中,它是同"满洲事变"(侵占东北)、"支那事变"(全面侵华战争)完全不同的另一场战争,标志着一个全新时代的打开。和佩里的黑船来航一样,这是使日本再度进入世界史的事件,也是日本对"近代"一次隆重的宣战。

二战当然是资本主义现代性危机的又一次总爆发,其根源是一战后各种思潮和政治势力在暂时掩盖的危机中继续发酵、撕扯。对它的分析理解，有不同的角度：经济、政治、国际关系、社会、军事等。其中一个不能忽视的视角，是思想。尤其是对于二战中的太平洋战场而言，这种思想的冲突至为激烈，至今也并未完全结束。

1942年7月，日美宣战半年多后，日本一些知识精英在《文学界》杂志召集下，在京都一家温泉旅馆，举行了为期两天的讨论会，主题就叫"近代的超克"。这个日后被思想史研究者反复提及的跨学科讨论会，目的是探究"大东亚战争"的意义。与此大约同时，包括高山岩男在内的"京都学派"四位哲学家、历史学家，也召开了后来称为"世界史的立场与日本"的座谈会。两个会议表达了对战争相近的立场。站在今天，学者们的发言无疑是在美化侵略。但在当时，真正让他们兴奋的，并不只是战争本身，而是以对美开战为标志，彻底整理日本在近百年中的历史定位。在他们看来，开战并不只是对物质或权力的争夺，而是日本对欧美主导的殖民现代体制，以及这个体制背后的一整套历史文化观，做一个彻底的了断。用高山岩男的话说，这代表了"非欧洲世界将要独立于欧洲世界的趋势或者事实"，而"满洲事变、退出国联、支那事变，贯穿这一连串具有世界史意义的"日本的意志，"不外乎是对立足于欧洲近代原理的世界秩序的抗议"。换句话说，对于当时这些知识人，这场战争的抵抗性更大于侵略性。

进入现代资本主义体系后，日本经历了最初的经济腾飞，也无可避免地遭遇了深重的社会危机。对欧美殖民现代性的质疑和批判，在19世纪末20世纪初就已经在日本的思想界、舆论界兴起。亚细亚主义的诉求，是摆脱西方的殖民桎梏，建立一个独立自主的亚洲共同体。这套逻辑又和"兴亚"论结合,逐渐发展为日本对自身殖民亚洲的理论解释。最早一批实践亚细亚主义的政治家,包括创立了东亚同文会的贵族院议长近卫笃麿。他的儿子近卫文麿在20世纪30年代后期和40年代前期数度出任首相,与东条英机一起创立了法西斯主义色彩浓厚的大政翼赞会。正是在近卫文麿任内,日本明确提出了建设"大东亚共荣圈"的纲领和政策,使亚细亚主义思想与军国主义实践深度结合。

乍一看,日本的大东亚论述,以反现代的面目出现。可其根深蒂固的逻辑,仍然是殖民现代性带来的。所谓"兴亚",正是"脱亚"的另一面向。它一方面反对欧美以种族主义、文明开化论为主基调的历史观,另一方面却以标榜日本(或者东亚)的种族优越、文明独特来对抗这种历史观。它一方面强调抵制欧美帝国、资本与殖民势力的扩张,另一方面却以"共荣"为名,大肆在中国、朝鲜和东南亚扩张自己的帝国、殖民和资本。也就是说,他们在用与"近代"完全一致的逻辑,完成"超克近代"的宏业。

日本的知识分子,尤其是那些对中国、对东亚有着深挚情感的知识分子,并非没有意识到这其中的矛盾。著名的鲁迅研究者竹内好(1910—1977)就表达过这种困惑:"我们热爱支那,热爱支那的感情又反过来支撑着我们自身的生命。支那成长起来,我们也才能成长。这种成长的方式,曾经是我们确信不疑的。直至支那事变爆发,这确信土崩瓦解,被无情地撕裂。""我们一直在怀疑,我们日本是否是在东亚建设的美名之下而欺凌弱小呢?!"

以反殖为幌子的殖民侵略,以反帝为借口的帝国主义,这种理念与行为的分裂,只有在不断扩大的战争中才能被暂时调和。这也就是为什么,对美宣战,成了弥合这种分裂的救命稻草。用日本思想家子安宣邦的话来形容:"支那事变"对于这些知识人来说,曾经像是黑夜里沉重的、难以理解的晦暗;而"大东亚战争"则像一道明亮的光,快捷地消除了他们心中的这种晦暗。

在对美宣战的一刹那,日本知识精英们被那种悲壮的抵抗意识所感召。珍珠港事件一个月之后,竹内好代表中国文学研究会发表《大东亚战争与吾等的决意》一文,欢呼"历史被创造出来了!世界在一夜之间改变了面貌!"这与其说是对军国主义的拥抱,不如说是对美宣战让他深深怀疑过的侵华战争改变了性质,他因此而如释重负,"感动得发抖":"正是在现在,一切都昭然于天下。我们的疑惑云消雾散……在东亚建立新秩序、民族解放的真正意义,在今天已经转换成为我们刻骨铭心的决意。"对他和他的同仁们而言,"大东亚战争成功地完成了支那事变,使它在世界史中获得了生命"。"超克近代",将西方,而非中国(以及亚洲其他国家)作为敌人,于是一切行为似乎有了积极的意义。

这是一种绝望的浪漫主义,书生气的一厢情愿。应该说,正是因为日本当时站在了殖民现代性的巅峰,收获了巨大的工业和经济成就,才更深刻地意识到这种现代性给这个世界带来的巨大的危机。知识人的问题意识是对的,但药方则错得离谱。问题的症结在于:用"大东亚"来超克"近代",这个"东亚",是以"非西方"的种族、文明界限来划定的。而这个界限的方法,正是构成殖民现代性理论的基本要素。它规避了资本主义、工业主义、殖民主义的跨地域性,把自身的现代困惑,归结为两个代表性空间(东方/西方)的种族、政治、和文化对立。不错,"东洋的近代是欧洲强制的结果"(竹内好语),但殖民现代性并不仅仅属于人类某个特定文明,欧洲和亚洲也从来不是隔绝的。这种东西二元对立，根本抹杀了正被日本压迫的中国、朝鲜等国的诉求，无视日本才是亚洲诸国最残酷的殖民者的事实。

战时的日本思想者，"守望着那一道彩虹一样的彼岸的光芒"。可那个精神彼岸是虚幻的。日本走向全面战争，为此塑造了一个名为"西方／近代"的敌人，以彰显自身的主体独立。但所有的二元对立，都是相互映射、相互依存的。如果日本／亚洲是"西方／近代"的反题的话，那日本／亚洲就恰恰没法脱离这个"西方／近代"而存在。在18、19世纪，欧美殖民者为了凸显自身的优越性塑造了一个想象的"东方"，而20世纪的日本为了精神独立又塑造了一个与东洋对立的"西方"。向作为反面的"西方／近代"宣战的同时，日本不可避免地把自身超越于东西对立的历史经验也否定了。就像江户时代的日本知识精英试图借用古学、国学完成"去中国的中国化"一样，20世纪上半叶的日本经历着"去西方的西方化"。

以殖民"抵抗"殖民主义，以区域帝国主义回应全球帝国主义，无论在理论还是行动上，都被证明是不可行的。日本最终战败，它既没有在思想上，也没有在实践上完成"近代的超克"，反而如美国思想史家哈里·哈汝图念（Harry Harootunian）所言，"被近代超克"了。不但如此，它还使"大东亚"一词成为负面资产，成了那个未完成的帝国幻梦的符号。

但是日本的侵略战争，却有一个意料之外的结果，那就是使中国浴火重生。抗日战争是中国在近代以来遭遇到的最大危机，但也造就了一个契机，刺激了在重重困难中的全民政治动员。在20世纪40年代，中国知识精英对国族构建的方向存在对立的两种意见：以顾颉刚、傅斯年为代表的学者，认为中国应该加快现代国族的建设，强调"中华民族是一个"；而翦伯赞、费孝通等通过战时在西南的民族调查，主张认清中国族群的多样性，正视中国概念的多元性存在，从政治平等入手实现团结。两种民族构建的思路，在当时都有迫切性和合理性。前一种意见，得到蒋介石的支持和认可；后一种意见，则在中国共产党的民族论述中找到同盟。

在社会革命背景下，种族/民族没有成为中国政治的唯一单元。中国的现代民族国家建设，是在反对帝国主义和殖民主义的路径上展开的，它强调在反帝反殖阵营中的人民联合。即使是新中国成立后的民族识别工作，其目标也不是强化族群界限，而是以赋予各族平等政治权利为手段，最终实现消弭差别。在这个意义上，中国在抗战以来的国族建构，虽然在很大程度上是以日本作为他者，但又与日本试图以"西方"为镜像的逻辑不同，其内含的革命性，有着超越狭隘民族/种族主义的特征。在今天看来，这一历史经验，至少提供了一种思索超克殖民现代的可能。

从长崎到密苏里号：日本的战败

1945年8月9日上午11时2分，美军在日本九州的长崎，投下原子弹。长崎瞬间化为火海。

让我们关注一个细节：长崎的原子弹（绰号"胖子"），投在浦上地区，原爆点在浦上天主堂五百米的上空。浦上天主堂始建于19世纪后期，由当地教徒筹资购地。此前，法国教士伯纳德·珀蒂让（Bernard Petitjean）在这里发现，日本原来还存在大量的隐匿基督徒。浦上居民的祖辈就是在1638年岛原之乱后躲避迫害来此。他们买下的这块地,原属村长。在两个多世纪里,隐匿基督徒不断被带到这个地点,被逼迫以"踏绘"宣示弃教。对他们的最后一次大规模迫害是在 1867 年。日本政府六年后终于解除了禁教令,被流放各处的幸存的基督徒回到浦上。他们为了纪念两百多年的苦难,选择在此建一座宗教家园。到 1925 年完工时,浦上天主堂为东亚地区最大的天主教堂。原爆时,教众正在此作弥撒,庆祝圣母升天节。

长崎不但是 19 世纪前日本对欧开放的唯一窗口,也是天主教在日本历史最悠久的"圣城",集中了本国大部分信教人口。它代表了日本在早期全球化中举足轻重的地位和贡献,目睹了日本"天主教世纪"的兴衰,也孕育出最早向西欧学习的"兰学"。在 1945 年 8 月 9 日 11 时 2 分那一瞬间,不止浦上天主堂的教众和长崎的平民,还有数千名朝鲜劳工被屠杀。加上三天之前的广岛原子弹,日本两大城市里当场被戮的平民就超过二十万,有更多的人死于重伤或此后的核辐射。

两颗原子弹,以及苏联红军 8 日对日宣战,加速了日本接受无条件投降。8 月 15 日,日本昭和天皇首次"玉音放送",通过广播宣读了《终战诏书》。9 月 2 日,盟军受降仪式在停泊在东京湾的美国海军密苏里号战舰上举行。日本代表重光葵和梅津美治郎,以及盟军代表道格拉斯·麦克阿瑟(Douglas MacArthur)等,分别在日本投降书上签字。第二次世界大战结束。

让我们来关注另一个细节:9 月 2 日密苏里号上的受降仪式,在盟军代表团身后的舷舱上,用镜框挂着一面美国国旗。请仔细看:那面国旗是反挂的,而且星条数量较少。这是麦克阿瑟的有意安排:这面国旗是 1853 年美国海军准将佩里以炮舰入侵、迫日

受降仪式中密苏里号上反挂着的美国国旗（佩里国旗），1945年9月2日，美国海军中将约翰·沙弗罗思（John F. Shafroth）走过密苏里号上的佩里国旗。

本"开国"时使用过的。因为旗的正面褪色严重，所以反挂。麦克阿瑟用这个姿态提醒着前来签字的日本代表：请记住我们曾经来过，是我们把贵国国门打开的。现在，我们又来了。

于是，这场战争被这个符号定义了：日本必须再度接受"开国"，则或可在美国带领下，重新进入"现代文明"。这代表了美国占领者对于日本为何发动战争、为何战败、战争性质为何、今后走向何方的最直截了当的解释。

自那时起，日本进入了七年的美军占领时期。"拥抱战败"的日本，接受了占领者全方位的改造。天皇重新成为虚君，其象征性地位在战后新宪法中确定下来；战时的政党、团体被解散；财阀解体；国家武装被解除。但这段改造尚未完成，就因解放战争结束以及朝鲜战争爆发而中断。冷战格局笼罩东亚，美国对日政策由抑制改为扶植，日本成为美国在东亚的冷战前哨。战前的财阀势力和政治势力被重新启用，再武装化的步伐也同时开始。1952年，在美国主持下，日本与部分同盟国签订《旧金山和约》，名义上恢复了主权，实则更紧密地依附于美国，成为美国天下体系中的一个"朝贡国"。

日本战败了，但七十多年来，日本的战败是以美国的战胜来定义、解释的。这场战争对于亚洲意味着什么，对于被日本殖民的中国、朝鲜、东南亚意味着什么，可说是晦暗不明——在日本如此，在美国如此，在整个西方世界也是如此。以至于到了2013年，历史学家拉纳·米特（Rana Mitter）要写一本名叫《被遗忘的盟友》的书，提醒英语世界的读者：中国是二战太平洋战场一个主要的角色。

以1853年佩里带来的美国国旗作为宣示，麦克阿瑟（以及战后许多美国人）似乎认为，日本的错误仅仅在于它拒斥了"现代"，而美国要做的，是把它重新拉回"文明"。以哈佛大学赖肖尔（Edwin O. Reischauer）为代表的日本研究者，把"锁国"到"开国"的"现代化"过程，作为理解日本历史的主轴（这点与他的同事费正清的中国研究是一样的），其影响至深。就连战后大多数日本知识人，也是按照这个路径来反省的。

可是怎么解释日本由文明的好学生，变成文明的敌人了呢？难道不恰恰是随着佩里来航，日本逐步接受了整套殖民现代的"文明教化"，并且沿着这个方向一路狂奔，最终走上军国主义道路的吗？在这条"现代化"道路上，美国一直是日本扩张的支者，直到日本羽翼丰满，拒绝了美国在亚洲的门户开放，二者才由你侬我侬变为你死我活。

"你死我活"，只有这个词可以形容太平洋战场的残酷。美国历史学家约翰·道尔（John Dower）发现，二战动员中，美国对待德国人和日本人的态度迥然不同。在区别"好德国人"和"纳粹"的同时，美国兵常说"好的小日本就是死的小日本"。他在《无情之战》一书中认为，这来自于美国根深蒂固的种族主义、对东方人种的刻板偏见。宣战后，美国将国内十一万日裔美国人遣送集中营。战争宣传中铺天盖地的种族话语、对日本人不加区分的妖魔化，体现了当时多数美国人对这场冲突的认知。

"文明教化"的逻辑，更无法解释：为什么要投下原子弹，为什么要投下第二颗，为什么是长崎？杜鲁门的官方说法——尽快结束战争、减少五十万到一百万的美军伤亡——是站不住脚的。美国历史学家以详尽的材料证明，刚继任总统的杜鲁门并没有在这项决策中发挥多大作用，他很晚才得悉原子弹研制计划。起决定作用的，是他仰赖的政治盟友、国务卿伯恩斯（James Byrnes）。日本在1945年夏已穷途末路，使用原子弹绝非结束战争的必要方式：苏联已承诺8月15日出兵，而美国从截获的情报中清楚地知道，一旦苏联宣战，日本就会投降。伯恩斯不顾执行研究计划的科学家的反对，执意把刚刚实验成功的核弹投入使用。这位信奉种族隔离政策的南方政客的考量，是要赶在战争结束前，展示原子弹的威力，在心理上击垮日本的同时，在战略上震慑苏联。也因此，从一开始，原子弹要打击的就不是军事目标，而是开阔平敞、易于观测、未被轰炸过的城市。核攻击的命令，甚至在对日最后通牒《波茨坦公告》发表前一天就已经下达了。

未经任何警告，美军在广岛投下一颗铀弹。意识到战争可能结束，苏联提早发动对关东军的进攻，介入了太平洋战场。美国又赶在日本政府做出反应之前，比原计划提前两天投下钚弹。因为首选城市小仓天气不佳，轰炸编队遂转至次选城市长崎。在编列目标时，军方提出的最适合的城市，其实是京都。但战争部长史汀生（Henry L. Stimson）曾与妻子在那里度蜜月，对这座古都格外喜爱，把它排除了。可长崎呢？长崎是最早向欧洲开放，也是接受西欧文化最久的城市，有什么比长崎更能代表日本对西方文明的敞开呢？对这个莫大的反讽，张承志这样概括："……长崎的本质，是它与西欧的关系。这个港口，满缀着日本与西欧的轶事，分娩过一部日本的开明史。最后，就在这块生长着日本人'脱亚入欧'理想的土地上，西欧物质文明生产的原子弹瞄准了它，把它炸作了一个地狱。"

这场战争最根本的殖民性，被密苏里号上的国旗掩盖了。它成了一场普通的国家间对抗，只不过更为残酷罢了。人类历史上仅有的原子弹轰炸，以及最具破坏性的非核轰炸——东京轰炸，被理解为对日本偷袭珍珠港、屠杀邻国百姓的正当报复，而不是和南京大屠杀一样的反人类罪行。这样一来，这场战争就被常规化了。从日本角度看，既然日本承受了人类历史上最残忍的对平民的虐杀，那么自己在他国的罪行就算是得到了惩罚。日本不仅是战败了，而且它受到了更大的伤害。在道义和伦理上，日本没有比美国更多的责任。

也是在这个意义上，美国主持的远东国际军事法庭，无法担负起彻底清算战争罪责的任务。不要忘了，国际法本身就是殖民产物，四十年前它否定了韩国的主权，把欧美的殖民合法化，更没有阻止日本践踏亚洲。东京审判的十一名法官中，只有三人来自亚洲，其中又只有中国和菲律宾的法官来自受害国，剩下一位印度法官帕尔（Radhabinod Pal），出于批判英国殖民印度的立场，对打着反殖旗号的日本采取了无限同情的态度。由这样的一个机构，来清算日本在亚洲的战争罪责，其虚弱、无力和不彻底的程度是可想而知的。日本右翼正是利用了这种虚弱性，试图全盘否定东京审判，狡辩其为"胜者的审判"。

这的确是历史认知最困难的地方：如果我们真要彻底追问南京大屠杀、731部队、强征"慰安妇"、重庆轰炸、三光政策、巴丹死亡行军……我们就不能不同时追问广岛和长崎、东京轰炸，以及战后对像岸信介、石井四郎这样的众多日本战犯的包庇。否则，对战争性质的探究，势必会被不疼不痒的法律、技术讨论所遮蔽。而以对细节、数字和技术的穷究细考，来回避对战争性质和政治意义的道义拷问，这不正是右翼最擅长的吗？

对纳粹的否定，不是在纽伦堡审判中完成的，而是在德国人不断的伦理、历史、文化、哲学拷问中完成的。对于日本的罪责，不是所有学者都能像反省奥斯维辛集中营那样，从现代性危机，而不仅仅是发动战争的角度，来深刻反思它的起源。他们忽略了日本走向战争最深层的思维悖论：日本没有抛弃现代，而恰是以一种挣扎的姿态，试图"超克"现代。无法从这一点批判，就无法阻止右翼把战争浪漫化的冲动。

1993年，美国一批进步历史学家，在华盛顿的史密森尼博物馆举办展览，反思原子弹对日本平民及人类的伤害，但遭到军方和保守势力的强烈阻挠，不得不撤下所有说明文字。今天，停泊在珍珠港纪念馆外的密苏里号军舰上，佩里国旗的复制品仍挂在那里，它和那个拒绝彻底反省、仍不时为殖民主义招魂的日本，存在着必然和深刻的联系。

内战，冷战，热战

经由二战，美国全面介入了东亚事务。战后东亚，成为西方政治学界所谓"美国治下和平"（Pax Americana）的一个组成部分。不过"美国治下和平"这个词对不同人有不同的含义。如果说，西半球大体上是在美苏争霸格局下维持着"冷"战和平，那么同一时期的东亚世界既没有和平，其战争也绝非"冷"的。相反，冷战东亚是由一系列残酷的"热"战形塑的。这其中最具决定性、影响至今的几场战争，是中国的解放战争（第三次国内革命战争）、朝鲜战争和越南战争。

这三场看似在不同时空下发生的冲突，有着很强的内在联系和一以贯之的脉络。只不过不同立场的人对脉络的理解大相径庭。美国的主流论述，是把二战后到苏联解体的历史演进，看作是美国主导的"自由世界"与苏联主导的"共产主义世界"的对抗。东亚的战争，就是这种两极对抗的局部表现，因此有不少人认为它们不过是美苏阵营在东亚进行的"代理人战争"。但从东亚视角出发，这三场战争是20世纪全球反殖、反帝、反霸斗争的组成部分，是东亚各民族寻求独立自主、建设现代国家的过程。特别是，从20世纪60年代起，中国就不再是苏联阵营的一分子，反而视苏联为霸权国家，完全超出了简单的两极框架。不同历史认知混杂于地缘角逐的表象下，就出现了美国历史学家布鲁斯·卡明斯（Bruce Cumings）所说的"视差"：冷战时代，美国当政者从来没有理解东亚热战的真正意义。

　　1949年，毛泽东领导的共产党赢得内战，把国民党逐出大陆，建立了中华人民共和国。几乎没有人能够料到，在二战结束仅仅四年后，曾经获得世界所有大国支持的国民党政权，会败给一支主要由农民组成的革命武装。中国在二战中是美国最坚定的盟友，美国正是以此为前提，来安排战后东亚秩序的。中国在这么短的时间内倒向社会主义阵营，对美国而言是极大的挫败。1949年后"谁丢失中国"（Who Lost China）的指责声浪高涨，成为很长时间内讨论中国问题的根本出发点。

　　在对"共产主义扩张"的恐惧中，参议员约瑟夫·麦卡锡（Joseph R. McCarthy）跳出来，大肆宣扬美国政府系统已经被共产党渗透，并利用众议院非美委员会等机构，在政府、学界、媒体以及文艺界大搞"忠诚"调查。20世纪50年代的麦卡锡主义成为一场猎巫行动，一场打着爱国旗号，对左翼人士、社会主义同情者，甚至同性恋人士的公开迫害。在寻找"谁丢失中国"责任人时，许多中国研究者成了替罪羊。其中最突出的一位，是战时曾担任蒋介石顾问的欧文·拉铁摩尔。麦卡锡宣称这位著名的中国边疆学家、蒙古学家是"苏联安插在美国的头号间谍"。参议院内部安全委员会对他进行了长达十七个月的调查，试图证明他在中国为苏联利益服务。尽管这些莫须有罪名几年后都被推翻，但造成了美国东亚学界普遍的紧张和恐慌。20世纪60年代，拉铁摩尔离开他工作多年的约翰·霍普金斯大学，远赴英国。

　　调查中给拉铁摩尔最大打击的，是好友卡尔·魏特夫（Karl A. Wittfogel）的背叛。魏特夫是德国前共产党员，他在遭纳粹迫害后流亡美国，成了积极的反共人士。根据费正清的猜测，揭发检举拉铁摩尔，是魏特夫不想再次忤逆当权者的意图。讽刺的是，魏特夫最著名的观点，却是将整个东方的历史概括为"专制"。冷战时代，他的"东方专制主义"学说在美国和日本影响巨大。该学说把马克思"亚细亚生产方式"理论曲解并极端化，认为农业帝国出于大面积水利灌溉的需要，强化中央集权的官僚体系，造成"东方"国家（比如中国、印度、俄罗斯）无可避免的专制性和停滞性。这个打着"社会科学"旗号，把种族主义与冷战意识形态巧妙结合的理论，就像李约瑟（Joseph Needham）所言，是"只能与冷战时期具体情况相联系才能理解的政治读物"。

"谁丢失中国"与将日本"拉回文明"的思维是一致的，其前提即中国和日本都应该是（殖民现代）"文明"的一分子，只不过 lost（"丢失"或者"迷失"）了。可是，正如乔姆斯基（Noam Chomsky）所言："只有你曾经拥有过这个东西，才可能谈什么丢失。""丢失论"与其说是检讨，不如说延续了18世纪以来欧洲思想界对东方的偏见。美国把太平洋战争仅看作是自由世界战胜法西斯主义，却并未认识到，对中国人来说，这是百年来反抗殖民主义和帝国主义的一个阶段。

也因此，当1950年朝鲜战争爆发，美国自然视之为共产主义对自由世界的进攻。朝鲜战争在美国常被称为"被遗忘的战争"。遗忘，并不是真的忘记了，而毋宁说，对于那场至今没有结束的惨烈冲突，美国从来没有理解它的起因，所以更不清楚要如何表述。既然从未了解，又何谈记忆？

1945年8月8日，广岛原爆两天后，苏联对日宣战，红军击溃盘踞中国东北的关东军，兵锋直指朝鲜半岛。10日，日本通过中立国表示愿接受《波茨坦公告》。15日，在日本天皇发布《终战诏书》当天，美军迅速拟定了受降方案并提交苏联批准。在极为匆忙的情况下，来不及进军朝鲜的美国，提出以北纬38度线为界，划定苏美在半岛的受降区。

负责划分工作的迪安·腊斯克（Dean Rusk）后来回忆说，他和查尔斯·博恩斯蒂尔（Charles Bonesteel）在14日深夜接到任务，当时手上只有美国《国家地理》杂志上的一张地图。找不出半岛上有什么天然界限，他们便随手把汉城以北的38度线拿出来作为分割方案。16日，在接到美军提交的受降方案后仅一天，苏联就批准了提议。一般认为，苏联之所以在攻势正猛的情况下同意勒马三八线，是想换取美国同意由苏联接管北海道。但共占日本的提议当时并未行诸文字，后被美国拒绝。

就这样，作为轴心国的日本基本保全了传统领土的完整；作为受害国的朝鲜，却被莫名其妙地分割了。9月，美军登陆半岛，开始了在南方的统治。从一开始，占领军就没有把"朝鲜人希望什么"放在考虑范围内。美国最重要的战略，是在东亚制衡苏联。因此和苏联在北方的做法相反，美军政府拒绝承认朝鲜人自发组织的、主张自决的人民委员会，甚至为了镇压（在美国看来）有左翼倾向的人民委员会，大量任用曾为日本殖民机构效力的朝鲜人，并扶植长期在美居住、反共独裁的李承晚。此举在南方造成持续内乱。我们可以假想一下：如果在战后的法国任用纳粹扶植的维希政府官员来遏制抵抗组织，或者在中国任用原汪精卫政府的军警镇压抗日一方，会是怎样一番情景。

就这样，三八线这条临时划定的受降分界线，在战后四五年里，成了聚合朝鲜两种敌对力量的政治分水岭。北方由曾在满洲从事武装抗日的民族主义者领导，南方则充斥了曾参与绞杀他们的前日帝鹰犬。两边都认定只能以军事手段统一全国。在朝鲜半岛，殖民和反殖民的斗争没有随着日本投降而结束，反而随着分治而内化、激化。这种对立必然走向内战，至于是谁开第一枪，根本不是评判是非的关键。

6月25日，朝鲜人民军发动攻势，迅速攻克南方大部分地区。美国宣称北方"侵略"，率联合国军介入朝鲜内战，将战线推到鸭绿江畔。在此后三年中，美军在朝鲜投下比二战中更多的炸弹，对平民使用了比二战杀伤力更大的常规性武器。也是在朝鲜，美军与中国军队正面交战，却陷入胶着。1953年，交战双方宣布停火（韩国并未在停火协议上签字）。三八线这条日本受降线，逐渐演变成将朝韩正式分裂的国境线，以及朝鲜一方与美韩一方的军事对峙线。朝鲜战争是二战后美国第一场没有打赢的战争，但它刺激美国军费猛增，促使国内军工复合体系成型，成为日后影响美国政治的最大利益集团。

从20世纪50年代后期直到90年代初，美国在韩国部署核武，朝鲜人在核阴影下生活了三十多年。我们当然应该反对今天朝鲜的核试验，但正如卡明斯所说，这个国家的行为并非毫无理性、不可理解。世界上很少有地方像朝鲜半岛那样，被一层叠一层早该解决却并未解决的历史问题纠结缠绕，同时展示着殖民、冷战、后冷战三个时代遗留的困境。直到今天，这场"被遗忘的战争"仍然被"遗忘"，甚至不仅仅是被美国人遗忘。

中国解放战争和朝鲜战争，刺激了美国担忧东亚"赤化"的神经。美国从此改变对日政策，将日本由敌人改造成东亚冷战的排头兵。华盛顿与东京签署安保条约，建立了维持至今的区域安全机制；同时扶植在台湾和东南亚的反共势力，构筑围堵中国的包围圈。也正是为防范共产主义南下，美国的越南政策发生变化：尽管罗斯福（Franklin D. Roosevelt）总统曾表示不支持法国继续殖民印度支那，但从杜鲁门到约翰逊（Lyndon B. Johnson），美国积极干涉越南的反殖抗争，最终给越南（以及自己）带来深重的创痛。

1945年，在二战中曾受美国支持的越南独立同盟发动八月革命，建立越南民主共和国。胡志明撰写的《独立宣言》，开篇即引用了美国《独立宣言》和法国《人权宣言》，宣告越南人民和所有人一样享有独立自主的权利。但法、美却似乎不认为越南人有权实践法、美创制的公理，他们扶植日占时期的傀儡保大皇帝，先后军事干涉越南的独立运动。法国战败后，美国又复制在朝鲜的做法，在南越支持腐败独裁的天主教极端主义者吴庭琰，激化了南北矛盾。在苏联和中国的全力支援下，越盟在北方进行艰苦卓绝的抵抗，越盟支持的南方游击队也在农村展开人民战争，不断打击美军和南越军。

南越政府屡遭政变、虚弱不堪，于是美国亲自上阵，逐步升级越战，将自己拖入旷日持久的战争泥沼。美军在南越开展"反叛乱作战"，几乎是在借鉴日寇对付华北游击队的战术，为切断游击队与地方的联系，制造了多起震惊世界的大屠杀。为了破坏作为南北运输线的"胡志明小道"，美军将战火燃烧到毗邻的柬埔寨和老挝，并使用化学武器，在丛林和农田中撒下后患无穷的橙剂，犯下严重的战争罪行。

以遏制共产主义为名的帝国扩张，最终让美国在国内外的道义形象破产。20世纪60年代后期，反战运动全球涌动，在美国国内更与民权运动相呼应，促使越战一代年轻人重新检视美国20世纪以来的对外政策，强烈抨击本国政府对亚洲人民的漠视。借由民权和反越战运动，美国战后进步主义力量取得长足发展。1973年，美军撤出越南。越战成为美国历史上最为彻底的军事和政治双重失败之一。正是为了摆脱这种困境，尼克松政府最终选择了对华接触。

中国解放战争、朝鲜战争、越南战争、中苏由同盟走向分裂，以及中美走向和解，大致勾勒出东亚介入冷战的方式。解放战争促使美国将遏制战略引入东亚，中美在朝鲜直接交战，在越南间接对抗。中美与中苏的博弈，而非美苏间博弈，恐怕才是东亚冷战的主线。中国与美苏的博弈并不纯是意识形态冲突，也不纯是国家利益的争夺，而是19世纪以来的殖民与反殖民、霸权与反霸抗争的深化。1949年后中国国家建设的艰难和曲折、日韩台经济的借势起飞，也只有放置在长期热战的背景下，才能被充分理解。

作为第三世界的"亚洲"

2017年和2020年，中国和印度分别在洞朗地区和加勒万河谷发生军事对峙，引发了全球关注。两个新兴大国之间的紧张，不由让人联想到1962年冬天中印边境的那场战争。那是冷战时代，摆脱殖民统治的亚洲大国之间的第一次军事冲突，而冲突的直接原因——主权与领土争端，长期困扰两国关系，至今未能解决。

关于1962年的中印边境自卫反击战，已有诸多讨论和研究。这场战争的意义，不能仅仅放在双边领土冲突的框架下认识，而必须置于更宽广的视域中，看到殖民主义、冷战，和民族主义之间的相互纠缠。它体现的是摆脱殖民后的亚洲国家,在新的历史困境中的身份焦虑。"亚洲"概念在反殖前提下被赋予新的含义,但与此同时,也面临新的挑战。

冷战,至少在亚洲,很难用美苏两极对抗的模式去理解。1962年的冲突之后,印度被美苏两国拉拢,在冷战中后期,更靠近苏联阵营。中国则彻底脱离了苏联阵营,与美苏同时对抗。中国的两线作战,在有的历史学者看来,是再次自我孤立和封闭的佐证。这个说法有可商榷之处:中国同时被美苏围堵,恰恰使自己不依附任何一极。中国把反霸反殖当作自身革命过程的一部分,并以此出发积极推动第三世界国家的合作,做出拒斥冷战格局的另类选择。从20世纪50年代,中国就提出并贯彻着"和平共处"的新国际关系准则,到1974年毛泽东完成了"第三世界"论述,这些原则和理念到今天已经被广为接受。这段所谓"孤立"的时代,恰恰是新中国在国际舞台上话语实力(或者说"软实力")最强的时代。

而和平共处、实现第三世界在反殖反帝基础上的合作,正是中国和印度这两个最大的发展中国家,在20世纪50年代共同提倡的。印度是最早承认中华人民共和国的大国之一。两个国家的意识形态相近但不完全一致,它们的关系,是以反对殖民主义、倡导民族独立为纽带而联结的。印度总理尼赫鲁借用泰戈尔的泛亚主义浪漫表述,让"中印是亲兄弟"(Hindi-Chini bhai-bhai)的口号广为流传,但真正促成中印蜜月期的,并不是源远流长的古代交往或者文化亲缘,而是反殖独立之后相似的国内外挑战。

和平共处五项原则虽是普遍性的,但提出它的背景,却一点儿也不抽象。它所针对的最紧迫挑战,是新独立的国家之间,如何处理殖民主义遗产,特别是殖民者为自身利益、人为划定的边界问题。20世纪50年代初,在中印、中缅边界谈判中,周恩来、尼赫鲁及缅甸总理吴努共同提出处理双边关系的基本准则。"互相尊重主权和领土完整、互不侵犯、互不干涉内政、平等互利、和平共处"的精神,最早是用来处理中印、中缅双边关系,然后逐渐扩大为各国间普遍适用的一般准则。可以说,新中国成立以来贯彻始终的基本外交原则,是在具体处理与亚洲新独立国家间关系的基础上形成的,这成为中国及亚洲对当代国际社会最了不起的贡献之一。

也是在这个背景下,我们才能理解,为什么1955年万隆会议能够成为冷战阴霾下一个难得的亮点。在尼赫鲁首倡下,4月18日至24日,部分亚洲和非洲国家,在印度尼西亚的万隆,召开了首届亚非会议。这是历史上第一次没有欧美殖民国家参与的、代表了世界半数以上人口的大会。也是在尼赫鲁的坚持下,和大多数与会国并未建交的中国,受邀出席会议,首次在这种大型多边的国际舞台上表达求同存异、团结合作的政治理念。

当时全球冷战格局已经形成,但与会者最终搁置意识形态分歧,把议题集中在亚非各国如何实现政治独立、摆脱经济依附上。"求同存异"并不是谋求妥协调和的权宜之计,而是各国面对独立后政治、经济并未真正自主的新问题,提出超越两极格局、建设现代国家的第三条道路。中、印、缅三国首倡的和平共处五项原则,被完整纳入会议公报和宣言中。经由此次亚非会议,"亚洲"的概念和"非洲"一道,成为反对一切形式(包括苏联)殖民主义的新政治概念。和日本20世纪的"亚细亚主义"不同,这里的"亚洲"超越了东西方对立,成为第三世界反殖独立的标签,这是对分割世界的冷战两极格局一个强有力的回应。

新亚洲概念不仅仅是一个口号。万隆之后,第三世界国家开展了大规模的政治、经济合作。这次会议为不结盟运动、南南合作奠定了坚实的基础。冷战时期的中国,"亚洲"常常作为反殖革命的概念而出现。中国把和平共处原则当作长期的外交基石,把促进亚洲、非洲和拉美国家的团结互助,当作外交工作的主轴之一。中国全力支援第三世界国家的经济和社会建设,特别是为非洲提供了包括农业、医疗、基础设施在内的大量援助。这种国际主义精神曾经在后冷战时代受到嘲讽,但在今天看来,却是那个年代留给崛起中国的最宝贵的历史资产。

政府间倡导的互助合作又极大地刺激了民间的交往。美国历史学者郭旭光（Arunabh Ghosh）利用新的数据编年,指出在20世纪50年代,中印民间贸易、科技、文化交往远比高层互访频密得多。文章质疑以往研究的问题取向,即过于强调中印高层外交或1962年的领土冲突,忽视了半官方和民间的密切互动。新兴国家间的政治文化合作也拓展到体育领域:1963年,为抗议国际奥委会借体育推行帝国主义与殖民主义议程,印度尼西亚另起炉灶,举办了第一届"新兴力量运动会",除少数欧洲国家外,四十八个参赛队伍主要来自亚非拉。万隆会议精神成为与奥林匹克精神并列的赛会宗旨。

当然,我们也不应回避,作为反殖概念的"亚洲",在实践过程中遇到重重困境,新兴力量最终没能实现它所期待的愿景。其中一个原因是冷战:霸权国家的竞争,一方面迫使不少国家屈从于现实政治压力,另一方面把争夺输入这些国家的国内政治,导致政权颠覆甚至内战。1965年,印度尼西亚发生军事政变,苏哈托推翻了亲左翼的苏加诺政权,在美国介入下,建立独裁的军政府,血洗印尼共产党及无辜华人。印尼由第三世界独立的倡导者,变为美国东亚遏制战略的一环。而冷战在全球大部分地区结束后,不结盟运动也因为失去了主要着力点而渐入低潮。随着新一轮全球化带来的资源、财富重组,世界权力格局更为复杂,发达与欠发达同时出现在第三世界,甚至同时出现在一个国家内部。

但更为关键的是,以民族国家为基本单位的反殖民运动,其本身就存在难以克服的逻辑悖论:因为民族主义恰恰是从殖民主义中衍生出来的,许多新独立的民族国家,本身就是殖民产物。民族国家赖以存在的诸多机制,比如边界、国籍、族裔身份等等,是随着殖民现代性的到来才到来的。不要说非洲、东南亚许多社群在被殖民者占领之前并不存在欧洲意义上的国家形态,就是印度,在被英国强行整合之前,也只是一个松散的区域概念而非严格的主权国家概念。亚洲、非洲的反殖民诉求,强化了各自国家内部的民族主义,带来国家、族群边界的固化和绝对化。"界而治之",本是宗主国控制殖民地的手段,但当反殖民的民族主义也依照这套边界想象自身,则必然令新独立国家在处理内部族裔关系,以及相互间关系时产生麻烦。这也是为什么,二战后层出不穷的边界、族群争端,几乎都和殖民主义历史有着扯不断的关系。

殖民者走了,但却在世界各处埋下了日后种族冲突、国家冲突的祸根。1947 年,末代英属印度总督蒙巴顿(Louis Mountbatten)提出,把英属印度分为印度教人口为主的印度,和穆斯林为主的巴基斯坦(包括孟加拉),以此实现印巴两个新国家各自独立的方案。印巴分治导致大量本在印度教地区居住的穆斯林,以及在巴基斯坦居住的印度教徒和锡克教徒,被强行迁徙。据统计,仅 1947 年几个月间，总迁移人数就超过1 450万。短期内大规模的人口强制交换，造成本来混居共处的族群间惨烈的暴力冲突、种族仇杀和报复，留下难以愈合的伤口。再加上克什米尔地区的领土争议，印巴两国世代交恶。

除了与巴基斯坦的主权争端，印度还出兵占领锡金，控制不丹，并声索由英国单方面划给英属印度的中国藏南地区。中印之间的领土纠纷，实际是英国殖民者统治印度次大陆、染指西藏、觊觎中国内亚边疆的产物，但当这些殖民时代的遗留问题为新独立的民族国家继承，就演化成了在民族主义旗号包裹下的国家利益冲突。

当被殖民者以强烈的身份意识诉求主体独立之时，他们没有意识到：这个边际清晰的主体，并不是他们以为的历史的本然，而恰是借由被殖民经验而来的新发明。所以越是要以想象的主体身份来反抗，就越落入压迫者的逻辑而无法自拔。这就像是台湾学者陈光兴所批评的后殖民论述："即使是具有高度的批判意识，却依然卡死在殖民史所局限的范围内，还没有能够摆脱寄生于殖民主义的命运。"

尽管如此，作为第三世界的"亚洲"概念仍然有其历史意义，不能轻易地否定。它在严酷的两极对抗环境下，指出当今世界的根本矛盾并非东西对立，而是南北差异。它的确更多是一种理想主义，在现实中也遇到诸多困难，但毕竟在很大程度上将和平互惠的基本理念付诸实施，提出了一种超越殖民现代性的路径。更关键的是，它为中国展开了一个远比中－西二元格局更宏大的视野，让中国找到了作为"第三世界"一员的政治认同。在冷战格局虽大体结束，但殖民资本主义体系仍然主导世界的今天，它为当代中国与其他国家和地区的合作提供了弥足珍贵的思想和政治资源,提示我们不断探索不同于殖民现代性的另类发展观。

从"东亚奇迹"到"亚洲价值"

1964年10月,日本东京举办了第十八届奥运会。在10日的开幕式上,19岁的早稻田大学学生坂井义则,点燃了奥运火炬。坂井出生于原爆当天的广岛,选择由他点燃火炬,宣示着一种历史观:战后十九年,日本经由痛苦的新生,已然健美地长成。

经历了初期的低迷之后,日本经济从20世纪50年代开始,从废墟中快速崛起。1960年,池田勇人政府推出国民所得倍增计划,日本国内生产总值(GDP)实现高速增长。就在奥运会开幕的前九天,世界上第一条商业运营的高速铁路——东京到大阪间的东海道新干线——正式开通运营。从1955年到1973年,日本年均GDP增长率超过9%;1968年,日本超过西德,1978年更超过苏联,成为世界第二大经济体。这一纪录一直保持到2010年。

不只是日本,在冷战期间,从属于美国阵营的诸多东亚经济体,都实现了工业化和经济腾飞。在日本带动下,东亚"四小龙"(韩国、新加坡、中国台湾和中国香港)从60年代开始也迅速崛起,最高经济增速达10%。东亚经济的整体发展又在80年代之后带动数个东南亚经济体的快速增长,出现了所谓"四小虎"(马来西亚、泰国、印度尼西亚和菲律宾)。1993年9月,世界银行发布了名为《东亚奇迹》的报告,把这些国家/地区所取得的瞩目的经济成就归结为"东亚模式"。这也是第一次,"东亚"与某种经济增长现象挂钩,代表了一种"成功"的发展主义观念。

经济学家们对东亚模式的内涵提出过不同理解。代表性的观点，包括政府对产业的大力介入、依托开放的市场施行出口导向型发展、吸纳外来资本、产业适时升级（由初期的劳动力密集型过渡到资本技术密集型）、实现比较优势战略等等。学者们还把东亚产业的梯次发展，总结成"雁行模式"：日本作为领头雁，带动了小龙小虎们的起飞。众多关于"东亚奇迹"的讨论中，还有一种文化主义观点，引发过很多讨论。这就是马来西亚总理马哈蒂尔和新加坡总理李光耀提出的"亚洲价值"说。这个理论认为，儒家文化崇奉集体主义、尊重权威、选贤任能、重文教、尚节俭，是这个区域能够在资本主义体系里获得成功的关键。它针对主流经济学家们的市场中心主义，强调制度（特别是国家）和文化的重要性。

怎么看待"东亚奇迹"和"亚洲模式"，甚至到底有没有"亚洲模式"，是个争议很大的话题。日本经济自20世纪90年代以来陷入低迷，1997年的金融危机又重创了东亚不少新兴经济体。曾经引领一时风骚的奇迹说和价值说，在出现后没多久，就遭遇现实的尴尬。关于它们的讨论虽然仍不时见诸报端，但冷却了许多，"亚洲价值"也少了当年的理直气壮。对东亚经济体曾经的辉煌成功，到现在也没有一个统一的理解。

其实当年的各种争论，不过是将"亚洲"变成了一个承载不同社会经济理念和意识形态的箩筐，从凯恩斯主义到新自由主义，从新威权主义到制度经济学，各思想流派都用自己信奉的一套价值系统来解释亚洲。亚洲/东亚再次被相互矛盾的知识、概念系统所塑造，无论其成功与失败，都成了证明某种超然理念的论据。关于它的讨论，可以看成是冷战到后冷战时代，全球资本主义体系主导理论之间的一场观念竞争。

本书想强调的是，对东亚所谓奇迹的认知，不能仅从经济发展角度出发，而脱离冷战的历史环境。美国为遏制苏联和中国，在东亚建立了旧金山和约体制，这是东亚"奇迹"能够发生的历史前提。诚然，这种解释并不新鲜，也并不是东亚经济起飞的充分条件——就像许多论者指出，并不是所有受到美国支援的国家和地区都实现了经济高增长——但它是日本和"四小龙"崛起的必要条件。它提醒我们不但要历史地看待东亚经济体取得的成就，也要历史地看待同时代中国曲折艰难的工业化、现代化道路。

1952年，以美国为首的部分同盟国同日本签订的《旧金山和约》生效，日本名义上恢复了主权。和约签署国中既没有中国的代表，也没有朝鲜半岛的代表，因此在此后的几十年中，中日、日韩之间诸多领土争端，都与这个片面的条约相关。美国在被托管的冲绳驻扎大量军队，并且在1972年把冲绳主权移交日本后继续保留军事基地。同时，美国还在韩国、中国台湾等地驻军，形成钳制中国的包围圈。

朝鲜战争爆发后，美国在日本实施"特殊采购"政策，直接由日本为美军提供战争所需物资和服务。此项政策令日本经济由低迷迅速走向振兴。特殊采购金额由1950年的不到1.5亿美元，增长到第二年的5.92亿美元，并在1952和1953年达到8.24和8.1亿美元。这是什么概念呢？以1953年为例，仅此一项，就占了当年日本所赚外汇的28.1%。朝鲜战争结束后，特殊采购政策又持续了一段时间，之后美日在经济上高度合作。为了冷战，美国必须把日本紧紧维系在美国主导的资本主义体系之中。向日本产品开放市场，实质上是让日本的经济深度融合于美国体制。

从 20 世纪 60 年代开始，美日又把韩国和中国台湾等地纳入到这一体系中来。1965 年，韩日建交，日本很快向韩国提供 5 亿美元援助，帮助朴正熙政府走出经济困境。和朝鲜战争对日本经济的意义类似，美国卷入的越南战争，也成为韩国经济腾飞的起点。越战中，韩国不但派出了总数仅次于美国的作战部队，而且也得到美国支付的总计超过 10 亿美元的特需费。韩国企业趁机纷纷进军越南，从越南流回韩国的资金，极大地刺激了国内经济建设，成为"汉江奇迹"的重要催化剂。韩国人均国民生产总值（GNP）从 1964 年的 103 美元，一跃而至 1974 年的 541 美元。也就是从这时候开始，韩国经济总量才超过了朝鲜。

在东亚经济起飞的过程中，殖民现代性的阴影始终挥之不去。日裔美籍学者酒井直树指出："美国（对中国）的封锁政策成功与否，关键在于能否将作为资本主义模范生的日本维系在自由主义阵营中……如何在中日之间打入楔子、在日本国内酿成对中国的反感，是美国远东政策的核心所在。"他引用外交史专家弗雷德里克·邓恩（Frederick S. Dunn）的观点，认为《旧金山和约》的起草人、后担任美国国务卿的杜勒斯（John Foster Dulles），其基本对日战略就是"利用日本人抱有的对中国、朝鲜、俄国人的社会优越感，强调成为自由主义阵营世界成员……的高度优越性，即可说服日本人留在自由主义阵营中"。这种殖民性的种族优越感也体现在参加越战的韩国军队身上。韩国派出的青龙、白虎、白马等兵团，参与了对越南平民的屠杀和强奸。据统计，韩军虐杀的平民人数不低于九千，给越南留下深刻的创痛。

由于无法摆脱新殖民主义的桎梏，冷战环境下长成的所谓"东亚奇迹"，很快就暴露出虚弱的一面。1979 年，哈佛大学教授傅高义（Ezra Vogel）发表《日本第一》一书，盛赞日本经济取得的成就。沉浸在赞誉中的日本财阀，此时开始大规模登陆美国，收购了众多企业、地产。索尼公司创办人盛田昭夫和右翼政客石原慎太郎志得意满，在1989年出版《日本可以说不》，高调批评美国的种族优越感，宣扬日本要在经济、外交等各领域摆脱控制，实现真正的独立自主。彼时，冷战已近尾声，随着中美在东亚携手，苏联威胁消退，日本在美国战略中的重要性下降。日本资金的大举涌入，让感到威胁的美国转而"敲打日本"，美国媒体开始不断宣传"日本威胁论"。1985年，美、英、法、西德与日本签署《广场协议》，干预日元汇率，致日元急速升值。陷入泡沫化的日本经济从此再未能恢复元气，步入一个接一个的"失去的十年"。不存在完整的政治主权，何来的底气说不呢？

很长一段时间以来，论者们以"东亚奇迹"对比同时代中国"落后"的经济状况，把日本和"四小龙"当作中国经济发展的榜样。但是，讨论经济发展从来不能脱离其时代环境。我们要看到，从20世纪50年代到70年代，中国国家建设、经济发展，是在怎样的安全形势下进行的。新中国成立后的十年，中国得到了苏联的支持，工业化开始启动。但随着中苏交恶，安全形势急剧改变。当日本、韩国、台湾地区等的防务基本由美国代管时，中国必须把大部分力量用来确保主权领土不受侵犯；在时刻准备战争的条件下，国家不可能把全部重心放到经济建设上。当时上述地区可以依靠外国的资本技术注入、依靠外部市场实现发展，中国却在多数时间内被两个超级大国遏制，既得不到外部资金，也得不到外部市场。

一穷二白的底子，加上1960年后只能自力更生的形势，中国的社会主义经济建设，就是在这种局面下展开的。新中国前三十年中曾犯下严重的错误、走过弯路,教训惨痛,但就经济社会整体发展而言,其巨大成就仍应肯定。1950 到 1980 年的三十年间,中国的总人口增加了 1.6 倍,人均寿命预期也提高了 1.6 倍,哪怕 1980 年出生的人只是维持 20 世纪 50 年代的平均温饱水平,其背后的实际增长仍是惊人的。更不要说,在严峻的压力下,中国建成了世界上只有少数国家才有的自主、完整的工业体系(尽管当时整体水平还不高、轻重工业比重也不尽合理)。美国历史学家莫里斯·迈斯纳(Maurice Meisner)指出,从 1952 至 1977 年,中国的工业生产以年均 11.3% 的速度增长,是世界现代史中任何一个国家在相似的时间段内都从未达到过的最高增速。

一个贫穷的农业大国,在不依靠殖民掠夺、外部援助也很少的情况下,完成了初级工业化,历史上鲜有先例。这在很大程度上,是靠全民维持低收入水平、"勒紧裤腰带"实现的。虽然它也反映出建国初期经济政策在绩效、资源分配上的诸多弊病,但从另一方面看,社会主义体制下,社会整体公平程度显著改善,女性地位大大提高,医疗和教育较此前大为普及。这不但保证了国家大体稳定,也为后来的市场化改革,培养了大批身体和文化素质很高的劳动者,奠定了改革开放后经济起飞的社会基础。

1964 年 10 月 16 日,在坂井义则点燃东京奥运会火炬后的第六天,中国成功试爆了第一颗原子弹,安全形势极大改观。之后中美相互接近,终于在 1978 年实现关系正常化。中国领导人也因此做出了"和平与发展是时代主题"的战略判断,把工作重心转移到抓经济增长、提高效率上。在引入市场机制初期,美、日的支持虽不可否认,但发挥更大作用的,则是过去数百年来形成的、覆盖东亚和东南亚的华商网络。某种程度上说,中国的经济起飞不是转而依靠殖民现代性，更像是回归到从早期全球化时代就已发端的历史脉络。

在重重压力下不断修正错误，不依附于帝国，也不靠某种超验的"价值"：或许中国起起伏伏的崛起之路，才是更值得学者们探讨的"东亚奇迹"吧。

结语：如何记忆东亚现代

全球化时代，国家间日益相互依存，区域整合也在以不同的方式深化。而在东亚，尽管（除朝鲜外的）各个经济体都是全球化的重要参与者，且体量已接近甚至超过北美和欧洲，但区域合作却异常艰难。这其中有外部因素：美国一直试图以"亚太"（或"印太"）概念消解"东亚"作为政治区域的有效性；但同样重要的是内部因素：且不说频繁引爆公众舆论的领土争端，东亚的每个国家之间、每个政治体之间，甚至一国之内的不同社会之间，都存在矛盾重重的历史记忆。历史问题成为东亚合作最难以克服的障碍。

当我们作为游客，走进不同国家的纪念馆，就能立刻体会到，现代国家塑造的历史记忆，是如何与现实中的政治对立相互包裹的。九一八历史博物馆、南京大屠杀遇难同胞纪念馆对日本军国主义的控诉；靖国神社游就馆里对"大东亚战争"的粉饰，以及为在东京审判中主张日本无罪的印度法官帕尔竖立的纪念碑；广岛原爆纪念碑上"错误不会再犯"的誓言；首尔的韩国战争纪念馆里对壬辰战争和朝鲜战争的解读；以及今天遍布世界各地的"慰安妇"少女雕像……这些错综复杂的记忆呈现，很难用一个整齐划一的框架来认知。作为观察者，我们必须把它们一一还原到各自的历史情境中，并且结合东亚社会在现代史上的整体际遇，才能大略体会它们看上去那么难以协调的原因。

和欧洲与北美不同，东亚和"现代"的关系始终是纠结不清的。串联这种关系的，不仅仅是冷战的对峙、日本从明治到昭和的扩张，更是19世纪以来殖民现代性对区域的彻底改造：这既包括政治、经济、社会关系上的全方位冲击，也包括对原有知识体系和自我认知的颠覆。因此，仅批判日本逃避战争罪责是不够的，把东亚矛盾简单归结为民族主义也是不够的。我们需要看到，对区域历史认知的模糊，从东亚受到殖民现代冲击之初就已开始；日本的脱亚，和东亚自认"封闭落后""闭关锁国"的逻辑高度一致。我们对自身历史的否弃，有时并不输于日本对其侵略历史的否认。

困扰今天东亚的历史认知问题，归根结底不是对于某一场战争、某一个（群）人、某一件事的责任认定，而是我们对于现代性观念的认定。从19世纪后期开始，东亚逐渐接受了一种以民族国家为单位的、单向流动的、发展主义时间观：历史是不断走向"进步"的过程；人类从"野蛮"走向"文明"；未来要比过去更"先进"；我们挨打的原因在于"落后"，而落后的原因在于"封闭保守"。这套逻辑要求我们永远站在"文明的胜利者"角度，否定"蒙昧的野蛮人"。只是，谁代表文明和胜利，谁代表蒙昧和失败？如果只能以力量、财富、技术作为评判标准——所谓富国强兵——那么这种"文明"里还有没有道义、公平和正义的位置？如果一个有机的社群，在力量、财富和技术上处于弱势，是否意味着这个社群在种族上是低劣的、在文明层次上是低等的？当他们遭到侵犯和凌辱，我们是应该指责侵略者不义，还是被侵略者不够"先进"？

几十年来，"落后就要挨打"的逻辑，是鞭策国人努力发展的动力。今天，中国比过去百年来的任何时候，都更接近复兴。如果目前的发展势头持续，那么在可见的未来，中国一定会在国际社会承担越来越重要的角色；中国人的历史观、发展观和世界观，会在人类社会产生指标性意义。正是在这个历史节点，我们需要反思：发展主义的现代化史观，会怎样塑造人类社会的未来？我们也需要重新思考中国及东亚走向现代的路径，包括它如何和其他区域一起，共同缔造了全球化，又如何对不公不义的殖民主义和帝国主义坚决抵抗。

随着中国经济的崛起，中国恐怕必然会面临当年曾经困惑过日本知识人的、如何超越（殖民）现代的问题。日本近代的亚洲想象，本身带着挥之不去的殖民主义和帝国主义色彩，其实践无疑是失败的。但它当年意识到的资本主义、殖民主义困境并不一定是个假问题。它的失败是它选择了与殖民帝国相同的逻辑，即仍然以想象中东方与西方、文明与野蛮的对立来试图超越。但这个失败并不证明殖民现代性的正确，而是凸显了超越它的艰难。战后的日本，不少知识人主张重新发现"中国"的意义，"以中国为方法"。在他们看来，恰恰是被日本蔑视的中国，从晚清到五四，从鲁迅到毛泽东，在对传统和殖民现代性的双重批判中，实现了自我改造，走上了一条不依附欧美的、独特的现代化道路。也许其中包含某种理想化的愿景，但这种他者的思考，也是对今天走在世界前沿的中国的期待。

任何一种发展都必然伴随着危机。随着东亚/中国与世界体系的高度融合，这个体系的任何一种危机，都会在东亚区域乃至中国国内产生震荡。贫困问题、环境变迁、核战阴影、金融风险、平等缺失、身份认同、主权争端、宗教极端主义……几乎所有这些现代性困境，都反映在东亚区域甚至中国内部的问题上。因此应对这些环环相扣的问题，只能超越静态的民族国家框架，看到形成它们的全球性根源以及历史纵深。反过来，中国和东亚区域对这些问题的求解，也就具有了世界性意义。近年来中国学界对何为东亚、何为中国的讨论日渐增多，正体现了知识界对重新探讨历史认知、区域认知的迫切要求。

越是要说清楚东亚，越无法离开产生它的这个现代时间观。越要厘清它在现代时间中的展开，越不可避免地要检讨现代时间观念本身存在的问题。在历史学界，批判"欧洲中心主义"已经是老生常谈。但所谓欧洲中心主义的要害，并不在于从（作为空间单位的）欧洲出发看历史，而在于起源于18世纪欧洲的那种想象时间展开的方式：历史是一个指向特定方向、实现特定价值的进化过程。这种时间观念是工业主义、资本主义式的：机械、统一、标准化，并且与基督教世界观有着深刻的内在联系。人类社会极为多样的历史经验，以及理解这些经验的方式，都被排列在一条线性时间轴上。可是，不同人对历史发展怎么可能有相同的节奏感、过渡感和断代感呢？比如，"中世纪""启蒙""文艺复兴"这些产生于资本主义时代的历史分期，不但和非欧世界的时间脉络关联不大，就是生活在那些时代的欧洲人也感受不到。即使是对某一自然年的"客观"表述，当采用"1840年""庚子年""（清）道光二十年""（日本）天保十一年"，或是"（朝鲜）宪宗六年"时，其背后指向的时空感和意涵也大相径庭。

时间并不是统一的——在物理学如此，在历史学就更是如此。观察者对历史材料的介入，很大程度决定了历史呈现的形态，时间感也是主观介入的结果。破除欧洲中心主义，本质上是打破殖民主义借由近代工业文明带来的那种单一线性史观的垄断。但需要强调的是，打破欧洲中心主义，一定不是用另外的中心主义进行替换（比如中国中心主义或者日本中心主义）。破除线性时间的神话，并不意味我们要回到复古的儒家时间观、循环的佛教时间观或者是朝代史观。就好像我们今天反省民族国家体系的问题，并不意味着要回到"天下"体系。所谓打破，是说我们应尝试用多元的时间观看待世界，以各种不同的视角审视过去以及现在，在相互交叉、影响的网络下，历史的意义方能更完整地显现。

回到东亚和现代的关系。我们是否"现代"过？我认为是的。东亚世界很早就开始了自身的现代转变，它是人类社会整体转型的一个组成部分。只是这种进入现代的方式，在欧洲殖民主义到来后被否定了，变成了很扭曲的东西。人类的现代不是由一个地域起源，再扩展到全球的，而是在紧密交往、彼此相遇的过程中共同塑造的。没有同东亚、南亚、美洲、非洲的互动，欧洲的现代化也不会以我们所知的方式呈现。因此，"现代"是内在于东亚的。讨论东亚现代化，既不必言必称西方，也不必刻意回避西方。正视外部世界带来的冲击，但不把这种冲击看作是唯一的历史推动力，而要探寻外部冲击如何在遭遇、反应过程中内化为本土历史动力的过程。

黑格尔以来的主流历史观，是把时间绝对化，地方相对化，不同的人类社会成为绝对时间轴上的一个个阶段性组成。而"发现东亚"，则试图做一个反向努力：以一个区域为中心，探讨世界历史时间如何在这个空间展开。历史不是走向某个统一终点的过程，甚至不一定是一个"向前"的线性过程。"现代"的多元性也体现于此。转换视角的结果，则是发现无论"东亚"还是"中国"，都不是固定不变的、本质性的实体，更不为某种文化本质论（比如汉字、儒家、佛教）所概括。中国或东亚是一个动态过程，塑造它们的过程持续到当下，而且恐怕永远也不会结束。正如美国史家濮德培所言："我们描述东亚地区的丰富收获，并不是得出一个固定的概念，而是用这个分类去探究复杂的文化身份形成过程。'东亚'各个社会并非一定要共享某些相同的价值或制度结构，但它们都介入了相互交换、拒斥和争论的过程。东亚区域的历史应该首要关注社会交往的贯穿渠道。"

追寻东亚的现代历程，是探索现代这个历史情境在东亚的内在展开，以及它和19世纪到来的"殖民现代"的复杂关系，打破后者对现代的垄断性阐释。这样做的目的，并非为了论证东亚或者中国的特殊性，更不是要抬高东亚而贬低欧美，而毋宁说是提示历史发展的另一种路径，为认识昨天、今天、未来提供一个新的维度。如果我们可以从东亚视角提供认识历史的另类线索，那么我们同样也可以从南亚、中亚、中东、非洲、拉美，或者从跨区域的视角来提供解读。只有在这种多元碰撞下，才能形成比较完整的人类记忆的网络。而借助发现另外的可能，我们或许会对未来有更多的期许。

部分参考文献

汉文文献：

艾尔曼：《从理学到朴学：中华帝国晚期思想与社会变化面面观》，赵刚译，江苏人民出版社，1995年。

奥斯特哈默，于尔根：《亚洲的去魔化：18世纪的欧洲与亚洲帝国》，刘兴华译，社会科学文献出版社，2016年。

白谦慎：《傅山的世界：十七世纪中国书法的嬗变》，生活·读书·新知三联书店，2006年。

白永瑞：《思想东亚：朝鲜半岛视角的历史与实践》，生活·读书·新知三联书店，2011年。

滨下武志：《中国、东亚与全球经济：区域和历史的视角》，王玉茹、赵劲松、张玮译，社会科学文献出版社，2009年。

布罗代尔，费尔南：《法兰西的特性：空间和历史》，顾良、张泽乾译，商务印书馆，1994年。

陈光兴：《去帝国：亚洲作为方法》，行人出版社，2006年。

道尔，约翰：《拥抱战败：第二次世界大战后的日本》，胡博译，生活·读书·新知三联书店，2008年。

德富苏峰：《中国漫游记　七十八日游记》，刘红译，中华书局，2008年。

定宜庄：《清代八旗驻防研究》，辽宁民族出版社，2003年。

定宜庄、胡鸿保：《从族谱编纂看满族的民族认同》，《民族研究》，2001年第6期。

范金民：《江南社会经济史研究入门》，复旦大学出版社，2012年。

方豪：《中国天主教史人物传清代篇》，《清代传记丛刊·名人类》，明文书局，1985年。

费正清：《中国的世界秩序：传统中国的对外关系》，杜继东译，中国社会科学出版社，2010年。

费赖之：《在华耶稣会士列传及书目》，冯承钧译，中华书局，1995年。

夫马进：《朝鲜燕行使与朝鲜通信使：使节视野中的中国·日本》，伍跃译，上海古籍出版社，2010年。

弗兰克，贡德：《白银资本：重视经济全球化中的东方》，刘北成译，中央编译出版社，2008年。

福泽谕吉：《文明论概略》，北京编译社译，商务印书馆，1959年。

冈本隆司：《属国与自主之间——近代中朝关系与东亚的命运》，黄荣光译，生活·读书·新知三联书店，2012年。

冈仓天心：《东洋的理想：建构日本美术史》，阎小妹译，商务印书馆，2018年。

高坂史朗：《近代之挫折：东亚社会与西方文明的碰撞》，吴光辉译，河北人民出版社，2006年。

葛兆光：《想象异域：读李朝朝鲜汉文燕行文献札记》，中华书局，2014年。

葛兆光：《宅兹中国：重建有关"中国"的历史论述》，中华书局，2011年。

宫崎市定：《亚洲史概说》，谢辰译，民主与建设出版社，2017年。

沟口雄三：《作为方法的中国》，孙军悦译，生活·读书·新知三联书店，2011年。

顾维钧：《顾维钧回忆录缩编》，天津编译中心编，中华书局，1997年。

何俊：《西学与晚明思想的裂变》，上海人民出版社，2013年。

赫德逊：《欧洲与中国》，李申、王遵仲、张毅译，中华书局，2004年。

黑格尔：《历史哲学》，王造时译，上海书店出版社，2006年。

胡绳：《从鸦片战争到五四运动》，人民出版社，1981年。

胡适：《胡适文选》，中国长安出版社，2014年。

黄伯禄：《正教奉褒》，《中国天主教史籍汇编》，辅仁大学出版社，2003年。

黄克武：《何谓天演？严复"天演之学"的内涵与意义》，《中研院近代史研究所集刊》，2014年第85期。

黄克武：《民族主义的再发现：抗战时期中国朝野对"中华民族"的讨论》，《近代史研究》，2016年第4期。

黄仁宇：《万历十五年》，生活·读书·新知三联书店，1997年。

黄兴涛：《民族自觉与符号认同："中华民族"观念萌生与确立的历史考察》，《中国社会科学评论》（香港），2002年第1期。

黄兴涛：《清代满人的"中国认同"——对美国"新清史"的一种回应》，《清史研究》，2011年第1期。

黄一农：《印象与真相——清朝中英两国的觐礼之争》，《中研院历史语言研究所集刊》，2007年第78期。

酒井直树：《美式强权和平的终结与自闭式民族主义——以西川长夫的"新"殖民主义论为中心》，《开放时代》，2016年第6期。

卡明斯，布鲁斯：《视差：美国与东亚的关系》，李茂增译，生活·读书·新知三联书店，2016年。

柯文：《在中国发现历史——中国中心观在美国的兴起》，林同奇译，中华书局，2002年。

拉铁摩尔：《中国的亚洲内陆边疆》，唐晓峰译，江苏人民出版社，2010年。

李伯重：《火枪与账簿：早期经济全球化时代的中国与东亚世界》，生活·读书·新知三联书店，2017年。

李健才：《明代东北》，辽宁人民出版社，1986年。

李勤璞：《蒙古之道：西藏佛教和太宗时代的清朝国家》，内蒙古大学博士论文，2007年。

李泽厚：《中国近代思想史论》，人民出版社，1979年。

利玛窦、金尼阁：《利玛窦中国札记》，何高济、王遵仲、李申译，中华书局，1983年。

梁启超：《梁启超论清学史二种》，朱维铮校注，复旦大学出版社，1985年。

刘禾主编：《世界秩序与文明等级：全球史研究的新路径》，生活·读书·新知三联书店，2016年。

刘民声、孟宪章：《十七世纪沙俄侵略黑龙江流域编年史》，中华书局，1989年。

鲁迅：《呐喊》，人民文学出版社，1973年。

罗威廉：《最后的中华帝国：大清》，李仁渊、张远译，中信出版社，2016年。

茅海建：《天朝的崩溃：鸦片战争再研究》，生活·读书·新知三联书店，1995年。

裴化行：《利玛窦评传》，管震湖译，商务印书馆，1993年。

佩雷菲特，阿兰：《停滞的帝国：两个世界的撞击》，王国卿、毛凤支、谷昕、夏春丽、钮静籁、薛建成译，生活·读书·新知三联书店，1993年。

乔迅：《石涛：清初中国的绘画与现代性》，邱士华、刘宇珍等译，生活·读书·新知三联书店，2010年。

上田信：《海与帝国：明清时代》，高莹莹译，广西师范大学出版社，2014年。

申采浩：《丹斋申采浩全集》，丹斋申采浩先生纪念事业会编，萤雪出版社，1987年。

升味准之辅：《日本政治史》，董果良、郭洪茂译，商务印书馆，1997年。

松浦章：《明清时代东亚海域的文化交流》，郑洁西等译，江苏人民出版社，2009年。

松浦章：《清代海外贸易史研究》，李小林译，天津人民出版社，2016年。

苏联科学院远东研究所等编：《十七世纪俄中关系》，黑龙江大学俄语系翻译组、黑龙江省哲学社会科学研究所第三室译，商务印书馆，1975年。

孙歌：《我们为什么要谈东亚：状况中的政治与历史》，生活·读书·新知三联书店，2011年。

孙歌：《竹内好的悖论》，北京大学出版社，2005年。

孙宏年：《清代中越宗藩关系研究》，黑龙江教育出版社，2006年。

孙卫国：《大明旗号与小中华意识——朝鲜王朝尊周思明问题研究（1637—1800）》，商务印书馆，2007年。

田涛：《国际法输入与晚清中国》，济南出版社，2001年。

丸山真男：《日本政治思想史研究》，王中江译，生活·读书·新知三联书店，2000年。

汪晖：《东西之间的"西藏问题"（外二篇）》，生活·读书·新知三联书店，2014 年。

汪晖：《现代中国思想的兴起》，生活·读书·新知三联书店，2004 年。

汪晖：《亚洲想象的政治》，见《去政治化的政治：短 20 世纪的终结与 90 年代》，生活·读书·新知三联书店，2008 年。

王汎森：《权力的毛细管作用：清代的思想、学术与心态》，北京大学出版社，2015 年。

王鹤、吕海平：《近代沈阳城市形态研究》，中国建筑工业出版社，2015 年。

王宏斌：《乾隆皇帝从未下令关闭江、浙、闽三海关》，《史学月刊》2011 年第 6 期。

王宏志：《马戛尔尼使华的翻译问题》，《中研院近代史研究所集刊》，2009 年第 63 期。

王柯：《"民族"，一个来自日本的误会——中国早期民族主义思想实质的历史考察》，《二十一世纪》，2003 年第 77 期。

王芸生：《六十年来中国与日本》，生活·读书·新知三联书店，1979 年。

王锺瀚：《清史满族史讲义稿》，鹭江出版社，2006 年。

王锺瀚：《清史新考》，辽宁大学出版社，1990 年。

萧若瑟：《天主教传行中国考》，上海书店，1989 年。

信夫清三郎：《日本政治史 第一卷：西欧的冲击与开国》，周启乾译，上海译文出版社，1982 年。

杨念群：《何处是"江南"？清朝正统观的确立与士林精神世界的变异》，生活·读书·新知三联书店，2010 年。

郁达夫：《沉沦》，作家出版社，2000 年。

远藤周作：《沉默》，林水福译，南海出版公司，2013 年。

张存武：《清韩宗藩贸易 1637—1894》，中研院近代史研究所，1978 年。

张承志：《敬重与惜别——致日本》，中国友谊出版公司，2009 年。

张杰、张丹卉：《清代东北边疆的满族（1644—1840）》，辽宁民族出版社，2003 年。

张伟：《西风东渐：晚清民初上海艺文界》，秀威资讯，2013 年。

张志强 主编：《重新讲述蒙元史》，生活·读书·新知三联书店，2016 年。

章永乐：《多民族国家传统的接续与共和宪政的困境——重审清帝逊位系列诏书》，《清史研究》，2012 年第 2 期。

周作人：《兰学事始》，《大公报》，1933 年 11 月 22 日。

朱舜水：《朱舜水集》，朱谦之整理，中华书局，1981 年。

竹内好：《近代的超克》，李冬木等译，生活·读书·新知三联书店，2005 年。

子安宣邦：《"近代的超克"论序章：昭和意识形态批判》，董炳月译，《文化研究》，2008 年第 6 期（增刊）。

子安宣邦：《东亚论：日本现代思想批判》，赵京华编译，吉林人民出版社，2004 年。

英文文献：

Anderson, Benedict. *The Imagined Community: Reflections on the Origin and Spread of Nationalism*, New York: Verso, 1991.

Armstrong, Charles. "Centering the Periphery: Manchurian Exile(s) and the North Korean State." *Korean Studies* 19 (1995): 1-16.

Arrighi, Giovanni, Takeshi Hamashita, and Mark Selden eds, *The Resurgence of East Asia: 500, 150 and 50 Year Perspectives*, London: Routledge, 2003.

Benten, Lauren, and Benjamin Straumann. "Acquiring Empire by Law: From Roman Doctrine to Early Modern European Practice." *Law and History Review* 28, no. 1 (2010): 1-38.

Blusse, Leonard. *Visible Cities: Canton, Nagasaki, and Batavia and the Coming of the Americans*. Cambridge, Mass.: Harvard University Press, 2008.

Bradley, Mark. *Vietnam at War*. Oxford: Oxford University Press, 2009.

Brazinsky, Gregg A. *Winning the Third World: Sino-American Rivalry during the Cold War*, Chapel Hill: The University of North Carolina Press, 2017.

Brook, Timothy. *Vermeer's Hat: The Seventeenth Century and the Dawn of the Global World*, New York: Bloomsbury Press, 2008.

Burns, Susan L. *Before the Nation: Kokugaku and the Imagining of*

Community in Early Modern Japan, Durham: Duke University Press, 2003.

Christ, Carol Ann. "The Sole Guardians of the Art Inheritance of Asia: Japan and China at the 1904 St. Louis World's Fair", *Position*, 8, no.3 (2000): 675-709.

Coleridge, Henry James. ed., *The Life and Letters of St. Francis Xavier*, 2d Ed., 2 Vols., London: Burns & Oates, 1890.

Crossley, Pamela Kyle. *A Translucent Mirror: History and Identity in Qing Imperial Ideology.* Berkeley: University of California Press, 1999.

Crossley, Pamela Kyle, Helen F. Siu, Donald S. Sutton eds., *Empire at the Margins: Culture, Ethnicity, and Frontier in Early Modern China.* Berkeley: University of California Press, 2006.

Cumings, Bruce. *Korea's Place in the Sun: A Modern History.* New York: W. W. Norton, 2005.

Cumings, Bruce. *The Origins of the Korean War. Vol. 1* Princeton, N.J.: Princeton University Press, 1981.

de Bary, Wm. Theodore, ed., *Sources of East Asian Tradition*, New York: Columbia University Press, 2008.

Di Cosmo, Nicola. "Qing Colonial Administration in Inner Asia." *The International History Review* 20, no. 2 (1998): 22

Dower, John. *War Without Mercy: Race and Power in the Pacific War*, New York: Pantheon, 1987.

Dower, John. "The San Francisco System: Past, Present, Future in U.S.-Japan-China Relations," *The Asia-Pacific Journal*, 12, no.8, 2014.

Duara, Prasenjit. *Rescuing History from the Nation: Questioning Narratives of Modern China.* Chicago: University of Chicago Press, 1995.

Duara, Prasenjit. *The Global and Regional in China's Nation-Formation.* Critical Asian Scholarship. London: Routledge, 2009.

Dudden, Alexis. *Japan's Colonization of Korea: Discourse and Power.* Honolulu: University of Hawai'i Press, 2005.

Eckert, Carter J. *Offspring of Empire: The Koch'ang Kims and the Colonial Origins of Korean Capitalism, 1876-1945*, Seattle: University of Washington

Press, 1996.

Elliott, Mark. *The Manchu Way: The Eight Banners and Ethnic Identity in Late Imperial China*. Stanford: Stanford University Press, 2001.

Elman, Benjamin A. *A Cultural History of Modern Science in China*, Cambridge: Harvard University Press, 2009.

Elverskog, Johan. *Our Great Qing The Mongols, Buddhism, and the State in Late Imperial China*. Honolulu: University of Hawai'i Press, 2006.

Evon, Gregory N. "Tobacco, God, and Books: The Perils of Barbarism in Eighteenth-Century Korea," *The Journal of Asian Studies*, 73, no.3 (2014): 641-59.

Fillmore, Millard. "President Millard Fillmore's letter to the Emperor of Japan," MIT Visualizing Cultures, accessed 11/05/2017, https://ocw.mit.edu/ans7870/21f/21f.027/black_ships_and_samurai/presletter.html.

Fitzmaurice, Andrew. "The Genealogy of Terra Nullius." *Australian Historical Studies* 38, no. 129 (2007): 1-15.

Fletcher, Joseph. "Ch'ing Inner Asia", in *The Cambridge history of China, Volume 10, Part 1*, edited by Denis Crispin Twitchett and John King Fairbank, 35–106, Cambridge: Cambridge University Press, 1978.

Fordham, Douglas. "On Bended Knee: James Gillray's Global View of Courtly Encounter," in *The Efflorescence of Caricature, 1759–1838*, edited by Todd Porterfield. London: Routledge, 2010.

Gellner, Ernest. *Nations and Nationalism*, Ithaca: Cornell University, 1983.

Ghosh, Arunabh. "Before 1962: The Case for 1950s China-India History." *The Journal of Asian Studies* 76, no.3 (2017): 697-727.

Goldman, Harvey. "Images of the Other: Asia in Nineteenth-Century Western Thought—Hegel, Marx, and Weber," in *Asia in Western and World History,* edited by Ainslie T. Embree and Carol Gluck, 146-71, New York: Routledge, 1997.

Guth, Christine. *Art of Edo Japan: The Artist and the City 1615-1868*, New Heaven: Yale University Press, 2010.

Hang Xing. *Conflict and Commerce in Maritime East Asia: The Zheng*

Family and the Shaping of the Modern World, c.1620–1720, Cambridge: Cambridge University Press, 2016.

Harootunian, Harry D. *Overcome by Modernity: History, Culture, and Community in Interwar Japan*, Princeton: Princeton University Press, 2002.

Hevia, James Louis. *Cherishing Men from Afar: Qing Guest Ritual and the Macartney Embassy of 1793*. Durham: Duke University Press, 1995.

Ho Ping-Ti. "In Defense of Sinicization: A Rebuttal of Evelyn Rawski's 'Reenvisioning the Qing'," *The Journal of Asian Studies*, 57, no. 1 (1998):123-55.

Holcombe, Charles. *A History of East Asia: From the Origins of Civilization to the Twenty-First Century*. 1st edition. Cambridge: Cambridge University Press, 2010

Hotta, Eri. *Pan-Asianism and Japan's War 1931-1945*. The Palgrave Macmillan Series in Transnational History. New York: Palgrave Macmillan, 2007.

Hsia Ronnie Po-Chia. *A Jesuit in the Forbidden City: Matteo Ricci 1553-1610*, Oxford: Oxford University Press, 2010.

Kaempfer, Engelbert. *The History of Japan: Together With A Description of The Kingdom of Siam, 1690-92*, Andesite Press, 2015.

Kang, David. *East Asia Before the West: Five Centuries of Trade and Tribute*, New York: Columbia University Press, 2010.

Kissinger, Henry. *World Order*, New York: Penguin Books, 2015.

LaFeber, Walter. *The Clash: U.S.-Japanese Relations Throughout History*, New York: W. W. Norton & Company, 1998.

Ledyard, Gari. "Cartography in Korea." In *The History of Cartography*, Vol. 2, Book 2, *Cartography in the Traditional East and Southeast Asian Societies* edited by J. B. Harley and David Woodward. 235-345. Chicago: University of Chicago Press, 1994.

Li, Gertraude Roth. "State Building before 1644," in *Cambridge History of China, vol. 9, part 1: The Ch'ing Dynasty to 1800*, edited by Willard J. Peterson. 9-72. Cambridge: Cambridge University Press, 2002.

Liu, Lydia He. *The Clash of Empires: The Invention of China in Modern World Making*. Cambridge, Mass.: Harvard University Press, 2004.

Mair, Victor H. and Erling Hoh. *The True History of Tea*, New York: Thames & Hudson, 2009.

McKeown, Adam. *Melancholy Order: Asian Migration and the Globalization of Borders*, New York: Columbia University Press, 2008.

Meisner, Maurice J. *Mao's China and After: A History of the People's Republic,* Free Press; 3rd edition, New York: 1999.

Meyer-Fong, Tobie. *Building Culture in Early Qing Yangzhou*, Stanford: Stanford University Press, 2003.

Mitter, Rana. *Forgotten Ally: China's World War II, 1937-1945*, New York: Mariner, 2014.

Musillo, Marco. "Reconciling Two Careers: The Jesuit Memoir of Giuseppe Castiglione, Lay Brother and Qing Imperial Painter," *Eighteenth-Century Studies*, 42 no.1 (2008): 45-59.

Najita, Tetsuo. *Visions of Virtue in Tokugawa Japan: The Kaitokudo Merchant Academy of Osaka*, Honolulu: University of Hawai'i Press, 1997.

Newman, Robert P. *Owen Lattimore and the "Loss" of China*, Berkeley: University of California Press, 1992.

Okakura, Kakuzō. *The Ideals of the East with Special Reference to the Art of Japan*. London: J. Murray, 1903.

Palais, James B. *Politics and Policy in Traditional Korea*. Cambridge, Mass.: Harvard University Press, 1975.

Perdue, Peter. "Boundaries and Trade in the Early Modern World: Negotiations at Nerchinsk and Beijing." *Eighteenth-Century Studies* 43, no. 3 (2010): 15.

Perdue, Peter. *China Marches West: The Qing Conquest of Central Eurasia*. Cambridge, Mass.: Belknap Press of Harvard University Press, 2005.

Perdue, Peter. "Eurasia in World History: Reflections on Time and Space." *World History Connected,* http://worldhistoryconnected.press.illinois.edu/5.2/perdue.html.

Perrin, Noel. *Giving Up the Gun: Japan's Reversion to the Sword, 1543-1879*, Boston: David R. Godine, 1988.

Prashad, Vijay. *The Darker Nations: A People's History of the Third World*, The New Press, 2008.

Pye, Lucian. "China: Erratic State, Frustrated Society", *Foreign Affairs*, Fall, 1990.

Rawski, Evelyn. *Early Modern China and Northeast Asia: Cross-Border Perspectives*. Cambridge: Cambridge University Press, 2015.

Rawski, Evelyn. "Presidential Address: Reenvisioning the Qing: The Significance of the Qing Period in Chinese History", *The Journal of Asian Studies*, 55, no. 4 (1996): 829-50.

Rhoads, Edward J. M. *Manchus & Han: Ethnic Relations and Political Power in Late Qing and Early Republican China, 1861-1928*. Seattle: University of Washington Press, 2000.

Ross, Andrew C. *A Vision Betrayed: The Jesuits in Japan and China 1542-1742*, New York: Orbis Books, 2003.

Rowe, William T. *Saving the World: Chen Hongmou and Elite Consciousness in Eighteenth-Century China*, Stanford: Stanford University Press, 2002.

Saaler, Sven, and J. Victor Koschmann. *Pan-Asianism in Modern Japanese History: Colonialism, Regionalism and Borders*. New York: Routledge, 2007.

Said, Edward. *Orientalism*. New York: Vintage, 1979.

Schmid, Andre. *Korea between Empires, 1895-1919*. New York: Columbia University Press, 2002.

Schmid, Andre. "Rediscovering Manchuria: Sin Ch'aeho and the Politics of Territorial History in Korea." *The Journal of Asian Studies* 56, no. 1 (1997): 26-46.

Selden, Mark, "East Asian Regionalism and its Enemies in Three Epochs: Political Economy and Geopolitics, 16th to 21st Centuries," *The Asia-Pacific Journal*, 7, 9, no.4 (2009)

Sen Tansen. "The Formation of Chinese Maritime Networks to Southern

Asia, 1200-1450," *Journal of the Economic and Social History of the Orient*, 49 no. 4 (2006): 421-53.

Smith, Anthony D. *Nationalism: Theory, Ideology, History*, Malden: Polity Press, 2013.

Song Nianshen. "'Tributary' from a Multilateral and Multi-Layered Perspective." *Chinese Journal of International Politics* 5, no. 2 (2012): 155-83.

Song Nianshen. "Northeast Eurasia as Historical Center: Exploration of a Joint Frontier," *The Asia-Pacific Journal*, 13, 44, no. 2 (2015).

Stevenson, Robert Louis. "Yoshida-Torajiro", in *Familiar Studies of Men & Books*, New York: Charles Scribner's Sons, 1891.

Struve, Lynn A. *Time, Temporality, and Imperial Transition: East Asia from Ming to Qing. Asian Interactions and Comparisons*. Honolulu: Association for Asian Studies and University of Hawai'i Press, 2005.

Swope, Kenneth M. *A Dragon's Head and a Serpent's Tail: Ming China and the First Great East Asian War, 1592–1598*, Norman OK: University of Oklahoma Press, 2009.

Tanaka, Stefan. *Japan's Orient: Rendering Pasts into History*. Berkeley: University of California Press, 1993.

Toby, Ronald P. *State and Diplomacy in Early Modern Japan: Asia in the Development of the Tokugawa Bakufu*, Stanford: Stanford University Press, 1991.

Vanstone, James W. "The Ainu Group at the Louisiana Purchase Exposition, 1904, *Arctic Anthropology*, Vol. 30, No. 2 (1993):77-91.

Vaporis, Constantine Nomikos. *Tour of Duty: Samurai, Military Service in Edo, and the Culture of Early Modern Japan*, Honolulu: University of Hawai'i Press, 2009.

Vogel, Ezra. *One Step Ahead in China: Guangdong Under Reform*, Cambridge Mass: Harvard University Press, 1990.

Vogel, Ezra. *Japan as Number One: Lessons for America*, Cambridge Mass: Harvard University Press, 1979.

Wang Yuanchong. *Remaking the Chinese Empire: Manchu-Korean*

Relations, 1616–1911, Ithaca: Cornell University Press, 2018.

Wood, Alan. *Russia's Frozen Frontier: A History of Siberia and the Russian Far East, 1581 – 1991*, New York: Bloomsbury Academic, 2011.

Zhao Gang. "Reinventing China: Imperial Qing Ideology and the Rise of Modern Chinese National Identity in the Early Twentieth Century." *Modern China* 32, no. 1 (2006): 3-30.

Zhao Gang. *The Qing Opening to the Ocean: Chinese Maritime Policies, 1684-1757*, Honolulu: University of Hawai'i Press, 2013.

修订版后记

借出版修订版的机会,我订正了首版中的一些错误、疏失和不够准确的表达,这要感谢那些花时间阅读并指出这些问题的读者。

最主要的增补,是在第一章"解题:何为东亚"内新加了两个小节:"文献、考古与传说",以及"平原、草原和海洋",分别讲述形成人们"历史"理解的材料,以及塑造东亚文明形态的生态单元。增加这两部分,是简要交代东亚在现代和古代之间的接续,让论述更完整。个别章节中也有不同程度的增添,或更新了一些数据。

有朋友提出,首版中没有给出参考文献,是一大遗憾。此次修订时,我补充了一些。但由于我一开始写作时,就没有采用学术论文的方式,故未能留下使用文献的记录,所以现在也只是尽量回忆、找寻当时所使用过的材料,挂一漏万地列出来。

修订版添加的内容,很多是我为三联中读准备音频课"东亚巨变500年"时撰写的。要谢谢中读的编辑俞力莎和郑筱诗,如果不是她们的热情邀约,我大概没有动力在旧文稿上继续添加新内容。丁晨楠通读修订稿并提供了关于朝鲜王朝商业状况的重要信息,新经典的编辑刘早女士非常认真地核对细节,校正了许多错谬,特此感谢。

图书在版编目（CIP）数据

发现东亚 / 宋念申著 . —— 2 版（修订本）. —— 北京：新星出版社，2024.5（2024.6 重印）
ISBN 978-7-5133-5618-3

Ⅰ．①发… Ⅱ．①宋… Ⅲ．①东亚 - 历史 Ⅳ．①K31

中国国家版本馆 CIP 数据核字 (2024) 第 067231 号

发现东亚（修订版）
宋念申 著

责任编辑	汪 欣	**特约编辑**	刘 早 秦 薇	
装帧设计	人马艺术设计·储平	**内文制作**	张 典	
责任印制	李珊珊 史广宜			

出 版 人	马汝军
出　　版	新星出版社
	（北京市西城区车公庄大街丙 3 号楼 8001　100044）
发　　行	新经典发行有限公司
	电话（010）68423599　邮箱 editor@readinglife.com
网　　址	www.newstarpress.com
法律顾问	北京市岳成律师事务所
印　　刷	山东韵杰文化科技有限公司
开　　本	880mm×1230mm　1/32
印　　张	11.5
字　　数	258 千字
版　　次	2024 年 5 月第 2 版　2024 年 6 月第 2 次印刷
书　　号	ISBN 978-7-5133-5618-3
定　　价	69.00 元

版权专有，侵权必究。如有印装质量问题，请发邮件至 zhiliang@readinglife.com